THE WORLD OF
EARLY EUROPE

早期西方人的思想世界
——林中泽讲座选集

林中泽 著

中山大學出版社
SUN YAT-SEN UNIVERSITY PRESS
·广州·

版权所有　翻印必究

图书在版编目（CIP）数据

早期西方人的思想世界：林中泽讲座选集/林中泽著．—广州：中山大学出版社，2016.11

ISBN 978-7-306-05876-8

Ⅰ．①早…　Ⅱ．①林…　Ⅲ．①思想史—西方国家　Ⅳ．①B5

中国版本图书馆 CIP 数据核字（2016）第 247990 号

早期西方人的思想世界：林中泽讲座选集
zaoqi xifangren de sixiang shijie: lin zhongze jiangzuo xuanji

出 版 人：徐　劲
策划编辑：金继伟
责任编辑：杨文泉
封面设计：曾　斌
责任校对：谢贞静
责任技编：何雅涛
出版发行：中山大学出版社
电　　话：编辑部 020-84110771，84113349，84111997，84110779
　　　　　发行部 020-84111998，84111981，84111160
地　　址：广州市新港西路 135 号
邮　　编：510275　　传　真：020-84036565
网　　址：http://www.zsup.com.cn　　E-mail：zdcbs@mail.sysu.edu.cn
印 刷 者：虎彩印艺股份有限公司
规　　格：787mm×1092mm　1/16　15.5 印张　246 千字
版次印次：2016 年 11 月第 1 版　2017 年 4 月第 2 次印刷
定　　价：45.00 元

如发现本书因印装质量影响阅读，请与出版社发行部联系调换

自　序

自 2000 年以来，我相继为世界史专业的硕士研究生开设了"早期西方思想史专题"及"早期基督教史专题"等课程；与此同时，我偶尔也为校内外单位作些专题演讲。本集子即从这些课程和演讲的讲稿中选出并经初步加工而成。这些内容既然必须公之于众，它们首先就应当符合一般读者的阅读品位和需求，因此我只好把一些过于狭深的话题（如博士生所做的课题）排除在外，仅选入大家共同感兴趣并且有可能从中获益的部分。显而易见，该集子主要面向具有大学学历的普通读者，其出版的主旨在于帮助有基本教养的人士进一步认识西方文化和西方精神的内涵和气质，以期增进个人的人文素养。

众所周知，教学、研究和服务社会，是大学教师必须履行的三大任务。本人蜗居高校 34 年，虽然在教学和研究方面不可谓不勤，但由于修道不精，闻道不得其法，充其量只能作个"中士"，对于道之奥秘，仅有若存若亡的感觉；为求新进，日后仍需继续努力。至于服务社会，我的理解就是将学术成果转化为大众财富的过程，这对于人文学科而言实际上也是科学普及。科学普及是我的缺憾所在。我历来擅长于闭门造车，与社会实际脱节过甚，近日思及此事，总是心怀内疚。本集子的出版，算是对该缺憾的弥补，也算是我个人对哺育我的师长、学校和社会的一个交代。

无论是在上课时还是在演讲中，我都保持着一个习惯，即最后留足 20～30 分钟的时间，让学生进行交流和讨论。从教学相长的角度看，这些交流和讨论证明是非常有效的，它不仅可以促使学生参与到教学互动当中，在挖掘问题深度和生成新的知识内容等方面发挥积极作用，而且能够促使教师去扩大和深化教学内容，推动专题研究，从而拓展出新的问题领域。这一教学环节的主要成果，已经被适度地吸收进集子的相关部分当中，聪明的读者在阅读的过程中应当可以感受得到。

本集子既然采自于课程和演讲的讲稿，它在引用史料方面就不可能像正式的学术论文那样严谨和规范。我认为，授课与演讲的成功，虽然也取决于理论观点的足够新颖，但更取决于呈现方式的足够与众不同。我个人的研究领域局限于罗马帝国时代的基督教。不过在我看来，要想透彻地理解早期基督教，不对希腊罗马的古典传统作一番了解便无法如愿以偿，这就是我的基督教史必须从希腊思想讲起的理由。实事求是地说，我最初有关希腊思想的知识是从罗素的那套《西方哲学史》开始入门的，直到十几年前才有机会接触汪子嵩等先生编撰的四卷本《希腊哲学史》（汪子嵩、范明生、陈村富、姚介厚，1997），这套书对我理解基督教的产生背景帮助极大。我个人对希腊思想毫无专研，故在涉及此部分的课程或演讲中，不得不以此书为基本教材，我所撰写的讲稿，即便有些许新意，也主要体现在呈现方式上，而不是在基本史实和理论观点上。

其实，专题性的讲稿与一般教科书一样，在追求自身的教育目的的同时也内在地具有了三个依次递进的层次要求：第一个层次是要求借助一般的阅读去掌握重要历史事件以及相关的思想及概念等基本知识；第二个层次是要求通过进一步的阅读和思考去把握诸如史料依据和叙述特色等相关研究方法；第三个层次则是要求经由深度的理解去融入个人的感情因素，并在价值观等方面与作者形成某种共鸣或争鸣。不过，倘若考虑到读者的起点将会是五花八门这样一种事实，则对于实现书稿内在目标上的要求，便只好悉听尊便了。此外，由于集子中各篇专题的最初讲授对象不同，故讲授的具体方式以及所涉问题的深度和广度也有所不同。除了个别例外，集子各篇之间的内在联系并不太强，因此读者在阅读的过程中，可以根据各自的实际情况，选读自己认为值得一读的篇章和内容。

目　　录

第 1 讲　环境因素对古代文明的影响 ………………………………… 1
　一、古代文明成因问题上的种族论与环境论………………………… 1
　二、环境对古代文明的影响…………………………………………… 3

第 2 讲　古代地中海区域的自然环境和人文环境 …………………… 7
　一、古代地中海区域的自然环境……………………………………… 7
　二、古代地中海区域的人文环境……………………………………… 15

第 3 讲　古代希腊的神话、哲学及其学科体系的演化 ……………… 20
　一、希腊神话及其相关的知识门类…………………………………… 21
　二、希腊哲学及其相关的知识门类…………………………………… 30

第 4 讲　米利都学派与毕达哥拉斯学派 ……………………………… 37
　一、希腊哲学的最初源头：米利都学派……………………………… 37
　二、毕达哥拉斯学派…………………………………………………… 41

第 5 讲　赫拉克利特与巴门尼德的思想 ……………………………… 47
　一、赫拉克利特及其思想……………………………………………… 47
　二、巴门尼德及其思想………………………………………………… 50

第 6 讲　恩培多克勒与德谟克利特的思想 …………………………… 55

一、恩培多克勒及其思想 …………………………………… 55
　　二、德谟克里特及其思想 …………………………………… 58

第7讲　普罗泰戈拉与苏格拉底的思想 ………………………… 63
　　一、普罗泰戈拉及其思想 …………………………………… 63
　　二、苏格拉底及其思想 ……………………………………… 67

第8讲　柏拉图和柏拉图主义 …………………………………… 73
　　一、柏拉图的主要生平事迹 ………………………………… 73
　　二、柏拉图的主要作品及其基本思想 ……………………… 75
　　三、新柏拉图主义与普罗提诺的思想 ……………………… 83

第9讲　亚里士多德和亚里士多德主义 ………………………… 89
　　一、亚里士多德的主要生平事迹 …………………………… 89
　　二、亚里士多德的主要作品和基本思想 …………………… 91
　　三、亚里士多德的历史影响 ………………………………… 98

第10讲　希腊化和罗马帝国时期的思想 ……………………… 101
　　一、伊壁鸠鲁学派 ………………………………………… 101
　　二、斯多亚学派 …………………………………………… 105
　　三、怀疑学派 ……………………………………………… 112

第11讲　走进古人的生活：从墓葬看伊特鲁里亚人的死亡观 … 118
　　一、伊特鲁里亚文明的盛衰 ……………………………… 118
　　二、伊特鲁里亚文明的基本特质 ………………………… 119
　　三、伊特鲁里亚人的墓葬文明和死亡观 ………………… 122
　　四、伊特鲁里亚文明对后世的影响 ……………………… 125

第12讲　从宗教传统看中西文化的基本差异 ………………… 127
　　一、一神，还是多神？ …………………………………… 127

二、人神对立，还是人神贯通？ ………………………………… 132
　　三、人性恶，还是人性善？ …………………………………… 134
　　四、先有恩典，还是先有善功？ ……………………………… 137
　　五、来世之乐，还是现世之福？ ……………………………… 138

第13讲　早期犹太人及其圣经 ……………………………………… 142
　　一、犹太人的早期经历 ………………………………………… 142
　　二、犹太教诸要素 ……………………………………………… 146
　　三、希伯来圣经 ………………………………………………… 150

第14讲　基督教的崛起及新约圣经 ………………………………… 158
　　一、基督教崛起的社会历史条件 ……………………………… 158
　　二、基督教的产生 ……………………………………………… 162
　　三、新约圣经 …………………………………………………… 166
　　四、基督教的官方化 …………………………………………… 174

第15讲　古代地中海世界的移风易俗 ……………………………… 182
　　一、割礼 ………………………………………………………… 182
　　二、献祭 ………………………………………………………… 185
　　三、角斗表演 …………………………………………………… 188
　　四、性俗 ………………………………………………………… 190
　　五、丧俗 ………………………………………………………… 194

第16讲　早期地中海文明视域中的犹太人 ………………………… 200
　　一、犹太人与希腊罗马世界的关系 …………………………… 200
　　二、犹太人与基督徒关系的恶化 ……………………………… 202
　　三、犹太人受歧视的开始 ……………………………………… 205

第17讲　基督教在中世纪的变化 …………………………………… 209
　　一、东、西方教会逐步走向分裂 ……………………………… 209

二、教会的全面体制化……………………………………… 210
　　三、修道运动的兴起与教会独身制的形成………………… 212
　　四、圣母崇拜和圣徒崇拜的崛起…………………………… 214
　　五、教会的军事化…………………………………………… 216
　　六、核心关注点的改变……………………………………… 218

第18讲　文艺复兴时期人文主义的基本内涵……………… 220
　　一、主张把关注和研究的重点由神转向人………………… 220
　　二、主张劳动致富，反对懒惰贫穷………………………… 224
　　三、主张过家庭生活，反对独身禁欲……………………… 226
　　四、主张过文明的社会生活，反对过修道和沉思的生活… 228

专有名词对译表……………………………………………… 231

后记…………………………………………………………… 239

第1讲 环境因素对古代文明的影响

任何时候的人类，都离不开其生活的环境。所谓人类文明，就是特定人类与其特定生活环境长期互动的结果。古代文明，自然也是古人与其生活环境交互作用的产物。在探求古代文明成因的时候，有的人完全撇开环境的因素，片面强调人群自身的差异性；有的人则相反，强调环境因素的作用，淡化人类自身的主观能动性。于是就形成了两种截然对立的理论流派，这两种理论流派的偏颇，就是割裂了环境的因素与人自身的因素。从历史上看，无论是自然环境还是人文环境，均对古代文明产生过多方面的影响。

一、古代文明成因问题上的种族论与环境论

古代文明形成的原因是什么？对此，西方历史上曾出现过种族论和环境论的解释。种族论者的理论前提是社会达尔文主义，即首先承认世界上先天性地存在着智力上和体格上的优等种族与劣等种族。在他们看来，最初的古代文明虽然未必都是由最优等的种族创造出来的，但在随后的文明竞争中，人类总是遵循着生物界优胜劣汰的自然法则，在历史的舞台上依据各自的智能及体格实力扮演各不相同的角色；一个文明被另一个文明所兼并和取代的过程，实际上就是智力和体格上较差的族类被更为强势的族类所战胜的过程；因此，古代的优秀文明，归根结底是由较为优秀的族群创造出来的。这一理论显然是难以自圆其说的，因为人们不禁要继续追

问：既然历史是由族类的素质决定的，那么决定一个族群优劣的因素又是什么呢？在这个时候，种族论者便不得不回归到唯心主义命定论的老路上去。

相比之下，在解释古代文明成因的过程中，环境论似乎受到更多人的青睐。早在古希腊时代就有人设想，人类身处其间的各式各样的自然环境是人类文化多样化的最终原因，各地的文明类型与地理、植被、土壤及气候类型之间存在着必然联系。希罗多德在其《历史》中大量记载了各地的自然地理和气候条件，其目的无非是要证明：不同的政治体制和民族性格的形成，归根结底与这些自然条件有着密切的关联。亚里士多德甚至认为，某些民族世代为奴，这是由他们所居住的自然环境决定的。这种古代的环境论到了近现代又有了新的表述。例如孟德斯鸠就曾指出，在气候炎热的东方大国里，专制政治是维持社会秩序的最佳方式；不过反过来，专制政治又使这些国度的人民产生出懒散和惰性，因而更加依赖于专制政体，这时，自然环境与民族性互为因果，导致了一种恶性循环。20世纪50年代的历史学家斯特华德和魏特夫等人在探讨东方专制主义问题时，却从大河流域地区组织水利灌溉的需要中去寻找答案，他们最终得出了一个基本结论：凡是发源于大河流域并需要组织人工水利灌溉工程的文明，都会产生专制体制。

值得注意的是，古今的环境论者都有一个共同的理论支点，即相信相同的自然条件和环境因素必然会造就相似的文明类型。可惜这一说法并不总是符合历史实际。正如汤因比先生所正确指出的，北美南部的瑞奥格兰德河和科罗拉多河周边的自然条件与埃及、美索不达米亚及印度北部十分相似，然而那里的土著居民当中并没有发展出具有专制主义特征的文明来；又如，虽然欧亚内陆、阿拉伯半岛及北非的大草原似乎总是在造就一个个千篇一律的游牧社会，但是美洲和澳洲的许多草原却根本没能产生出自身的游牧社会来，当地的居民在西方殖民者到来之前，始终停留在狩猎和采集经济阶段。由此看来，单纯的环境因素并不能完全解释特定文明的生成。这是因为环境因素赖以起作用的对象不是一群群只知道被动地、机械地适应自然的一般动物，而是一个个具有主观能动性和创造能力的人。人纵然不大可能是其环境的主人，但也未必要做环境的奴隶，即使在遥远的古代也是如此。因此，我们不妨在自然环境之外再加上人的因素，即把环境扩大为自然环境与人文环境的总和，在这种情况下，古代文明与其环境因素的关系，便会变得更为清晰。

如果把我们个人的住宅看作一个特定家庭日常生活的小环境，那么它的层高、宽窄、房间布局、通风采光条件及配套生活便利设施（商场、学校、医院等）等自然生成的东西便构成了该住宅的自然环境；而具有特定社会地位的邻人、社区及其文化等就构成它的人文环境。文明也是如此，它一方面受到诸如土壤、气候、植被、物产，甚至温度和湿度等自然环境的严重制约，另一方面又受到其他与之相邻甚至与之相隔较为遥远的族群的生活习性和活动规律的不同程度的和直接的或间接的影响。

环境是人类历史的重大要素。历史是人创造的，因此人无疑是构成历史的中心因素；可是人是在一定的时、空范围内创造历史的，其中的空间范围讲的就是环境。如果把人类历史比作由人主演的戏剧，唱戏必须要有舞台背景，人类历史中的环境因素，便是人类历史的舞台背景；缺乏舞台背景，戏剧无从唱起；缺乏环境因素，历史就无从谈起。

二、环境对古代文明的影响

人与其周边环境的关系是极其复杂的。大体而言，文明越是原始和粗糙，人类对环境的把控和支配力就越小，环境对人类的影响力便越大；反之，文明程度越高，人类控制和支配环境的能力越大，环境对人类的影响力便相对较小。在古代，由于人类还处于幼年期，其主观能动性和创造能力的发挥还不够充分，人们对于外部自然条件的反应还比较盲目，因而环境因素的影响对于古人比对于今人便要大得多。

具体而言，环境因素对于古代文明的影响主要表现为如下四点：
第一，环境可以加速或推迟文明的出现。
古代美索不达米亚、古代埃及、古代印度及古代中国的早期文明都出现在大河流域，由于河流及其四周渠道网的长期冲刷，以及河道淤泥的覆盖，这些地区的土壤相对松软和肥沃，人们即使使用比较原始的生产工具，也能对土地进行有效的开发和利用，使之增值。在这一基础上产生的文明，明显具有起步较早但起点较低的特色。相反，在缺乏大型河道灌溉条件的地中海以西和以北地区，由于土壤的硬度较大，相应需要具有较大硬度的生产工具才能进行开发利用，因此那里的文明起步较晚，但起点较高。而在美洲、澳洲和非洲内陆的某些较为孤立的地区，虽然土壤和气候条件均十分宜人，但那里的居民智能进化程度较低，加上与外部世界的隔绝，缺乏一种竞争的活力，其文明的生成过程便要缓慢得多。在这里，自然环境、生产技术条件及人的主观能动性对于文明的生成和发展共同起作用。

第二，环境造就了各文明间的基本差异。

由海岛民族创造的文明具有海岛文明的特色，由内陆民族创造的文明则具有内陆文明的特色。根据一些现代学者的说法，人类的迁徙是古代文明和国家生成的通常途径，而海岛民族的迁徙与内陆民族的迁徙，在本质上是不同的：前者是海上迁徙，使用的交通工具是木船，整个迁徙过程经受着惊涛骇浪的考验，充满着舟覆人亡的极大危险；后者是陆上迁徙，使用的交通工具主要是各种车辆和牲畜，迁徙过程相对平静和安全。这样不同的迁徙经历对于不同民族性格乃至文明特征的养成，具有决定性的意义：海上的生活习性使海岛民族更加好动和喜欢冒险，其所创造的文明便带上了外向的特色；内陆的生活习性使内陆居民喜静厌动，他们的本土观念更为强烈，其文明自然带上了内敛的特征。当然，这并不意味着从根本上来说海岛民族不喜爱和平生活，内陆民族从不对外拓展，文明特征的区分不过是要对特定文明的基本发展态势作出大概的界定而已。至于某些在周边先进文明影响下由野蛮的游牧生活直接转入文明生活的民族，则常常带上了混合的性格，即一方面保持着游牧时代所特有的淳朴、放荡不羁和争强好胜，另一方面又承袭了文明人所特有的彬彬有礼和老于世故。

第三，环境有时决定着某些民族的历史命运。

在人类历史上，曾经出现过一些神奇的地区，这些地区常常成为某些特定民族坎坷经历的渊薮。古代迦南（后来的巴勒斯坦）就是其中的一个。公元前2000年左右，希伯来人由东而来，迁入了迦南，从此，这个民族便注定要过上颠沛流离的生活：他们先是受埃及人奴役，接着又与腓力斯丁人进行长期的战争，以后占领过迦南的外族相继有亚述人、迦勒底人、希腊－马其顿人、叙利亚人、罗马人，等等。外族的每一次对迦南的占领，都无一例外地伴随着对希伯来人的大肆掳掠和驱逐，于是，希伯来人逐渐流散到世界各地，成为一个流浪的民族。圣经说，迦南是耶和华赐给亚伯拉罕及其子孙的应许之地，是"流着蜜和奶"的地方，实则是一片流着泪和血的不祥之地。根据有关资料记载，迦南是东地中海沿岸的一个狭长地区，北接叙利亚，南连埃及的西奈半岛，约旦河自北向南纵贯全境，全境除地中海沿岸及约旦河流域为平原外，其余多为山地。这样一个地方，在古代的历史条件下，其单纯的经济价值的确不可能太高，可是它却具有明显的军事战略意义：它扼欧洲、亚洲和非洲交通之咽喉，是古今兵家必争之地，任何新崛起的周边大国，只要稍有称霸野心，就不得不抢先占领这一战略制高点。这正是希伯来人历史悲剧的症结所在。与迦南的情形相类似的地区，还有克什米尔－阿富汗地区以及印度河流域北部地区等。

最后，环境差异对文明交流的过程和结局产生重大作用。

由于人类共有的社会习性，交流成为文明成长和人类进步不可或缺的渠道，没有了这一渠道，文明就会退化，并最终导致灭绝。古代的汉族文明因周边"胡人"文化源源不断地输入补充而长盛不衰；古代的罗马文明则因希腊和其他近东文化的滋养而焕发光彩；基督教文明在向全世界扩张的过程中，若不是及时地吸收征服地的新鲜文化因子，它恐怕早就夭折在蛮族的铁蹄之下。可是，文明交流的具体形式是完全受制于千差万别的环境因素的，不同的环境促成了文明交流的不同过程和结局。公元前722年，亚述帝国征服以色列王国，居住在巴勒斯坦北部的十个以色列部落随着时间的推移竟然消失得无影无踪；公元前586年，迦勒底帝国攻陷犹太王国，仅存的两个以色列部落的大多数人被掳掠到巴比伦地区，这些身处异国他乡的犹太人不仅没有被同化，他们独特的民族与文化个性反而变得越来越强烈。除非亚述人和迦勒底人处置犹太人的方式有差异，除非被征服的北部十部落所处的环境与被征服的南部二部落所处的环境不同，否则便难以说清楚两次征服对于犹太人的命运是如此截然相异。又如在历史上，佛教与天主教曾先后传入中国，其结局却大不相同：佛教最终被中国文化所吸纳，甚至成了中国传统文化不可分割的一个部分；天主教则始终作为一种异己因素徘徊在中国传统文化的门槛之外。对此，论者多从两个外来宗教的文化适应性方面找原因。其实更内在的原因是佛教传入时与天主教传入时的中国人文环境已经发生了质的变化，不研究这种外来文化接受地的制度变迁和精神气质的特征，就无法从根本上理解这种文明交流的本质。

参考文献

[1] 亚里士多德. 政治学 [M]. 吴寿彭，译. 北京：商务印书馆，1997.
[2] 孟德斯鸠. 论法的精神（上下册）[M]. 张雁深，译. 北京：商务印书馆，1961.
[3] 阿诺德·约瑟夫·汤因比. 历史研究（上下卷）[M]. 郭小凌，王皖强，译. 上海：上海人民出版社，2010.
[4] 顾准. 希腊城邦制度 [M]. 北京：中国社会科学出版社，1982.
[5] K. A. Wittfogel. *Oriental Despotism: A Comparative Study of Total Power* [M]. City of New Haven：Yale University Press，1957.

第 2 讲 古代地中海区域的自然环境和人文环境

地中海，希腊语为 Μεσογειον，英语为 Mediterranean Sea，意为"大地中间的海域"，因其处于欧、亚、非三大洲陆地板块的中间，故名。我国南宋周去非的《岭外代答》称之为"西大食海"。

本讲所涉的"地中海区域"，包括地中海及其周边的陆地和附属海域，其范围东及高加索山脉，西达大西洋东岸，北迄北海和波罗的海，南至撒哈拉沙漠和阿拉伯半岛。这个地区是近代资本主义兴起之前世界文明的中心，世界古代六大文明地区中除了古代中国之外，其他五个均与地中海有关联。地中海无疑是古代中世纪文明的中心，早期的西方文明正是在它的哺育下成长起来的。

一、古代地中海区域的自然环境

（一）地中海区域的地理构成

1. 海域与海岛

地中海，东西长 4000 余公里，南北宽 1800 余公里，总面积约 2512042 平方公里，相当于中国陆地面积的 26%。处于北纬 31 度~46 度，相当于上海至牡丹江之间。由于半岛和陆地的介入，整个地区从东向西可以划分为若干个相对独立的海域：黑海（含亚速海）、马尔马拉海、爱琴海、亚得里亚海、伊奥尼亚海、利古里亚海、第勒尼安海。古地理学研究表明，地中海是地球上最古老的海，它的历史比大西洋还要悠久。

整个地中海以意大利半岛为界，意大利半岛以东为东地中海，以西为西地中海。由于最初的文明出现于东地中海地区，故东地中海的海域名称也相应较为复杂。

古代人尤其是希腊人为了把地中海的主体部分与黑海区别开来，常常把其称作"白海"。

地中海上较为著名的岛屿有：塞浦路斯岛、优俾亚岛、克里特岛、西西里岛、撒丁尼亚岛、科西嘉岛、巴利阿里群岛，等等。在地中海诸海域中，爱琴海上的岛屿最多，大大小小的岛屿达2500个之多，故爱琴海也被称作"多岛海"。

2. 半岛与陆地

让我们以顺时针的方式，从黑海东岸开始，简要地游览一遍地中海所属的周边陆地和半岛：

首先进入我们眼帘的，是处于黑海与里海之间的高加索山地，这是一个充满神秘传奇的地方，是欧罗巴人种的发源地，也是许多著名物产（如葡萄）的摇篮。

然后我们来到小亚细亚半岛，该半岛如加上其向东自然延伸部分则称作"安纳托利亚（Anatolia）"，源自半岛东部的安纳托利亚山脉。小亚细亚西部沿岸是古希腊文明的发祥地之一，著名的特洛伊战争就发生在此地；整个半岛历经亚述帝国、波斯帝国、亚历山大帝国、罗马帝国、拜占庭帝国和奥斯曼帝国的先后统治，它成为东西方文化交汇碰撞的场所。半岛向东南延伸迄至波斯湾，则是著名的美索不达米亚地区。

由小亚细亚东南端转入叙利亚、腓尼基和巴勒斯坦，这些地中海东部沿岸地区在古代和中世纪一并被称作"利凡特（Levant）"，古希腊语意为"太阳升起之地"，是古代中世纪沟通东西方的交通枢纽，也是历代兵家必争之地。利凡特的东南部，是以沙漠为主的阿拉伯半岛。

走过利凡特地区，便进入到红海北部的西奈半岛；西奈以西是埃及；从埃及往西走，便到达浩瀚的利比亚沙漠地区；利比亚沙漠的西端尽头处，又可以见到突入地中海的一片绿洲，这便是著名的迦太基（现突尼斯附近）；迦太基以西是横贯西北非的阿特拉斯山脉；世界上最大的沙漠——撒哈拉沙漠，就处于阿特拉斯山、迦太基及利比亚的南部。

从非洲西北端渡过直布罗陀海峡，便到达伊比利亚半岛；穿过半岛东北部的比利牛斯山，进入高卢；高卢的东部和南部以阿尔卑斯山为屏障，其东南有意大利半岛（即亚平宁半岛），以及巴尔干半岛；巴尔干半岛的南部是希腊半岛；希腊半岛的中部是阿提卡半岛，南部则是伯罗奔尼撒半岛；巴尔干半岛北部多瑙河下游至黑海出海口及其南部一带，为色雷斯地区；由北向南突入黑海的半岛，则是著名的克里米亚半岛。

3. 河流与海峡

地中海东部的主要河流有幼发拉底河、底格里斯河及尼罗河。幼发拉底河与底格里斯河均发源于安纳托利亚东部高地，东南向流入波斯湾，前者长2750公里，流域面积67.3万平方公里，后者长2045公里，流域面积37.5万平方公里。两河流域（即"美索不达米亚"）是西亚文明的发源地。

尼罗河是旧大陆最大的河流，处于非洲东北部，由非洲内陆的热带雨林地区自南向北流入地中海，全长6670公里，流域面积287万平方公里。该河哺育了古代埃及文明，故希罗多德称埃及文明是尼罗河的赠礼。

地中海以西及以北较重要的河流为：多瑙河，发源于阿尔卑斯山，由西向东注入黑海，长2850公里，流域面积81.7万平方公里；莱茵河，发源于阿尔卑斯山，由南向北注入北海，长1320公里，流域面积25万平方公里。

其他如意大利的台伯河和波河，高卢的卢瓦尔河、塞纳河及罗纳河，西班牙半岛的杜罗河及埃布罗河，德国的美茵河及易北河等，虽然在历史上各自扮演了独特角色，但由于其长度较短，流域面积较小，其历史重要性自然相对较弱。

地中海上较著名的海峡有博斯普鲁斯海峡、赫勒斯滂海峡、直布罗陀海峡及墨西拿海峡。博斯普鲁斯海峡处于巴尔干半岛东南端、马尔马拉海最东端与黑海西南端的连接处，两陆间最宽处3.6公里，最窄处仅720米，君士坦丁堡就处在海峡北端（1973年建成跨海峡大桥）。

赫勒斯滂海峡即现在的"达达尼尔海峡"，处于马尔马拉海西侧，两陆间最宽处6.4公里，最窄处1.3公里。希波战争期间波斯军队便是渡过此海峡进入欧洲的。

直布罗陀海峡处于西班牙半岛南端与非洲西北角之间，最宽处43公里，最窄处22公里。第二次布匿战争期间，迦太基将领汉尼拔曾带兵渡过该海峡穿越西班牙和高卢从背后偷袭罗马。

墨西拿海峡处于意大利半岛与西西里岛之间，最窄处3.2公里，该海峡起到沟通第勒尼安海与伊奥尼亚海的作用。

（二）地中海区域的气候与土壤

1. 气候

地中海区域的气候受三大因素的制约：一是来自撒哈拉沙漠、利比亚沙漠及叙利亚-阿拉伯沙漠的热带干燥气旋；二是来自大西洋的温暖潮湿气压；三是来自东北极地的寒流。这三种因素相互作用，最终形成独具特色的"地中海气候"。

地中海气候（Mediterranean Climate），又称为"副热带夏干气候"，由西风带与副热带的高气压带交替控制而成，属于亚热带和温带的一种气候类型。该气候类型一般分布于北纬30度～45度之间的大陆西岸。地中海沿岸（含黑海）是这一气候类型的最典型的代表。在地中海地区的夏季，由于受副热带高气压带的控制，海水温度比陆地温度低，从而形成高压，加大了副热带高气压带的影响势力；在冬季，情形恰好相反，海上水温比陆地温度相对较高，从而形成低压，促使西风大大加强。

因此，地中海气候的基本特征是：冬季悠长而多雨，整个冬季长达6个月（从9月至翌年3月），在此期间，天昏地暗，阴雨连绵，江河泛滥，百业萧条，各种活动均处于停顿状态；夏季则干燥无雨，此时万物复苏，是农事、贸易和战争活跃的时期，同时也是各种流行病猖獗的时期。不过，由于具体条件上的差异，各地的气候特征也不尽相同。例如在夏季，地中海以东和以南地区较为炎热，因距离热沙漠较近，某些地方最热时气温可达5～60摄氏度；地中海以西和以北地区因远离热沙漠并受大西洋和北极圈气压的影响，气候较为凉爽宜人，平均气温在2～30摄氏度之间。

2. 土壤

地中海区域的土壤明显分为两大类型：地中海以东以南为亚非型，以西以北为欧洲型。亚非型土壤属于河流的冲积层，土地松软而肥沃，人们即使用硬度不大的铜器或青铜器工具，也能加以开发利用并使之增值，这就解释了为何两河流域和尼罗河流域的文明出现得那么早，也解释了为何这些东方文明与人工灌溉系统的发明密切相关。欧洲型土壤处于海岛、半岛和广袤的内陆地区，其特点是土质较硬但植被较厚，开发此类土地往往需要比青铜器更坚硬的铁器工具，这也就解释了为何欧洲文明出现得较晚，虽然其起点较高。

（三）地中海区域的自然资源

1. 植物性资源

（1）麦类。麦类的人工种植最早出现于两河流域、叙利亚至尼罗河下游之间，即所谓"新月形沃地"（Crescent Land），时间约为公元前3300年。最初种植的是大麦（巴比伦尼亚的苏美尔人所种植的大麦，收获量是播种量的300倍），继之为小麦、黑麦、荞麦和燕麦等。

麦类种植的一个重要特点是：极其消耗地力。因此需要休耕，在休耕期土地长出牧草，这便促进了畜牧业的发展。因此，麦类经济与畜牧业总是并行发展的。麦秆和牧草为牲口提供了食料，反过来牲口的粪便为麦田提供了肥料，某些大型牲口则为麦类的耕作提供了畜力，可谓相得益彰。这也就解释了吃面包的民族为何同时也是肉食民族。

麦类种植业的副业之一是啤酒的发明和生产。啤酒的历史几乎与麦类的历史一样古老。苏美尔人和埃及人都有可能是啤酒的发明者。啤酒一经发明，很快就成了商品，例如《汉穆拉比法典》就有对啤酒限价的条文。

罗马帝国有四大粮仓：埃及、西西里岛、迦太基和色雷斯。这些地区均盛产麦类，主要是小麦。

小麦大概是在公元前3000年初传入我国新疆，继而进入甘肃和陕西。即使如此，在很长时期里，中国北方的主食仍然是谷子（小米）。小麦在全国的推广是从宋代开始的。但是长期以来，古书多认为面食有"微毒"，就是医家所说的"湿气"，说到底是适应的问题。

（2）葡萄。栽种葡萄的历史比栽种麦类的历史早。公元前8000年，高加索人已经食用野生葡萄，并用葡萄榨汁；公元前5000年，高加索人学会了种植葡萄,并用葡萄酿酒。葡萄种植和酿酒技术很快传遍了整个地中海地区。亚历山大东征时,把这种技术传到了中亚;西汉初,该技术随着西域的开通也传到了长安和中国内地。

不过在古代世界,最好的葡萄和葡萄酒还是产自希腊和罗马,罗马诗人嫌埃及的葡萄酒太酸,说宁愿喝醋也不愿喝埃及葡萄酒。

随着西方文化对东方压倒一切的优势,作为西方文化象征的葡萄酒成了高贵和优雅的代名词,它与东方的啤酒文化(低俗的象征)形成了某种对立。远征埃及的罗马军团战士嫌埃及啤酒太苦涩,说宁愿喝马尿也不喝埃及啤酒。

在希腊和罗马世界,葡萄酒需要兑水后才能饮用,否则便被指责为狂妄和渎神,因为希腊罗马人总是把不兑水的葡萄酒拿来祭祀神。

(3)油橄榄。油橄榄学名"齐墩果",主要用来榨油。在油橄榄被充分利用之前,地中海地区的油料主要由大麻籽、亚麻籽和菜籽提供。换言之,广大的平民大众日常使用的大多是麻油和菜籽油,在东方地区尤其如此。

目前尚难以确定油橄榄最早是在什么时候由什么人种植的。我们只知道公元前700年左右的希腊诗人赫西俄德在其《工作与时日》中第一次提到希腊人种植橄榄,因此也许油橄榄的种植最早是由希腊人发明的。到了公元前600年左右,橄榄树的种植由希腊传入意大利。公元前100年左右,意大利成为当时种植橄榄树最多的地区。

橄榄树对土壤的选择性极强,只能在沿地中海最边缘的一圈陆地上种植(主要在地中海北岸),像埃及等靠近沙漠的东方地区,橄榄树一直无法栽种。

麦类、葡萄与油橄榄,是地中海区域最重要的植物性资源,构成了一个三位一体。

(4)椰枣。在靠近沙漠的埃及和两河流域,盛产枣椰树,其果实后来被称作"伊拉克蜜枣"。

(5)木材。古代频繁的海上活动需要大量木材制作船只。古代地中海区域最重要的木材盛产区有:马其顿、色雷斯、黑海北岸、高加索、腓尼基、小亚细亚、塞浦路斯等。由于土层较厚,土质较硬,地中海树木叶质坚硬，叶面有蜡质，根系深，树干高大，有适应夏季干热气候的耐旱特征。较著名的树种有榉树、榆树和橡树等。

水果类除了葡萄、橄榄外，较有名的还有柑橘、无花果和苹果等。

此外还有各种菜蔬，如蚕豆、菜豆、豌豆、扁豆、胡萝卜、莴苣及洋葱等。

2. 动物性资源

如上所述，麦类经济与畜牧业是并行发展的，地中海居民很早就发展起畜牧业。畜牧业的普遍发展具有重大的社会经济意义：它带动了畜牧产品加工业（即手工业）的繁荣，如毛纺织、皮革、乳品加工、肉类加工等行业，在地中海地区很早就发展起来。

（1）羊。公元前4500年，欧洲人开始养羊（最初是绵羊，后来才驯养山羊）。在西班牙半岛很早就出现了一种细毛羊，即著名的美利奴羊（merino），这种优质羊的养殖后来传遍整个欧洲。小亚细亚的安哥拉山羊，毛色纯白，毛质美如绢丝，肉质鲜美，粗养耐旱。羊全身都是宝：毛可以织成布料，皮可以做成各种皮革制品，奶可以饮用，肉可以食用。羊也是地中海区域最普遍的牲口，几乎每家农户都养羊。在西方的文化中，羊往往象征着善良、和平和正义（基督徒自称是"上帝的绵羊"）。

（2）牛。牛的历史与羊一样古老。地中海区域主要盛产黄牛（水牛产于热带和亚热带地区，牦牛产于高原地区）。牛的用途有三种：役牛、奶牛、肉牛。在古代的东亚和南亚，肉牛不多见（牛作为主要的畜力太过于宝贵，乃至于某些古代法律禁止杀牛）；可是在地中海区域，相当多的牛是被养来食用的，牛肉是当地人的主食之一。科西嘉的咸牛肉举世闻名。西西里的奶酪也很有名。

（3）马。欧洲人要到公元前2000年时才开始养马。马主要用于役使，包括骑坐和拉曳（耕作犁地）。由于马肉纤维较粗，故食用价值不高。世界上有几个地区盛产良种马：中亚（汗血马）、蒙古、阿拉伯半岛（小种马）、黑海北岸及意大利半岛。在和平时代，牛价超过马价，在战争年代，则反过来。马的优劣对战争胜负产生重大影响，据说蒙古人横扫欧亚无敌手，与其优良马匹有关。

（4）驴和骡。驴和骡均为役畜。驴的耐力比马强，且胜任山地驮运。

骡是公驴与母马的杂交，它既具有驴的耐力，又具有马的冲劲。只是目前尚不知道是何人在何时首次繁育出此一畜类。

在《汉穆拉比法典》中，一头驴的售价等于一头牛或一个奴隶，合1000升面粉。

（5）骆驼。骆驼被誉为"沙漠之舟"，说明它主要用于沙漠和戈壁滩上的驮运。骆驼有两类：单峰驼和双峰驼。单峰驼产于阿拉伯半岛，适合于热沙漠的气候，即使热至50～60摄氏度也能挺过去。双峰驼产于中亚，适合干冷沙漠的高寒气候，能忍受零下50摄氏度的严寒，可是在零上40摄氏度的条件下它就会生病和死亡。阿拉伯帝国想攻克君士坦丁堡，进而征服欧洲，但由于作为其驮运工具的单峰驼忍受不了小亚细亚山地的寒冷，故此愿望一直未能实现。后来土耳其人使用双峰驼这种耐高寒的牲口作为驮运工具，最终实现了征服君士坦丁堡的愿望。布罗代尔称之为"双峰驼对单峰驼的胜利"。

19世纪时，西方人把旧大陆的两种骆驼带到了澳大利亚北部沙漠地区，它们很快就适应了当地生活。可是近年来这些移植过来的骆驼由于生殖过快，被认为破坏了当地的生态平衡，于是当地人大量捕抓骆驼运回旧大陆，把其投放到阿拉伯半岛，据说此举促成了阿拉伯骆驼的品种改良。

（6）猪。猪的价值主要在于食用和其所提供的粪肥，中国人似乎在公元前5000年时就懂得养猪。地中海区域的养猪业从何时何地开始，不得而知。在地中海区域，猪的重要性似乎比不上羊和牛。在埃及和中东其他一些地方，养猪业成为一种低贱的行业，某些民族甚至有不吃猪肉的习俗。据说此习俗一方面与猪本身的肮脏习性有关，另一方面与靠近沙漠地带的缺水问题有关（猪有耗水的习性）。

此外，欧洲人养狗的历史可以追溯到公元前6700年，养鸡的历史则要晚得多，是在公元前2000年左右。前者是充当人类的助手（如看家狗），后者是供人类食用。

3. 地表和地下资源

（1）陶土。由于陶土几乎遍布各地，早期人类似乎都是陶器工匠。公元前4000年，中亚和西亚一带开始出现陶轮，陶器形态趋于精美。在地中海区域，最好的陶土来自阿提卡半岛，用这种优质陶土制作的各种精美器皿，用来盛放当地的优质葡萄酒和橄榄油，简直是天造地设。

（2）黏土。带有柏油成分的优质黏土主要产自两河流域，当地人把其切制和晒晾成生砖，用于建造宅邸或寺庙；也把其制作晒晾成泥板，用作书写材料，是为著名的泥板文书。

此外，西奈半岛和西班牙半岛盛产铜矿；多瑙河一带盛产银矿；尼罗河中游、高加索地区和乌拉尔山区盛产金矿；小亚细亚和黑海等地盛产铁矿；高卢地区盛产锡矿；意大利盛产大理石；埃及盛产花岗岩石；等等。各地特有的矿产资源成为整个地中海区域繁盛物资交流的对象和动力，有力地推动了彼此间的经济增长。

4. 海产资源

由于地中海海水中所含的海洋生物所必需的磷酸盐和硝酸盐比较贫乏，地中海鱼类资源并不是很丰富。不过还是存在着小规模的捕渔业。最主要的鱼类有：无须鳕、鲆鲽、鳎、大菱鲆、沙丁鱼、鳀鱼、蓝鳍金枪鱼、狐鲣和鲭鱼。地中海海域还出产贝类、珊瑚、海绵和海藻等。

各种鱼以鲜鱼、腌鱼和干鱼的形式出现在市场上，在黑海沿岸、撒丁岛和西西里岛均有大型的渔场，渔场上的鱼类贸易既有批发，又有零售。

二、古代地中海区域的人文环境

如果说自然环境是相对稳定的，那么，人文环境就是变化不居的，就如同建筑物可以维持百年（甚至千年）不变，而建筑物里外的人，则经常变动。

我们先要看看地中海区域最初居住着一些什么样的人，然后再看看这些人是怎么流动的。通过他们的居住、流动以及他们与周边环境的互动，历史就被创造了出来。

（一）旧大陆古代民族的分布

《旧约·创世纪》第 10 章讲大洪水毁灭了人类，唯一存活的是诺亚及其三个儿子闪（Shem）、含（Ham）及雅弗（Japheth），由诺亚的这三个儿子衍生出了三个新的人类种族。这一说法只是以象征的形式说明了地中海区域主要族类的起源和分布。如果扩大到整个旧大陆的文明地区,则人种分类要更加丰富。下面所要介绍的各主要人种,大体根据语族来划分(而不是根据肤色):

1. 汉人

起源于黄河流域,后来分布于黄河、长江和珠江流域一带。

2. 阿尔泰人

起源于阿尔泰山脉,分布于蒙古荒漠和中亚一带,包括匈奴、鲜卑、月氏、契丹、蒙古、突厥和女真等民族,在中国古文献上被称作"胡人",他们常常威胁到汉文明,但同时也给汉文明带来了活力。

创造了两河流域最早文明的苏美尔人,以及创造了印度河流域最早文明的达罗毗荼人,据说也属于阿尔泰语族。苏美尔人喜欢剃光胡须,剪短头发,其习性与两河流域其他族类迥异;达罗毗荼人肤色偏黑,也许是阿尔泰人与黑人的杂交,现在在印度中部和南部、斯里兰卡及巴基斯坦等地还可以见到这种人的后裔。

3. 闪米特人（简称"闪族"）

起源于阿拉伯半岛,分布于整个中东地区,包括阿卡德人、阿摩利人、迦勒底人、亚述人、迦南人、腓尼基人、腓力斯丁人、希伯来人及后来的阿拉伯人。由于希伯来人（即犹太人）属于闪族,后来欧洲历史上所流行的"反闪主义",主要是针对犹太人的。

4. 含米特人（简称"含族"）

起源于尼罗河流域,曾分布于东北非,包括古代埃及人、古代努比亚人、古代利比亚人及古代西奈人。之所以要在这些人种名称前面加"古代"二字,是因为含族人退化得较快,自公元7世纪阿拉伯帝国扩张之后,东北非迅速阿拉伯化,现在这一带的居民多为阿拉伯人。

5. 印欧人

起源于黑海北岸至高加索山脉一带,分布于整个欧洲至伊朗和印度之间。包括古代赫梯人、古代米底人、古代波斯人、古代雅利安人、古代希腊人、古代罗马人、古代日耳曼人、古代斯拉夫人及古代克尔特人等。

(二) 印欧人的迁徙及地中海历史的变迁

印欧语族的起源地一般认为是黑海地区,以黑海为中心,向东延伸到里海，向西延伸到多瑙河流域。早期印欧人分为三支：黑海北岸的为中支，黑海北岸到里海的为东支，黑海北岸到多瑙河流域的为西支。

从公元前 3000 年代末开始，印欧人分批从黑海地区向外迁徙，结果导致了一些古代著名文明的兴衰。

第一次迁徙：公元前 3000 年代末至公元前 2000 年代初，中支的一些部落最早越过高加索山脉，来到小亚细亚东部，并建立了一个王国叫"赫梯"。这是在亚洲最早建立国家的印欧人（公元前 18 世纪）。

公元前 16 世纪初，赫梯灭古巴比伦王国；公元前 13 世纪，赫梯扩张到巴勒斯坦一带，与埃及发生冲突（公元前 1284 年埃赫和约，是历史记录中最早的国际条约）；公元前 8 世纪，赫梯被亚述所灭。

第二次迁徙：公元前 2000 年代起，东支的印欧人也分批南下，其中来到伊朗高原的有两个部族：米底人和波斯人。起初米底人较强，波斯人依附于米底人。公元前 550 年，波斯首领居鲁士率领波斯人摆脱了米底人的控制，形成波斯帝国；公元前 538 年，波斯人挥师向西，灭了新巴比伦王国。随后征服了埃及和小亚细亚，成为地跨欧、亚、非三大洲的大帝国，开始与希腊人发生冲突。这是印欧人的第一个大帝国。公元前 330 年，波斯帝国为马其顿的亚历山大所灭。

东支的另一部族为雅利安人，他们于公元前 15 世纪末来到印度河流域，征服土著达罗毗荼人，随后又把势力扩展到恒河流域（公元前 1000 年代），在印度北部建立了众多国家。此后，雅利安人成为南亚次大陆的主要人种之一。

第三次迁徙：公元前 3000 年代末至 2000 年代初，西支的一些部落越多瑙河、穿色雷斯，从巴尔干半岛东北部进入希腊半岛，成为最早的希腊人。其中最早到达的是埃奥利亚人、爱奥尼亚人及阿卡亚人三大支，以阿卡亚人为最先进，他们于公元前 1500 年左右在伯罗奔尼撒南部建立了麦锡尼文明。公元前 12 世纪，西支中另一个较为落后的部落多利安人也进入希腊，他们破坏了麦锡尼文明，希腊历史进入"荷马时代"。

第四次迁徙：公元前 2000 年代初，西支中另一支印欧人越过阿尔卑斯山，进入意大利半岛。他们散居于意大利中北部，形成拉丁人、萨莫奈人和伊特鲁里亚人等。其中伊特鲁里亚人最先进，曾统治过拉丁人。后来由于罗马文明兴起，伊特鲁里亚文明融入了罗马文明。

第五次迁徙：从公元3世纪开始，居住于东北欧及中欧广阔地域上的印欧人掀起了又一次更大规模的迁徙浪潮，这就是所谓的日耳曼"民族大迁徙"。日耳曼人向西越过莱茵河、向南越过多瑙河，逐渐进入罗马帝国的腹地，最终导致西罗马帝国的灭亡和东罗马帝国的统治危机。据说此次大迁徙与中国西北部的匈奴有关，由于匈奴的主力被东汉和帝最终击败，他们在向西撤退时挤压了中亚草原上其他游牧部落的生存空间，因而引起一连串部落西迁的连锁效应，最后才迫使斯拉夫人和日耳曼人屡屡进犯罗马边境。这只是一种推测，未必有坚实的史料基础。

对于印欧人较为晚近的迁徙，由于文献记载较详尽，因此也较容易理解。但对于印欧人较早时期的迁徙，在文献资料极其稀缺的情况下，人们又是如何获知的呢？在这里，语源学（etymology）的研究成果功不可没。如果没有语源学，人们就不可能从众多的闪族部落中区分出赫梯人、米底人、波斯人和雅利安人是印欧人，也不可能区分出苏美尔人属于阿尔泰语族。18—19世纪的语言学家发现，同一个语系的人群，即使他们分散居住在许多不同的地区，其语言也具有同根同源的特点。例如雅利安人使用的梵语中有Brahman一词，指的是专司宗教活动的祭司；而作为印欧语系源头之一的拉丁文"祭司"一词是flamines，现代英语"祭司"一词是flamen，三个词不仅词形接近，而且读音也相近，所表达的意义相同，这说明讲梵语的雅利安人，与讲拉丁语的罗马人和讲英语的英国人属于相同的语族。又如，苏美尔人的语言与古代突厥语十分相似，两者均把"土地"一词等同于"山脉"，故语言学家断定，苏美尔人可能属于阿尔泰人而有别于闪族。

语源学的研究甚至能够确定特定事物在特定民族日常生活中的作用和地位。例如，现代英语中"黄牛"一词的表达就相当复杂丰富，一般的牛为ox，但其中可再细分为：公牛是bull，母牛和乳牛是cow，阉牛和食用肉牛是steer，小牛犊是calf，牛肉则另称为beef。而其他的牲口，大致只有雌雄之分，远没有"黄牛"一词的分类细致。这至少说明，对于历史上的英国人而言，牛在日常生活中的重要性远远超过了其他的牲口。

总之，地中海地区各地差异很大，但又形成一个互补的整体，是差异性和整体性的统一，故形成独特的"地中海世界"；地中海地区古代主要有含人、闪人和印欧人，通过一次次的迁徙，许多游牧部落变成了定居的农业居民，并由此进入文明时代。

参考文献

[1] 费尔南·布罗代尔. 菲利普二世时代的地中海和地中海世界（全二卷）[M]. 唐家龙，等，译. 吴模信，校. 北京：商务印书馆，1996.

[2] 世界地名词典 [M]. 上海：上海辞书出版社，1980.

[3] 彼得·詹姆斯，尼克·索普. 世界古代发明 [M]. 颜可维，译. 北京：世界知识出版社，1999.

[4] 维尔纳·施泰因. 人类文明编年纪事——经济和生活分册 [M]. 董光熙，等，译. 北京：中国对外翻译出版公司，1992.

[5] 丹尼，等. 中亚文明史（全五卷）[M]. 北京：中国对外翻译出版公司与联合国教科文组织，2002.

第 3 讲　古代希腊的神话、哲学及其学科体系的演化

特定的文明有其特定的思想文化体系。特定的思想文化体系造就了特定的学科分类，而特定的学科分类反过来又在很大程度上决定了其文明的基本内涵和特征。例如，中国传统上以经、史、子、集四部分类法作为学科分类的基础，一切学问的发展和研究都是在这一分类的基础上展开的，该分类法体现了中国传统知识的层次感和等级差异，反映了官僚等级社会中士人阶级对知识的控制和垄断。

现代知识体系的分类源自于西方，根据该分类法，文学、历史、哲学和宗教学等属于人文科学，法学、经济学、政治学和社会学等属于社会科学，物理学、化学、生物学、医学、数学和天文地理学等属于自然科学。现代西方的这种学科分类显然发轫于古希腊，可是希腊人的学科分类并没有现代那么系统和连贯。希腊人对于作为宏观世界的宇宙万物和作为微观世界的人的看法非常独特：当他们借助浪漫主义和象征主义的手段来解释客观世界和人类时，便出现了神话；当他们借助现实主义和理性主义的手段来解释客观世界和人类时，便出现了哲学。

因此，最初的希腊学问只有两大类：神话与哲学。后来随着社会的发展和智力活动的扩展，各大类学问才越分越细，遂有了亚里士多德的分类法。本讲我们将从最初的两大类希腊学问入手，梳理其学科分化和演变过程。

一、希腊神话及其相关的知识门类

对于古希腊人而言,最早的知识就是神话,一切后来的知识,无疑均起源于神话。不过从历史实际看,直接从希腊神话中演化出来的知识门类主要有三个:宗教神学、文学、历史学和地理学。下面让我们逐个展开叙述。

(一) 作为宗教信仰的神话

根据神话学家的说法,神话是有关自然、历史、世界命运、众神、人类及其社会的一系列想象性故事,它以虚拟的方式追溯神灵、人类及宇宙万物的起源,从而证明现存制度、习俗和各种文化物象的正当性及合理性。神话的本质,就在于它用超自然的方式解释自然存在的东西,它反映了人类的早期信仰。因此,当我们开始谈论希腊神话的时候,便不得不首先涉及它的宗教信仰特征。

那么,作为信仰渊源的希腊神话,具有哪些与众不同的特点呢?

1. 公共崇拜与秘密崇拜并行

所谓公共崇拜,就是后来所说的"国教";秘密崇拜,就是"民间宗教"。在希腊的神话体系当中显然同时流行着两类神祇:一类是奥林匹斯诸神(由天神宙斯和天后赫拉及其子女和其他亲属所构成的一个庞大家族性神系),此类神祇受城邦政府公祭,是希腊人公开崇拜的对象;另一类主要是一些外来的神祇,它们一般不见容于城邦政府,只是在民间受到秘密的崇拜。这种公私两套神祇并存的现象,在罗马人那里表现得最为典型。

多神教时代的罗马宗教也分为国家信仰与民间信仰两大类。罗马人几乎完全采纳了希腊人的奥林匹斯神系,只是在名称上有所变化而已,如罗马人用"朱庇特"取代宙斯,用"朱诺"取代赫拉,用"密涅瓦"取代雅典娜,用"维纳斯"取代阿弗洛狄特,用"狄安娜"取代阿尔特弥斯,等等。就罗马国教而言,由于它突出信仰的公共性,宗教崇拜只是公共政治生活的一个组成部分,一切崇拜活动只有直接为公民政治服务,才有其存在的价值；这种宗教只关注公民集体福祉，不关心个人内心苦乐，其来世观念十分淡薄，因此它重实践轻理论，把仪式和献祭看作揣摩神的态度和博取神的好感的唯一手段。与国教相对立的秘传宗教则只流传于民间，它是一个封闭的实体，具有特定的入教仪式、秘密的活动程序及对新入教者的秘密启示；这是一种寻求个人拯救的宗教，它重视灵魂的净化，并向信徒许诺美好的来世生活。公元1—3世纪间活跃于罗马社会的秘传宗教主要有厄琉西斯密教、狄奥尼索斯-巴库斯秘仪、俄耳甫斯秘仪、伊希斯崇拜、密特拉崇拜等。从本质上说，秘传宗教是与罗马国教的公共性及现实性原则背道而驰的，因此历来受到罗马当局的排挤。其实，基督教进入罗马的最初阶段，也被罗马政府看作秘密崇拜而屡遭迫害。

公私两套神系的并存，在很大程度上说明希腊罗马文化的多元化特性；两套神系的消长也生动地反映了西方古典文化的盛衰变化过程。

2. 英雄崇拜的崛起

希腊神话包括神的故事和英雄传说两大部分。如果说神的故事引发了神祇崇拜，那么英雄传说则引发了英雄崇拜。英雄与神祇有什么不同呢？依据赫西俄德的说法，英雄就是"半神"，亦即就本质而言，英雄一半像人，一半像神，是人与神的混血，因为据说英雄是神与人交媾生下的子女。我们别忘了在希腊罗马神话中，神祇都是一些好色之徒，他（她）们常常背着自己的配偶，与年轻貌美的凡人偷情。

英雄与神祇的最大区别是，英雄与凡夫俗子一样会死。任何英雄均无法超越死亡，这就是希腊罗马传统上的英雄悲剧所在。

英雄即使在死后，也会在其坟墓里对活人世界发挥作用和产生影响。死后的英雄对人类的影响主要集中在两个方面：一是充当人与神的中介，把人的诉求和神的回应或信息转达给对方；二是对人加以保护，或施加伤害。既然死后的英雄仍然对活人世界产生影响，人们就有必要对其进行祈求，而祈求最普遍的方式是献祭。为了与祭神区别开来，人们在夜间拜祭英雄（对神的拜祭发生在白天），而且所献牺牲动物必须是黑色。

根据希腊的神话传说，英雄可以以个体的形式出现，如戴着隐身帽追捕妖怪的柏修斯，完成十二件苦差事的大力士海格立斯，勇杀怪物米诺陶罗斯的提修斯，远征特洛伊的希腊联军统帅阿伽门农，等等；也可以以集体的形式出现，如征服忒拜城的七英雄，为寻取金羊毛进行远航的亚尔古船诸英雄，等等。

在崇尚勇气和膂力的古代，英雄是世人学习模仿的楷模。英雄崇拜在西方世界影响深远：首先，罗马人完全沿袭了这一崇拜传统；其次，基督教崛起以后，虽然英雄崇拜连同诸神崇拜逐渐消失，但基督教的圣徒崇拜，在很大程度上是古代英雄崇拜的变体和延续。

3. 若隐若现的精灵崇拜

除了神祇崇拜和英雄崇拜之外，日常生活中的希腊罗马人还崇拜各式各样的精灵（spirits）。精灵的地位与作用和英雄差不多，它们被认为是存在于神与人之间的超自然物，地位低于神而高于人，但它们一般不会死，而且具有种种神通。希腊罗马人相信，既存在着善良的即对人有助益的精灵（a good spirit），也存在着邪恶的即对人有害的精灵（an evil spirit），人们可以向其祈求，转害为益，人们的意愿也可以通过它们传达给神。

这种精灵，古希腊语通常写作 daemons，我们不能译作"魔鬼"，因为近代意义上的魔鬼概念来自基督教。对于二者的区别，奥古斯丁在《上帝之城》中有过精彩的描述，他指出，希腊人的 daemons 居住于天上众神与地上人类之间的空中，它是神与人进行交流的媒介；而魔鬼则居住于地狱，源自于堕落的天使，是神、人共诛的对象。

从这里可以推知，虽然存在着精灵崇拜，但希腊罗马世界中尚不存在魔鬼这一角色。魔鬼角色的出现，与"罪"的概念的出现密切相关：由于魔鬼被看作罪的极致化和化身，在还没有道德上的"罪"的概念之前，希腊罗马世界当然是不可能有近代魔鬼这一概念的。

希腊罗马世界的精灵崇拜与民间的巫术有更多的联系，因此往往被当作迷信来打压，在相关文献上，对精灵崇拜的记载常常是若隐若现。

（二）作为文学艺术素材的神话

希腊神话产生于公元前 9 世纪。最初的神话以口头传说的形式流行于民间。到了公元前 8—公元前 7 世纪时，有人将这些口传神话编撰成书，于是就有了书面形式的"史诗"，最著名的史诗当然是荷马的《伊利亚特》《奥德赛》和赫西俄德的《诸神谱系》。如果说，口头传说是零碎的和不系统的口传神话，那么史诗就是把互不关涉的诸神编成一个神系、把互无联系的零碎故事编成一个长篇历史进程的书面神话。

到了公元前6世纪末，这些史诗开始被搬上了舞台，于是就有了最早的戏剧。因此，从文学的角度看，神话是史诗和戏剧的素材，史诗和戏剧均是神话的表现形式和载体，其中，戏剧的出现代表了古希腊文学发展的最高峰。

那么，从文学艺术的角度看，希腊神话又有哪些特点呢？

1. 神、人同形同性

其实，任何地区的古代神话都在不同程度上具有神、人同形同性的特征，只是希腊的神话在这方面表现得最为典型：希腊诸神高度地拟人化，除了不会死去之外，神祇与人在禀性上几乎不存在任何差异。反过来说，一个活生生的人身上所表现出来的任何性格特征，不管是好是坏，均可以从相应的神祇那里找到其原型和来源。例如，除了各种美德之外，人的各种恶习和缺陷，包括自负、嫉妒、贪婪、好色、背信弃义、喜新厌旧，甚至小孩般的淘气，等等，诸神都有。作为神话故事的重要发端之一的特洛伊战争，就与诸神的自负与嫉妒有关。

神祇的这种高度拟人化特点，对于希腊罗马人的文学艺术创作影响重大。这意味着，当一名作家在刻画一个神祇形象时，他实际上也是在刻画一个具体人的形象，因为神到处都代表着人。也就是说，我们可以借助人们对神灵世界的描述，去直接地洞察人间世界的本质。西方传统意义上那种直白的现实主义精神，正是从这种神、人同形同性特征中挖掘出来的；西方式的理性思维，也与这种诸神高度拟人化的古代传统直接相关。

神话就其本性而言是一种浪漫主义精神和思想的表达，可是古代希腊罗马人却通过最大限度地溶解神、人差异的方式，从浪漫主义的神话当中发掘出一种现实主义传统，这在世界历史上的确是绝无仅有的。

2. 以命运和报应为主题

如上所述，希腊神话发展的最高峰是戏剧。希腊戏剧分为悲剧和喜剧，但最有震撼力的却是悲剧。这是因为绝大多数希腊悲剧宣扬一个主题，那就是命运和报应：人（神也不例外）总是在为摆脱自己的不幸命运而进行艰苦的斗争，结果却总是受到自己命运的作弄；由于每个人的宿命都是上天早就安排好的，因此他们为摆脱自己命运所做的每一件事情，实际上在不自觉中充当了实现自己最终宿命的工具，因而便自食了自己所种下的果报。

索福克勒斯的《俄狄浦斯王》所塑造的悲剧人物俄狄浦斯就是一个典型代表。忒拜国王在获悉即将出生的王子（即俄狄浦斯）将要杀父娶母的神谕之后，便企图以抢先结束新生儿生命的方式避免悲剧的发生；孰料王子却秘密活了下来并被邻国国王收养。未知自身身世的王子在长大成人之后也获知自己将杀父娶母的神谕，为了逃避这一命运，他决定逃离自己的祖国（其实是他的寄养国）；在历尽艰辛进入忒拜国界之后，因与一位路过老翁发生口角而动怒将其杀死，该老翁就是他的生父忒拜国王。他进入忒拜城内之后，依靠自己的聪明才智当上了忒拜国王，并娶了刚刚寡居的王后（即他的母亲）为妻。至此，在当事人完全不知情中，整个神谕完全实现。不久，真相暴露，俄狄浦斯的母亲羞愧自杀身亡，他自己也弄瞎双眼，自愿放逐出境。

该故事所反映的主题显然是双重的：一方面，命运不断地在捉弄我们的主人公；另一方面，主人公的每一个为逃避命运所做的事情，均无一例外地得到了应得的报应。

这是否意味着希腊人完全采取了一种悲观主义的人生观呢？答案是否定的。因为在不少希腊悲剧中，尽管命运和报应仍然是主题，但同时夹杂着有关人的自由意志和对命运进行积极抗争的思想。例如埃斯库罗斯所创作的《普罗米修斯》三联剧（含《盗火的普罗米修斯》《被缚的普罗米修斯》及《解放的普罗米修斯》），就通过塑造一个勇于对抗神圣权威和不幸命运的角色普罗米修斯，来颂扬人类的友爱、勇敢和坚忍不拔的精神。

希腊人尽管对于命运的终极结果持悲观态度，但对于人类反抗命运的斗争过程却持有乐观态度；可以说，他们对个体命运的态度是比较消极的，但是他们对公民集体命运的态度却十分积极。这也许就是在悲惨命运的巨大压力底下希腊人不但没有沉沦，而且生活得有滋有味的关键原因所在。

既然希腊人把人类不幸的根源归咎于命运，那么发生在现实生活当中的任何冲突，都不可能有"对""错"之分，因为冲突各方都要受制于自身的命运；因此，区分"好人"与"坏人"的是非标准就不可能存在，这就解释了为何希腊悲剧没有正角与反角的区别。

到了文艺复兴时代，人们已经从命运的束缚下解放出来，他们再也不谴责命运的不公，而是谴责人性的贪婪或邪恶势力的肆虐。既然外在的邪恶势力被看作引发冲突的主因，代表这一势力的角色，必然就被塑造成了与主角直接对立的反角。因此，我们从莎士比亚的悲剧那里，看到了主角与反角的区分判若鸿沟。

3. 循环与倒退的历史观

科技史学家李约瑟认为，从希腊神话可以看出，古代希腊人是"时间循环论者"，即在希腊人的眼里，历史总是在一个封闭的圆环里转圈，人类没有任何进步的希望，相反，退步才是历史的本质。李约瑟把这种历史观称作"空间统治时间"：由于时间是不断循环的和永恒的，暂存的现实世界比无始无终的时间世界更少真实性，因此，人类的终极价值是不存在的，故不值得去追求。

既然希腊人相信时间是永恒存在的，他们必然会进而得出一个结论：历史是一个圆环。因为圆环才是无限延续的，既没有开端，也没有结尾。这一思想在希腊神话中得到了体现。

根据希腊的古老传说，第一代神王乌拉诺斯的统治被其儿女们推翻，这些儿女当中最小的克罗诺斯取代父亲，成为第二代神王；不久，克罗诺斯被自己的儿女们推翻，其最小的儿子宙斯取代父亲，成为第三代神王；据神谕所言，不久的将来，宙斯也将面临其祖父和父亲的命运，最终被自己的儿女推翻。

这一故事虽然在一定程度上反映了事物正常的新陈代谢，但这种新陈代谢却以一种不正常的方式——幼辈对长辈的暴力行为展开；与此同时，这种暴力篡权更多地被解读为一种冤冤相报式的轮回：克罗诺斯之所以被子女虐待，是他虐待自己父亲的报应；宙斯以及将要取代宙斯的后代亦然。在希腊人看来，由于历史命运的悲剧性，这种因果报应的怪圈是永无止境的。

历史不仅是循环的，而且有时是倒退的。赫西俄德把人类历史划分成互相递进的四个时代：最初是黄金部落统治的美好时代；然后是白银部落统治的时代，此时人类道德开始衰退；接着是青铜部落统治的时代，人类的道德状况进一步恶化；最后，他自己所处的时代，则是暴力肆虐和混乱不堪的黑铁时代。在赫西俄德看来，随着人类道德的不断衰败，历史在不断倒退。

4. 对友谊的颂扬

友谊在希腊神话当中占有很重的分量。但是，希腊式的友谊有其特定的内涵：

其一，友谊的纽带所联结的对象主要是城邦公民，换言之，希腊神话所赞颂的友谊，主要是自由公民之间的友谊，它一般不涉及外邦人和失去人身自由的奴隶。因此，希腊式的友谊是带有狭隘阶级性的。不可否认，罗马后期的一些公民与自己的奴隶之间有时也存在着某种被认为是难能可贵的友谊。可是在这个时候，奴隶制已经出现了危机，许多奴隶已经获得了解放，公民与自己的获释奴隶之间的友谊并不被认为是跨越了阶级界限。这与以后基督教所宣扬的普世之爱基础上的友谊大异其趣。

其二，友谊所反映的社会关系基本上只涉及男性公民社会，与妇女大众无关。男性公民之间结成的朋友圈排除了广大女性的参与，虽然某些高级妓女通过特殊的渠道常常被破格允许进入该圈子，但是体面公民的配偶及女儿是绝对进入不了该圈子的，这一点与文艺复兴开始时的西欧社交圈的情形也迥然相异。

其三，男性公民的友谊常常发展为男性同性恋关系。根据古希腊传统，男人之间的友谊发展成为坚贞不渝的爱情是顺理成章的事情，这种爱情在希腊神话中可以找到根据和源头。例如大力士海格立斯与普罗米修斯之间的友谊，就被说成是同性恋关系；阿喀琉斯的挚友帕特罗克洛斯，也被认为是前者的同性恋人。需要特别指出的是，尽管美色是同性恋人普遍追求的目标，但并非唯一的目标，高深的学问和伟大的道德魅力也常常成为同性爱恋的对象，据说外表十分一般的苏格拉底，就有许多同性追求者。

最后，友谊重于爱情。表面看来，希腊神话和其他古典作品往往以颂扬爱情为主题，可是只要仔细辨认，就可以看出这里所说的"爱情"，实际上是男性间的友谊，当然也包括男性同性恋。极少有古希腊作品以颂扬男女间的爱情为主题，这是因为希腊人通常认为男女间的爱情是不存在的，即使有时偶尔出现，也只是昙花一现。《美狄亚》一剧讲公主美狄亚出于对伊阿宋的爱而背叛自己的父亲，并杀死自己的亲弟弟，但到头来她还是遭到伊阿宋的抛弃；值得深思的是，对于伊阿宋的背信弃义，剧本作者并没有予以应有的谴责。对于古希腊人来说，女色就是男人的潘多拉盒子，它所藏存的希望遥遥无期，所散布的灾难却随时可见。赫西俄德在谈及海格立斯时说道：这位大力士曾一度迷恋女色，但不久又恢复了英雄本色。因此可见，男人的英雄本色与女色是不能相容的。这一点与文艺复兴时期截然不同。无论是薄伽丘的《十日谈》，还是莎士比亚的《罗密欧与朱丽叶》，均以男女间的爱情作为赞颂的对象。理解这一差异的要点在于：希腊人是城邦政治的动物。在那时，城邦公共生活的重要性远远大于家庭私人生活；男人间的友谊属于公共生活领域，男女间的关系则仅限于私人领域，故希腊人多谈友谊，少谈爱情。

（三）作为历史学和地理学温床的神话

今天的历史学和地理学，早就以独立的学科形态出现。可是西方最初的历史学和地理学，是从希腊神话当中孵化出来的。这就是说，最初的历史学和地理学作为希腊神话的一个组成部分，与文学艺术和宗教神学一样，处于比较原始的朦胧状态。不过随着时间的推移，历史学和地理学的独立倾向越来越明显。

1. 历史学

根据希腊神话，神王宙斯与记忆女神莫涅摩辛结合，生下了九位文艺女神缪斯，她们各自执掌文艺领域中的其中一个方面。九位缪斯中的第一位便是克丽奥（Clio），她最初是司英雄歌曲的女神，到了古典时期，最终被确定为司历史的女神，其象征性形象是手执一卷纸莎草或羊皮纸。后世西方作家笔下的克丽奥，已被引申为历史或历史学的代名词。

这一神话包含了一些重要的寓意：最初的历史附属于文艺；在众缪斯中，克丽奥位列第一，说明了即使在混沌初开的早期，历史也占有无可怀疑的重要地位。

其实,后来的历史学和考古学早已证明,希腊神话本身便含有不少确实存在或发生过的历史事实。公元前4世纪的希腊学者优赫麦鲁斯(Euhemeros)曾提出过神话即为历史的学说,根据该学说,神祇便是生前立过丰功伟绩、死后受人崇拜的英雄人物,而所谓神话,就是这些英雄人物事迹的记录。后来的历史学家发现,希腊人所崇拜的英雄,绝大多数是真正存在过的历史人物,他们中的许多是古代的部落领袖或立法者。

当然,优赫麦鲁斯主义把神话完全等同于历史,这自然不符合历史实际,但神话中包含着某些历史事实则是应当肯定的。例如荷马在《伊利亚特》中所记载的特洛伊战争一直被严肃的历史学家斥为文学虚构。但后来的人们根据考古新发现,并结合修昔底德等人的记载,断定在公元前12世纪末期的确发生过阿卡亚人与小亚细亚人之间旷日持久的军事冲突。特洛伊位于小亚细亚西北一隅,以盛产黄金和青铜著称,同时也是连接东西的重要交通枢纽,当地居民与赫梯人同源,希腊人称他们的城邦为特洛伊或伊利昂(Ilion),"伊利亚特"一词即由此而生。由此看来,《伊利亚特》无疑是以一种神话的方式曲折地反映了早期希腊人为争夺爱琴海和黑海之间的商贸通道和财富所做的艰苦努力。

公元前5世纪中叶,希罗多德《历史》一书的问世,标志着历史学从神话传说和文学艺术当中摆脱出来,正式成为一门独立的学科。不过即使如此,《历史》中仍然夹杂着大量谣传、夸大和不实的信息,这说明刚刚独立的历史学还残留了一些神话传说的痕迹和印记。直到公元前5世纪末,修昔底德开始以写实的手法去撰写历史,历史学才完全摆脱了神话传说的影响,真正独立的古典史学遂进入全面勃兴的时期。

2. 地理学

最初的地理学也是希腊神话的附庸。希腊神话中的地理学,与普罗米修斯的兄弟阿特拉斯(Atlas)有关。据说阿特拉斯因参与一起反对宙斯的密谋,失败后被罚去顶天。由于希腊人认为天体是圆球形的,阿特拉斯的象征性形象就是他用肩膀托起一个代表天体的圆球。这一形象后来被画在各种地图集的封面上,"阿特拉斯"一词,也被广泛地用来指称地图集。

希腊人最早的地理学，也与"遥远"这一概念密切相关。最初的希腊人把地中海的西部边缘即濒临大西洋的地带看作最为遥远的天地交接之处，他们认为那便是阿特拉斯顶天之处，因此，靠近那里的西北非山脉被称作"阿特拉斯山"，靠近那里的大洋则被称作"阿特兰提克（Atlantic）"。

《伊利亚特》虽然属于神话，但作者却用较为写实的手法描述了爱琴海和小亚细亚的地理，有人认为这表明作者是真正去过这些地方的。《奥德赛》的情况则截然不同，作者记载了奥德修斯回国途中的一系列地名，这些地名的确切位置引起了历代学者的激烈争论，有人认为是在西地中海一带，有人认为是在黑海一带，也有人认为是在爱琴海附近海域。最保险的说法也许是：这些地名是由作者虚构出来的，最好也不过是作者从别人口中得知的，作者压根就没有去过这些地方。

使地理学从神话中独立出来的最初标志仍然是希罗多德的《历史》。苏联地理学家波德纳尔斯基认为，希罗多德不仅是历史之父，而且是地理之父。此话不假。不像神话的作者，希罗多德亲自走访过地中海地区的许多地方，他用了将近一半的篇幅来介绍当时的"世界"各地的地理。不过必须特别注意，希罗多德的地理，是与历史学及人种学混合一起的，其中包含了不少传说和夸张的成分。

最初的希腊地理学是零碎的和不成系统的。第一个用科学方法系统研究地理的，是希腊化时代的著名学者埃拉托色尼（公元前275—公元前195年）。他第一次使用"地理学（geography）"一词，首次比较准确地测算出地球的圆周长，并应用经纬网绘制地图，从而奠立了数学地理的初步基础。他所撰写的《地理学》，被看作地理学真正成为一门独立学科的标志。罗马时代的斯特拉波和托勒密等人的地理学，都是以埃拉托色尼的成果为基础发展起来的。

二、希腊哲学及其相关的知识门类

哲学是用理性的反思进行表达的系统化和理论化的世界观、价值观、人生观和方法论，是关于自然、社会和人类思维及其发展变化的一般性规律的学问。

希腊哲学产生于公元前6世纪，比神话的出现迟了近3个世纪。希腊哲学与希腊神话之间有着什么样的关系？这是我们首先必须回答的问题。

（一）哲学与神话的关系

在古希腊历史上，随着哲学的崛起和繁荣，神话不但没有相应地销声匿迹，相反，以悲剧为载体的神话却进入了发展的高峰期，与繁荣的哲学相得益彰。这就是说，在希腊古典时代，狂热的信仰与理性的哲学思考同样为希腊人所必需，浪漫主义与现实主义可以并行不悖。

我们不能说希腊哲学起源于神话，但两者之间有着难以割舍的联系。哲学与神话都在寻求事物的本源，这可能是二者能够共容共存的关键所在。本源问题固然是哲学最为本质的问题，但它对于神话来说也极其重要。根据希腊神话，各种事物的根源都可以追溯到神，如太阳源于阿波罗，战争源于阿瑞斯，智慧源于雅典娜，爱情源于阿弗洛狄特，等等。慢慢地，人们再也不能满足于这样的解释，他们进一步追问：各种各样的神之间究竟是什么关系，是不是有一个最高的神，一切其他的神都是由他产生的？于是就有了"神谱"，即把诸神按家族的谱系排列出来。当人们需要确定一个产生一切神的最高神时，实际上就已经是在用神话的形式提出万物根源的问题了。例如荷马时代的人们曾经认为，大洋之神俄克阿诺斯（Oceanus）是众神之祖。大家知道，海洋是万水之源，把海洋神说成是创造诸神的源头，这种神话理论对于主张水是万物之本源的哲学家泰利士是否产生过影响，是值得进一步探讨的。

其实，希腊哲学家们并没有与神话彻底划清界限，例如苏格拉底和柏拉图在论述自己的理论观点时，就常常引用神话传说作为可资利用的寓言和教训。

不过从另一方面看，希腊哲学与神话从本质上说是彼此对立的。哲学以现实主义和理性精神为原则，神话则以浪漫主义和象征主义为原则；由哲学发展出了各种科学门类，由神话发展出了宗教信仰，因此，哲学与神话的对立，在一定意义上体现了科学与宗教的对立。虽然哲学与神话在追寻事物本源方面存在着某种趋同性，但两者的路径完全不同：哲学是借助理性的追问和反思，通过自下而上的方式去接近本源；而由神话演化出来的宗教，则主要是借助对神启真理的虔诚信仰和对相关戒律和仪式的修持和遵守，通过自上而下的方式去接近本源。因此我们看到，柏拉图虽然尽其所能地利用了神话的论证价值，但他对荷马等古代神话作家的基本道德观和伦理观是持断然否定态度的；在他看来，如果不加批判地把神话故事拿来作为课堂教学的内容，是会教坏子孙后代的。

（二）希腊哲学的发展趋势及学科分化的苗头

"哲学"（philosophy）一词，源于希腊语，由 philo（喜爱、追求）和 sophy（知识、学问、智慧）两个单词综合而成，意为"爱智慧"。在古代，哲学一词被广泛地使用在各种不同的意义上，它有时是指有关宇宙和人生的一般道理，即哲理；有时是指人生观、世界观、价值观和为人做事的宗旨；有时是指某一学科的基本原理；有时甚至被用来指称除医学、法学和神学之外的所有学科。

此外，在古希腊人心目中，"哲学"还是一种与人生智慧有关的生存状态和态度。中国传统文化意义上的"达观""超然""彻悟""看破"等表示超凡脱俗精神的用语，都可以非常贴切地翻译成"to use philosophy"，即"采用哲人的态度"。

让我们先简要地探讨一下希腊哲学的基本走向。

1. 希腊哲学的发展趋势

古希腊哲学的发展呈现出三大基本趋势：

（1）从具体物质到抽象概念。在追寻万物本源的过程中，希腊人最初注意到的是一些具体的物质现象，如水、火、气等。但是他们很快就发现了这些物质的局限性：它们固然可以解释一部分具体物质的构成，却无法解释更多抽象物质的构成，如正义、善恶、幸福、爱情等。于是有人便开始从较为抽象的现象入手，如数、努斯、存在等，企图深入到整个物质世界和精神世界的本质。

（2）从运动变化到永恒不动。最初的希腊人用自身的直觉和体验来理解其所生活的客观世界，因而得出了万物不断流变的结论；可是随着时间的推移和生活经验的激增，人们日益发现，一切变动着的事物不太可能是他们所孜孜以求的事物本源，因为流变本身就说明了会流变的东西只能是流而不是源，万物的本源从本质上来说是永恒不动的。这一认识上的转变使人们的探讨更加深入到精神世界的内里。

（3）从自然界到人。自然万物成为吸引希腊人注意力的第一个目标，这是非常正常的，因为最初的希腊人深深地感受到周边自然环境对人的巨大影响。但是随着人类社会关系的复杂化，人们逐渐发现研究人本身的意义丝毫不亚于研究自然，因此他们的注意力转向了人。他们先是研究群体性的人，然后又研究具体的个人，乃至于人内心的精神和思想，最初的人文精神就是从这种对人的关注开始的。

2. 希腊哲学的学科分化苗头

在希腊的古典时代，哲学是包罗万象的东西。因此，与其说哲学正在分化成许许多多的具体学科，不如说当时的哲学自身就已经孕育着日后许许多多学科的胚胎。实际上，第一个从哲学中分化出来的学科是自然科学，这种分化在希腊化时代已初露端倪。可是，随着罗马人的扩张和接踵而来的基督教的崛起，学科发展出现了反复，学科分化的势头因基督教神学垄断地位的确立而突然停止。真正的学科分化是文艺复兴和启蒙运动的现象。这里要介绍的，是隐含于古希腊哲学内部的各学科的基因或苗头。

（1）科学（Science）。现代科学是一种运用范畴、定理、定律等思维形式反映现实世界各种现象，进而揭示其本质和规律的知识体系。不过古希腊的科学主要是研究物质结构、性质及运动规律，其对象仅限于客观存在的自然界，因此也被称作"自然哲学"（Natural philosophy）。

希腊科学渊源于东方，例如其天文学来自于巴比伦，医学和几何学则来自于埃及。在希腊时代（特别是古典时期），科学与哲学并没有分家：科学家同时也是哲学家。可是，两者毕竟各有各自的侧重。依照罗素先生的说法，科学为人们提供确切的知识；神学提供不确切的知识，而哲学所提供的知识，则在确切与不确切之间。黄裕生先生更进了一步，他认为哲学与科学至少存在着两大差异：其一，终极目标不同。哲学从概念体系出发，最终是为了达到与事物外在本源同处，亦即是为了最终抛弃束缚人的概念体系（即达到人自身的解放）；而科学也是从概念体系出发，其最终目的却在于构建新的概念体系（并没有实现人的解放）。其二，发展进程不同。哲学的一个新体系源于对已有旧体系的包容，如近代哲学体系不能没有古代哲学体系而单独存在；科学则以新体系的独立建构为路径，新旧体系的更替意味着一场革命。

尽管如此，在牛顿的动力学被发现之前，科学与哲学混合的现象仍然是古代中世纪欧洲学术的最大特征。

（2）形而上学（Metaphysic）。这是论述世界万物最初原因的哲学，它直接切入了哲学最为本质的问题，因此构成为哲学的内核。Metaphysic 意为"在物理学之后"。据说公元前1世纪的逍遥学派哲学家安德罗尼科把亚里士多德论事物本性及事物发生发展原因的著作共十四卷汇集成一册，放在亚里士多德的《物理学》之后，故名。中文把其译为"形而上学"，是据《易·系辞上》"形而上者谓之道，形而下者谓之器"一语，此语意为：看不见摸不着的原则和原理叫作道，看得见摸得着和有形状的东西叫作器。因此，作为形而上的道，是与作为形而下的器物相对而言的。这种翻译是比较贴切的。在古希腊的历史条件下，形而上学是相对于科学而言的，在后来的哲学家看来，形而上学的学科地位无疑是要高于科学的。

形而上学作为一门学科，肇始于毕达哥拉斯，发展于苏格拉底和柏拉图，最终完成于亚里士多德。形而上学的内容很丰富，它所包含的基本理论有三类：①本体论（Ontology），是研究世界本源或本性的理论；②宇宙论（Cosmology），是研究宇宙作为一个整体的起源和结构的理论；③目的论（Teleology），是论证世界上一切物质和现象都为某种特定目的所决定的理论。

（3）伦理学（Ethics）。这是论述道德现象、道德本质及其发展规律的哲学，由于它直接涉及人类道德问题，故也被称作"道德哲学"（Moral philosophy）。Ethics 一词含有风俗、习惯、个人性格和禀性等意义，这表明最初的伦理学既与作为集体的民族特性有关，又与个人的性格特征有关。既然伦理学所关注的是人与人之间的相处之道，它必然要回答诸如正义与不公、善与恶、正当与错误、幸福与不幸、仁慈与残暴等问题。早在毕达哥拉斯的时代，伦理问题就以零星的形式出现，但最终将其系统化为一门学问的仍然是亚里士多德。

中国传统伦理学源远流长，不过在中国文化的语境下，理想的人际关系常常被表述为仁、义、礼、智、信、忠、孝等。

（4）政治学（Politics）。这是论述国家制度和政府统治形式的哲学，也称作"政治哲学"（Political philosophy）。政治学的具体内容涉及国家的起源和本质、政府统治的类型、法律与国家的关系、国家公民的权利和义务、理想的国家模式等。柏拉图的《理想国》和亚里士多德的《政治学》被认为是政治学学科的开创之作。

随着时间的推移，政治学中涉及法律的部分后来独立成为法学；涉及公民个人与社会互动关系的部分后来独立成为社会学。不过前者到罗马时代才成形，后者要到近代以后才出现。

（5）认识论（Epistemology）。这是论述人的认识对象、认识的来源、认识的本质、认识的能力、认识的结构、认识的过程、认识的规律及其检验手段的哲学。古希腊人早就注意到，客观事物必须首先经由人的感官意识形成直觉的初步印象，然后再经过大脑思维器官进行较抽象的加工后，才能最终形成正确的结论和判断。据说赫拉克利特是第一个注意到人的认识活动和规律的人，不过把感性认识与理性认识真正区分开来的是巴门尼德（他把感觉和思想、意见和真理严格区别开来）。普罗泰戈拉重视感性经验，瞧不起理性认识；柏拉图则相反，他重视理性认识，蔑视感性经验。前者被称作经验论，后者则被称作理念论。有人认为二者代表了唯物主义与唯心主义两个阵营，这样的划分未必有太多的实际意义。

（6）逻辑学（Logic）。这是论述思维形式及其规律的哲学，包括形式逻辑与辩证逻辑两大类。形式逻辑研究的是思维的形式结构及其规律，它撇开具体的和个别的思维内容，从形式结构方面研究概念、判断和推理及其正确联系的规律。基本规律有同一律、矛盾律和排中律。形式逻辑告诉人们如何正确地使用概念、判断和推理，才会使思维具有确定性、一贯性和论证性，从而帮助人们正确地认识客观事物和表达自己的思想。形式逻辑的某些重要内容显然出现于亚里士多德之前，不过亚里士多德却是系统的形式逻辑的创立者，至于"形式逻辑"一名，则是由康德首次使用的。

系统的辩证逻辑，要到近代才出现，它是逻辑学的辩证法，所研究的是反映客观世界辩证发展过程的人类思维形态，亦即关于辩证思维的形式及其规律的科学。该学科的某些重要内容早在亚里士多德时期已经被广泛运用,不过一般认为黑格尔才是系统辩证逻辑的最终创立者。

逻辑学最初被译成"论理学""辩学"或"名学"。虽然中国春秋时期的名家思想中含有丰富的逻辑学内容,但它在后来的实践上因未成系统而逐渐衰微;相反,西方悠久的逻辑学传统及其在日常生活中的广泛使用,造成了中西方思维形式的根本性差异。

希腊神话包含着宗教神学、文学艺术、历史学及地理学诸要素;希腊哲学则成为科学、形而上学、伦理学、政治学、认识论及逻辑学等学科的母体。现代学科体系虽然主要是现代西方文化发展的必然结果,但是如果不去从源头上探寻这种体系的最初形态,就无法真正理解西方文化的实质和动因。

参考文献

[1] 维尔南. 希腊人的神话和思想 [M]. 黄艳红, 译. 北京:中国人民大学出版社, 2007.

[2] 尼采. 悲剧的诞生 [M]. 周国平, 译. 北京:生活·读书·新知三联书店, 1986.

[3] 李约瑟, 潘吉星. 李约瑟文集 [M]. 陈养正, 等, 译. 沈阳:辽宁科学技术出版社, 1986.

[4] 波德纳尔斯基. 古代的地理学 [M]. 梁昭锡, 译. 赵鸣岐, 校. 北京:商务印书馆, 1986.

[5] 鲁刚, 等. 希腊罗马神话词典 [M]. 北京:中国社会科学出版社, 1984.

[6] 黄裕生. 宗教与哲学的相遇 [M]. 南京:江苏人民出版社, 2008.

[7] Robert Graves. *The Greek Myths*, the complete and definitive edition [M]. [S. l.]:Penguin Books, 1960.

第4讲 米利都学派与毕达哥拉斯学派

在古希腊的思想体系中,哲学具有统帅一切的功能,因此当我们谈论希腊的思想家时,实际上就是在谈论希腊的哲学家。笼统地说,苏格拉底是一个标界:苏格拉底以前的哲学大体上以自然万物为主要研究对象;从苏格拉底开始,人们大多把研究对象由自然转向人本身。本讲集中探讨希腊唯物主义哲学与唯心主义哲学的起源,亦即米利都学派和毕达哥拉斯学派的出现。

一、希腊哲学的最初源头:米利都学派

米利都处于小亚细亚西部海岸偏南,是爱奥尼亚人(希腊人的一支)的一个殖民城邦,人口约6万。它作为当时希腊世界的一个中心城市,政治和经济地位相当重要。它曾经联合沿岸各城邦对抗吕底亚帝国,几度使自身获得了独立。公元前7世纪末建立起僭主政治,于是米利都进入历史上最繁荣的时期。它作为一个殖民城邦,本身也对外扩张,在外地建立了四十多个殖民城邦。它的手工业、海运和对外贸易相当发达,其商业势力的拓展北达黑海,东至美索不达米亚,南至埃及,西抵意大利。

米利都与东方的关系密切,在埃及和巴比伦文化的影响下,它率先在希腊世界中建立起自己的哲学学派,即米利都学派。该学派的代表人物是泰利士、阿那克西曼德及阿那克西美尼。

1. 泰利士

一般认为，泰利士出身于名门望族，父亲是米利都人，母亲是腓尼基移民的后裔。泰利士本人并没有留下作品，不过，希罗多德、柏拉图、亚里士多德及普鲁塔克等人都曾谈论过他。他至少活到七八十岁，一生精力充沛，积极从事商业、政治及科学活动，其中科学是他的主业，他因此而被称作希腊七贤之一（有关"七贤"，见柏拉图《普罗泰戈拉篇》）。希腊七贤大多是著名城邦的著名立法者和改革家，泰利士作为哲学家和科学家入选，是唯一的例外。

有关泰利士从事商业活动的情况，亚里士多德在《政治学》中讲了一个故事：时人存在着一种偏见，即认为哲学无用，因为它不能使人致富。为了纠正该偏见，泰利士利用自己预测天象的能力投资榨油业，结果发了一笔财。他以此向世人表明，哲学家想要致富并不难，只是他们的抱负并不在此。

这一故事至少说明两个问题：其一，最初的哲学包含了预测天象等科学活动，所以只要愿意，它就可以被利用来发家致富，可见当时的哲学并不像今天的那么"无用"；其二，泰利士对于商业活动只是偶尔为之，否则时人就不会讥笑他的贫穷。

泰利士虽然不是一个政治家，但他有时也涉足政治事务。他曾通过预言日食促成小亚细亚内陆上两个强邻吕底亚和米底亚由战争转为和平；他曾经寓居于吕底亚宫廷，为其君主出谋划策；他与一些著名的政治人物有深交，如雅典立法者梭伦就是他的朋友；等等。

不过，科学研究才是泰利士的本色。据说，他曾游历过小亚细亚西部、巴比伦及埃及等地，与当地的祭司有密切的交往。他是第一个把几何学从埃及引入希腊的人，也是第一个把天文学从巴比伦引入希腊的人。他利用太阳照射在金字塔上的影子，准确地测量出大金字塔的高度。他准确地预测到发生于公元前585年的一次日食（此事存在较大争议）。他是第一个测定太阳从冬至点到夏至点的运行历程的人，他已经知道将一年分成365天，一个月分成30天，他很可能已经发现了小熊星座。他从磁石吸铁的性能中推衍出万物皆有灵魂的观点，这也是西方最早的物活论思想，对以后西方思想的影响重大。他在圆中画出了直角三角形，并且发现圆周可以被直径等分的原理。泰利士对科学研究相当专注和执着，据说有一次为了观测天象不慎失足掉进一口井里，一名女奴隶嘲笑他热衷于天上发生的事情却忘了脚下发生的事情。

从哲学的角度看，泰利士的最大贡献是第一个把世界的本原追溯到某种具体的物质：水。在泰利士看来，一切事物都由水而来并复归于水。他认为，大地就是漂浮在水中的一个板块。泰利士为何把水作为万物的始基呢？亚里士多德推测说，也许泰利士观察到万物都以湿的东西为滋养料，而且热本身就是从湿气里产生的，并靠潮湿来维持的。亚里士多德的推测也许是有道理的。此外，泰利士去过埃及，深知尼罗河水对埃及人日常生活的无比重要性；他自己受海水包围的生活环境也增强了其对水的本性的认识。更重要的是，希腊神话中有关海洋之神俄克阿诺斯（Oceanus）曾一度被认为是众神之祖的说法，对他必然产生过重大影响。也许上述诸因素一道促成了有关水为万物始基的构想。至于泰利士认作是始基的水是变动的还是静止的，是有限的还是无限的，他并没有深究，这反映了其思想的原始和淳朴。

2. 阿那克西曼德

阿那克西曼德也出生于米利都，是泰利士的学生、朋友和继承人。关于阿那克西曼德的生平事迹，没有留下有价值的可靠记载。我们只知道他活到65岁左右，据说他曾经率领米利都的一支远征军，在黑海沿岸建立了一个殖民城邦，不过此条记载的可靠性受到了怀疑。他似乎写过一些科学方面的作品，包括《论自然》《大地概况》《论恒星》《天球》等，然而这些作品早已佚失。

阿那克西曼德认为万物的始基是"阿派朗"（apeiron）。这个希腊词可以对译为英语单词 infinite 或 boundless，意为"无定"或"无限"。这个词在学界引起了争论。有人认为，如果把"阿派朗"（无限）只是理解为一般事物的属性之一，作为一个抽象的概念，它并非一种具体的物质，而是具有精神性的东西，阿那克西曼德便无疑是一个唯心主义者。不过更多的人相信，阿那克西曼德所说的阿派朗（无限）只不过是水、气、火等确定元素之间的中间物，或这些元素的混合物，既然它仍然是物质中的一种，阿那克西曼德便只能归入到唯物主义者的范畴；而无论阿派朗是一种中间物还是混合物,既然它是最初的物质形态,它就是单一的,由这种"一"派生出各式各样的"多"来,万物的生成就是从一到多的过程。

阿那克西曼德的思想要比泰利士丰富和深刻。例如,对于他来说,世界是变动不居的,他提出过宇宙永远在作漩涡运动的理论,这被后人看作宇宙星云说的先驱;他也天才地孕育着一种无限的思想,因为他认为整个宇宙存在着无数个天和世界;他还认为大地是宇宙的中心,并正确地指出雨是由太阳从地上蒸发起来的气所产生的。他大胆地提出,世界是进化而来的(而非创造出来的),例如人就是由鱼变成的,该思想也许来自于他对人胎的观察,因为实际上,两个月内的人胎与鱼的形状差不多;这种"生成论"(而非"创造论")的意义就在于:他朦胧地意识到了物质不灭的道理。他推测过太阳、月亮和大地的大小,认为太阳是大地的 28 倍(实为 100 多倍),月亮比大地大 19 倍(实际上月亮只有地球的四分之一)。他指出月亮的光是其自身发出的(这当然是错误的)。他认为大地就像一条圆柱的基础,并为其绘制了世界上第一幅地图。他发明了日晷、计时器和天球仪等用于观测天象的仪器。他还用水、火、土三种元素的平衡与对立的原则解释人间的"正义"与"不义"。

3. 阿那克西美尼

一般认为,阿那克西美尼也出生于米利都,是阿那克西曼德的学生、朋友和继承人,他比老师年轻 20 岁左右,对于他的寿命和生平事迹,几乎无从考知。

阿那克西美尼认为万物的始基是气。这种说法与泰利士有关万物本原为水的说法是一脉相承的,因为气不过是水的气化而已,它在本质上仍然是一种确定的物质形态。不过,阿那克西美尼的"气说"比泰利士的"水说"前进了一大步:首先,水是一种看得见摸得着的物质,而气则是看不见摸不着的,从密度来说气比水要低得多,作为一种物质形态它比水更为原始,因而也就更加接近所谓"始基"。其次,阿那克西美尼对"气说"做了进一步阐发,因而使其主张具有了思辨和学理成分。例如他巧妙地利用了阿那克西曼德的"阿派朗"思想,认为作为万物本原的气是无限的(即"阿派朗")。既然气是无限的,它也就具有了一般性的意义,也就是说,阿那克西美尼所说的气,不是作为特殊物质形态的某种气体或空气，而是产生包括具体气体或空气在内的千千万万种物质的源头。而且在阿那克西美尼看来，作为万物本原的气，也是变化不居的，它可以变冷，也可以变热，可以变干，也可以变湿。阿那克西美尼还指出了万物产生的途径：正是由于气的稀散和凝聚，造就了万事万物。例如当气极其稀薄时，就变成火；当它浓厚时，就变成风；再浓厚时，就变成云；更浓厚时，就变成水……直至最后变成土甚至石头、金属等。在这里，阿那克西美尼把各物质间质的区别巧妙地转化为单纯量的差异。

阿那克西美尼甚至认为，呼吸、生命、灵魂和神，都是由气产生出来的。他还认为，大地是扁平的，它漂浮在气上，就像一片树叶飘浮在空气中一样。

二、毕达哥拉斯学派

1. 毕达哥拉斯的主要生平

毕达哥拉斯约公元前570年出生于萨摩斯岛。萨摩斯岛位于小亚细亚西部离岸偏南，在米利都的西北部、以弗所的西南部。在公元前7—公元前6世纪时，萨摩斯岛是一个强大的岛国，与米利都和以弗所并列为希腊三雄。毕达哥拉斯年轻时，萨摩斯正处于僭主波吕克拉底的统治之下。毕达哥拉斯的父亲是一位富有的戒指商人。毕氏曾问学于泰利士，泰利士曾把他介绍给学生阿那克西曼德，可见毕氏与米利都学派有关联。据说毕氏一开始就喜欢研究宗教仪式，他到过希腊半岛和埃及，短期内当过埃及祭司，通晓埃及文字；后来被波斯国王掳往巴比伦，与巴比伦祭司有过交往。

继东方的游历之后，毕氏移居意大利南部克罗顿。克罗顿是希腊人的一个移民城邦，毕氏移入之时，它正因与邻邦的战争而陷入困境，据说毕氏帮助它恢复了秩序，然后毕氏趁势控制了整个克罗顿，并建立了一个具有神秘主义色彩的盟会，该盟会成为城邦的实际统治机构。据说该盟会有600人（一说300人），他们实行财产共有，遵照毕氏的教导，共同生活在一起，并把毕氏尊为神或神的代言人；他们还遵守着一系列奇怪的习俗，如禁止吃动物肉类，禁止接近屠夫和猎手，禁吃豆，不捡掉地的东西，禁止穿羊毛衣进入神庙或下葬，等等。在毕氏及其盟会的治理下，城邦再度出现繁荣。由此看来，毕达哥拉斯是作为政治家、哲学家和神秘主义人物的多重身份活跃于克罗顿的。

毕达哥拉斯的典型形象就是披着长发。关于他的死有多种说法，不过可以肯定的是，他的死与克罗顿的政治动荡有关，有可能是被暴乱的公民打死的。

据说，毕达哥拉斯是第一个使用"哲学家"一词的人。

2. 毕达哥拉斯的主要思想

（1）灵魂轮回说。

毕达哥拉斯的灵魂轮回说包括了四个要点：①与肉体相反，灵魂是不灭的。②随着肉体的死亡，灵魂移居到其他肉体上，甚至其他生物体上，按以下顺序循环反复：人→陆生动物→海生动物→有翼动物→人，完成整个循环需要三千年。③一切生物都是血缘相通的，这就是为何要实行斋戒的理由。④灵魂经过净化，可以得救，亦即是可以避免再投生受各种痛苦，这正是毕达哥拉斯学派宗教仪式的本质和目的所在。

据说毕氏的轮回说是从埃及学来的，他自称能够回忆起自己四次前生轮回转世的情况。毕达哥拉斯有一次在路上看到一个人在打狗，他上前大声喝止："住手，不要打它，它是我一个朋友的灵魂！"毕氏的灵魂轮回说的宗教结论必然是：灵魂被束缚在肉体中，是一种惩罚；灵魂摆脱肉体束缚，则是人的终极追求。

毕达哥拉斯的灵魂到底是什么呢？当时存在着三种不同的说法：

1）灵魂是由身体中的热气所产生的。

2）灵魂是空气中的尘埃。

3）灵魂是一种和谐的谐音。

前两种说法都把灵魂物质化，其结果是灵魂与肉体同质，这实际上是一种唯物主义的灵魂观。最后一种说法把灵魂与抽象的数和音乐联系起来，这显然是唯心主义的。

这三种不同灵魂观的存在，也许表明毕达哥拉斯学派内部的意见差异。

（2）数学理论。

毕达哥拉斯的最大贡献是创建了数学理论，"数学"（mathematics）

一词是他最早提出来的,在他那里,数学成了支撑几何学、天文学及其他各种学科的基础和前提。

毕氏的数学理论有三大要点:

1)数是万物的始基。米利都学派把万物本原归结为某种有形的物质性存在(如水、气等),这虽然能够部分解释物质世界的起源问题,但无法解释非物质的抽象存在(如正义、善恶等)的起源问题。于是,毕达哥拉斯便把目光转移到了抽象的数。

在毕达哥拉斯看来,数是万事万物中最早出现的现象;万事万物无一不可以用数来进行表述;万事万物都是对数的模仿;万事万物的本质,都归结为数的规律。

2)万物之中存在着某种数量关系。毕达哥拉斯认为,不可感知和无形体的数决定了万物的各种形态,从每一个数中都能生发出许多具体的事物,例如从一、二、三、四这几个数,可以导出几何学中的点、线、面、体以及各种立体图形,可以导出物理界中的四种元素,也可以导出春、夏、秋、冬四季,也可以导出人、村庄、城市、国家等社会现象,甚至可以导出人生的四个阶段及人的四种认识能力,等等。又如毕达哥拉斯曾经发现,音乐中的音程与弦的频率之间存在着美妙的对应关系,这种关系的最终决定性因素仍然是数量关系。

可以说,毕达哥拉斯是第一个用科学方法探究音乐的西方人。他认为,由于人的灵魂就是数的和谐,而最美妙的和谐则存在于音乐之中,故音乐能够净化人的灵魂,这对于西方音乐随后的兴起和繁荣意义重大。

3)从数学论证中推衍出各种规则和定理。由一个自明的公理,经由数量关系的变化推断出无数的未知事项,这也许是毕达哥拉斯的一大发明。这一发明成为西方逻辑证明的先导,它对于以后的各种哲学命题的论证,包括神学中对于上帝存在的证明,都具有非常重要的意义。

据认为,勾股定理是毕达哥拉斯最早发现的,故被称作"毕达哥拉斯定理"。此外,素数无穷多定理和三角形内角之和等于二直角的定理,都被认为与毕氏有关。

(3)对立理论。

毕达哥拉斯学派除了提出万物本原是数之外,还提出万物本原是

"对立"。最早的对立概念并不是由毕氏及其门徒提出的,在他们之前的阿那克西曼德已经提出过冷与热、干与湿的对立。不过,毕达哥拉斯学派却是把对立概念系统化并把其看作万物本原的最早哲学家。该学派所提出的基本对立现象有十对:有限与无限、奇数与偶数、一与多、右与左、雄与雌、静与动、直与曲、明与暗、善与恶、正方与长方。

显然,在这些所谓的对立关系中,某些并非真正的对立,而只是"差异"或"不同"而已,如正方与长方的关系。在奇数与偶数的对立中,已经隐含着有限与无限的关系,这对关系被认为是万事万物中最具有普遍性的对立关系。而在善与恶的对立中,我们可以看出毕达哥拉斯学派已经把自然法则推演到了社会伦理的高度。

值得注意的是,毕达哥拉斯学派在这里最早提出了"一与多"的对立关系,虽然他们并没有作具体的阐发和论证,但为以后的争论提供了重要话题。

毕达哥拉斯学派的对立理论(尤其是早期的理论),并没有就两个对立面的相互关系作进一步的论述。例如,这些对立面之间是否互相斗争、互相依存和互相转化,他们并没有给予充分注意,因此,他们也就没有过多涉及对立面辩证统一的问题。他们只为辩证法的开拓提供了话题,而还不是辩证法的开拓者。

(4)宇宙理论。

毕达哥拉斯学派的宇宙理论的要点有二:其一,他们最早提出大地是球形的,而且认为地球不是居于宇宙的中心;居于中心地位的是"中心火",地球、月球及太阳等其他天体均围绕着它做旋转运动。即在他们看来,大地不仅是球形的,而且是不断运动的。其二,天体是由一定的数的比例构成的,因此,宇宙万物不仅是和谐的,而且是具有内在秩序和内在规律的(Cosmos 一词就是由该学派最早提出来的)。

在地球非中心论的问题上,毕达哥拉斯学派比亚里士多德更正确,因为后者一直坚持认为地球是宇宙的中心。由于有了数学证明作为基础,毕达哥拉斯学派的天文学已经接近科学。

3. 毕达哥拉斯主义的历史演变和影响

毕达哥拉斯主义的历史发展过程可分为三个阶段:

(1) 早期毕达哥拉斯主义（公元前 6 世纪—公元前 4 世纪初）。这是以毕达哥拉斯为首领、以其盟会为活动圈子的最初的毕达哥拉斯主义，主要流行于希腊世界。据说即使在毕达哥拉斯在世时，他的学派就已经分化成为"数理派"和"信条派"，前者以科学活动为主，后者以履行宗教崇拜为主。

此一时期毕达哥拉斯最重要的弟子是克罗顿人阿尔克迈翁，此人在灵魂观和宇宙观等问题上与毕氏大致相同。所不同的是他在开创医学科学方面发挥了重要作用。据说他研究过胚胎，进行过解剖，发现了视觉神经，并认识到大脑是感觉和理智活动的中心。

(2) 中期毕达哥拉斯主义（公元前 4 世纪后期—公元前 1 世纪初）。这是毕达哥拉斯主义的低潮和消沉期，在此期间，毕达哥拉斯主义作为一个学派，已经极少为人们所提起。不过在亚历山大里亚的科学活动中，毕达哥拉斯主义的影响还是无处不在。

(3) 新毕达哥拉斯主义（公元前 1 世纪—公元 3 世纪）。这是毕达哥拉斯主义的复兴期。新毕达哥拉斯主义融入了新柏拉图主义，毕达哥拉斯主义、柏拉图主义、亚里士多德主义及斯多亚主义出现了互相折中的趋势。这种折中的特点就是：用毕达哥拉斯主义关于"数"的理论去阐述柏拉图的理念，认为万物的始基是"一"或理念，亦即为神；神是完全超验的，居于一切存在之上。新毕达哥拉斯主义最重要的代表人物是菲哥洛斯和阿波洛尼乌斯。

新毕达哥拉斯主义最后被并入新柏拉图主义而宣告消亡。

与米利都学派相比，毕达哥拉斯学派包含着较少的感官直觉和较多的抽象思维，因此它在思想转型的重大历史时期里发挥了承前启后的作用。以后的重要思想家几乎无一不在自觉或非自觉间接受其影响，例如柏拉图就大大地拓展了毕氏的灵魂不朽说，而亚里士多德则把他的几何学论证方法发展成为一门几乎是无所不用的形式逻辑学。

参考文献

[1] 汪子嵩, 等. 希腊哲学史（第 1 卷）[M]. 北京：人民出版社, 1997.

[2] 罗素. 西方哲学史（上卷）[M]. 何兆武, 李约瑟, 译. 北京: 商务印书馆, 1963.

[3] John Freely. *Miletus: The Birth of Science in Ancient Greece* [M]. [S. l.]: I. B. Tauris, 2012.

[4] Charles H Kahn. *Pythagoras and Pytharoreans: A Brief History* [M]. [S. l.]: Hackett Publishing Co, Inc, 2001.

第5讲 赫拉克利特与巴门尼德的思想

赫拉克利特基本继承了米利都学派的唯物主义传统，而巴门尼德则继承了毕达哥拉斯学派的唯心主义传统。虽然没有证据表明赫拉克利特与米利都学派有过实质性的接触，不过巴门尼德则与毕达哥拉斯学派有过交往。完全可以假定，在内部关系十分密切的希腊世界，各邦间频密的经济和政治交流必然也推动了思想文化交流，这为赫拉克利特和巴门尼德思想的发展提供了有利条件。

一、赫拉克利特及其思想

赫拉克利特在西方思想史上的地位很高，马克思认为他仅次于亚里士多德，黑格尔则把其当作自己思想的楷模。不过，对于赫拉克利特思想的某些重要方面，学界仍存在着较大的争议。

1. 主要生平和性格

赫拉克利特出生于以弗所。以弗所处于米利都的北部，是雅典的一个移民城邦，其经济政治地位与米利都不相上下。

由于文献的缺乏，有关赫拉克利特的生平我们知之不多。据说他是以弗所的一名王位继承人，但他把王位让给了兄弟，自己则避居到阿尔特弥斯神庙附近，宁愿与孩子们玩游戏来消磨时光，拒绝参加任何政治活动。后来他隐居于山林，靠吃树皮和草根过活，由此患上了严重的水肿病，死时只有60岁。

此人性格孤僻，自视甚高。他看不起荷马及赫西俄德等诗人，甚至认为毕达哥拉斯也缺乏智慧。据说大流士国王曾邀请他前往波斯讲授哲学，但受到了拒绝。他更蔑视一般民众，曾诅咒说应当把以弗所的所有男人都吊死，理由是他们以民主的方式放逐了他唯一的一名朋友。有人据此推测说，赫拉克利特是民主政治的反对者和贵族政治的倡导者，这种推测未必可靠。不过，赫氏的作品艰深难懂，他因此被后人称作是"晦涩的哲学家"，仅凭这一点就可以看出他对民众并无好感。

2. 火是万物的始基

赫拉克利特似乎继承了米利都学派的唯物主义传统，把万物的本原归之于某种物质。在他看来，这种物质就是火：

（1）万物生于火，也灭于火。赫氏认为，整个宇宙就是一团永恒燃烧的活火，这活火按一定的尺度燃烧，也按一定的尺度熄灭。赫氏把万物的本原归之于火，也许是因为在诸元素中，火是最为活跃的元素。四大元素中，土是最为呆滞的，它的运动变化极其缓慢，因此几乎没有哲学家认为土是万物之唯一始基。水和气的流动和变化虽然十分明显，但都有静止不动的时候；而火则几乎没有静止的时候，它总是在运动变化之中。

（2）火的纯净度决定人的智愚。赫氏认为，人之所以有智、愚之分，是因为火有纯、杂之别。人内里的火越是纯净，就越有智慧；相反，人内里的火所含的杂质越多，就越愚蠢。可想而知，他必然觉得自己的火是最纯净的，否则就不会如此目空一切了。

（3）火是诸物质中最为高贵的物质。火在诸种物质当中性质最为独特：其他物质可以独自存在，火则必须借助介体（被燃烧物）而存在，它本身无法独自存在；水和土都是向下的，唯有火是向上的，向下者卑劣，向上者优越和高尚，因此就自然禀性而言，火是最高贵的物质。

3. 万物皆流

赫拉克利特被誉为古代辩证法的奠基者，他第一次对辩证法的基本原理作出了归纳和总结，这种朴素的辩证法思想可以概括为"万物皆流"，其具体思想包括如下诸点：

（1）万物处于不断的运动变化之中。赫拉克利特有一句名言，叫"人不能两次踏进同一条河流"。此话一般被理解为万物就像流动的河水那样，总是处于不断的运动变化之中。由于赫氏在这里并没有进一步展开论述，这就给了我们一种印象：赫氏所强调的是运动和变化，是一种朴素的辩证法思想。后来，他的学生克拉底鲁提出人连一次也无法踏进同一条河流，因为当你踏进去的时候，原来的水已经流走，你踏进去的已经不再是原来的河水了。这被认为是把运动变化绝对化和极端化（即完全否定相对静止的存在），陷入了怀疑论和不可知论。

（2）事物的运动变化是按一定的规律进行的。赫拉克利特称这种规律为"逻各斯"。"逻各斯"是希腊词 λογος（logos）的音译，此词所表达的意涵很宽泛，在英文里找不到完全对应的等义词，现代辞典对其作出的解释有十种以上。根据其各种不同的使用场景，中文可将其翻译成"规律""尺度""比例""道路""方式""言辞""陈述""理性"及"道理"等。后来在基督教与希腊思想融合的过程中，基督徒常常有"上帝的逻各斯"等诸如此类的表述，这被翻译为"上帝之道"，用以指称耶稣基督。

赫拉克利特认为，万事万物的运作均有其各自的逻各斯，亦即为，有各自的内在规律性。这至少说明赫氏在探寻事物间的互相关联的同时开始注意到各种事物的内在特性及其发展和演变规律。

（3）最高的逻各斯就是对立的统一。有关对立，赫氏以前的哲学家早就认识到了，不过只有赫氏从对立面中看到了统一及和谐，这被看作他对辩证法的最大贡献。他指出："不同的东西是自身同一的，相反的力量造成和谐，像弓与琴一样。""互相排斥的东西结合在一起，不同的音调造成最美的和谐；一切都是从斗争中产生的。"在他看来，弓弦和琴弦两种相反的力量相互作用，才能演奏出有节奏的、和谐的乐曲。

由于赫氏比较强调对立和斗争，他的辩证法便充满着相对主义的倾向。在这方面他妙语连珠，如：

"猪在污泥中比在清洁的水中更为高兴。"

"驴子宁要草料而不要黄金。"

"最美丽的猴子和人类相比，也是丑的。"

"疾病使健康愉悦，饥饿使饱满愉悦，疲劳使休息愉悦。"

"在我们身上，生和死、醒和睡、少和老都是同一的，因为这个变成那个，那个又再变成这个。"

"战争是万物之父，又是万物之王，它使一些人成为神，一些人成为人；使一些人成为奴隶，一些人成为自由人。"

"应当知道，战争是普遍的，正义就是斗争，万物都是由斗争和必然性产生的。"

赫拉克利特既然以最活跃和最变动不居的火作为万物始基，他的辩证法就必然以对立和斗争为重点，而不是以和谐及静止为重点，这是可以理解的。

4. 物质性的灵魂和理性的神

赫氏认为灵魂与宇宙中永恒的活火血脉相通，灵魂就是火与水的混合物，具有思维和认知的功能。可见这种灵魂观在本质上是唯物主义的。

赫氏对于神存在着如下认识：

（1）神就是智慧。虽然人也有智慧，可是人的智慧远远少于神，神才是智慧的体现和象征。

（2）最高尚的人死后就成为神。这在表面看来是在人与神之间划出了一条界线，实际上是借助神来美化人的高尚品德。

（3）神就是最纯净的火。在赫氏看来，各个个体中的火越是纯净，就越有智慧；而最有智慧的人死后就成为神，因为他的火最为纯净。此点与上述第一个特性相吻合。

（4）神就是对立的统一。例如他指出："神是日又是夜，冬又是夏，是战争又是和平，是饱满又是饥饿……"换句话说，对立的统一本身就是神。

总之，赫拉克利特心目中的神是非常理性的。在他看来，神并非宇宙万物的创造者，宇宙和人都是自然生成的，因此他竭力反对献祭仪式，反对偶像崇拜，也反对向神祷告。

二、巴门尼德及其思想

公元前 6 世纪中叶至公元前 5 世纪，在意大利半岛南部崛起了一个新的哲学学派，即爱利亚派。如果说此前的哲学家关注的是万物的多样性和运动变化，那么爱利亚学派则反其道而行之，他们关注的是万物的同一性及隐藏于万物背后的静止和永恒特性。爱利亚学派的重要代表人物有色诺芬尼、巴门尼德、芝诺及麦里梭等。其中，巴门尼德是我们特别关注的人物。

巴门尼德出生于爱利亚的一个名门望族家庭。爱利亚是伊奥尼亚人的一个移民城邦，海外贸易和工商业发达。据柏拉图说，年轻的苏格拉底曾经在雅典拜会过年事已高的巴门尼德，这一说法意在强调后者对前者的影响。巴门尼德年轻时曾追随过毕达哥拉斯学派，后来才与他们脱离了关系。据说他还曾作为立法者为爱利亚立过法。

巴门尼德的思想是通过他的一部诗作表达出来的，此诗作目前已经残缺不全。

1. 存在与非存在

巴门尼德所提出的最著名的一对哲学命题是"存在还是非存在"（it is or it is not）。根据通常的解释，巴氏的"存在"概念，包含如下五种意思：

（1）存在是既不产生也不消灭的。由于"存在"是永恒的和始终如一的，因此就不产生它从哪里来和怎么创始的问题；也不产生它如何变化、变成什么、为何会生灭等问题。于是，以往自然哲学所讨论的本原和万物生成等问题便被一笔勾销了。

（2）存在是连续的和不可分的"一"。因为倘若存在是断续和可分的，就会发生各个存在部分的聚合和离散，于是就会导致生灭的出现。既然存在是连续的和不可分的，就不可能有存在与存在之间的空隙即虚空，于是整个存在就表现为完整的"一"，而不是"多"。

（3）存在是不动的。存在既然没有位移，也没有生灭，它就是永远静止不动的。我们知道毕达哥拉斯学派已经有了静止与运动、无限与有限的思想，巴门尼德在这里只吸取毕达哥拉斯学派此类范畴的一部分，并把其发挥到了极致。

（4）存在就像球体那样完善，因此它是有限定的。古希腊人认为圆形和球体是最圆满的，因为它从中心到任何一个边界的距离都是相等的；而圆形和球体是有限定的，因为有限定才是圆满，否则就是不完善的。

（5）只有存在可以被思想和被表述，只有存在才有真实的名称。具体和个别的事物由于是变化不居的，故无法被思想和表述，只能拥有空洞的名称；而存在既然具有最高等级的普遍性和稳定性，它就不仅可以被思想和被表述，而且拥有真实的名称。换言之，只有存在反映事物的本质，而具体和个别的东西只反映事物的现象。

作为存在的对立面，"非存在"的特征自然包括：①有生灭的；②非连续的和可分割的；③运动着的；④不完整的，因而是不完善的；⑤不能用思想来认识和表述的。

由此看来，巴门尼德的"存在"就相当于后来的哲学所说的"普遍原则"；"非存在"就相当于"具体和个别的事物"。希腊哲学由最初的探寻具体的个别事物，发展到透过这些具体事物去获取抽象的普遍原则，这不能不说是思想史上一个质的飞跃。

巴门尼德的"存在"，相当于中国哲学中的"无"，而"非存在"，则相当于"有"。《道德经》曰："天地万物生于有，有生于无。"可见在中国哲学传统中，"无"比"有"高级，前者代表抽象原则，后者代表具体事物。因此，用无与有的关系，对应于巴门尼德的存在与非存在的关系，是比较恰当的。

2. 思想与感觉

"思想与感觉"是巴门尼德所提出的第二对哲学命题。思想与感觉的概念最初是由赫拉克利特提出来的，不过第一个把两者截然对立起来并加以系统论述的则是巴门尼德。

根据通常的解释，巴门尼德有关思想与感觉的命题，包括如下三个要点：

（1）思想和感觉是截然对立的：思想是可靠的，它通向真理；感觉是不可靠的，它只能提供意见。

（2）思想对存在进行理论的论证，而感觉只根据感官接触到的材料进行推测，继而提出意见。

（3）思想和存在是同一的，感觉和非存在是一致的；用感觉看存在，存在就是没有的，而非存在是有的；用思想去思考非存在，非存在就是虚假的，是没有真实信念的；用思想去思考存在，存在便是真实可靠的。

巴门尼德认为，思想和感觉都是人所共有的认识活动，它们都是由光明和黑暗、火和土、热和冷两种成分所组成，思想和感觉的区别只在于两种对立成分的比例和混合方式的不同：当黑暗、土和冷的成分占优势时，就是感觉；当光明、火和热占优势时，就是思想。由此看来，虽然巴门尼德极力撇清与早期自然哲学的关系，但后者对他的影响仍然清晰可见。

3. 真理与意见

巴门尼德的第三对哲学命题是"真理与意见"。

首先让我们来谈谈"真理"（aletheia）。在巴门尼德之前，有人已经对真理做过解释，如色诺芬尼认为他自己关于神的学说就是真理；赫拉克利特则认为用智慧的方式揭示被隐藏起来的自然本性就是真理。巴门尼德与他们不同，他将对"存在"本身的认识（思想）叫作真理。在他眼里，真理已经不是"存在"自己有能力显露出来，而是要靠我们的思想去思考它，用语言去表达它，它才能显露出来。亦即为，要靠人的认识去揭示真理，这就把真理和认识联系了起来。

然后，我们再看看"意见"（doxa）。巴门尼德把真理的对立面说成是"意见"，而不像后人那样认为与真理对立的是"谬误"。"意见"一词也包含"见解""看法"及"观点"等意思，它指的是靠自己的观察而作出的判断以及提出的看法。在巴门尼德看来，意见虽然未必意味着"谬误"，但既然它来自于对非存在的认识，就应当是因人而异的、不确定的和不可靠的，因而也是虚幻不实的。

4. 逻辑论证的方法

巴门尼德还为西方思想开创了重视逻辑推理的传统。这种传统与"逻各斯"概念有直接的关联。"逻各斯"概念似乎是赫拉克利特最早提出来的，但赫氏的逻各斯指的是运动着的事物自身的客观规律，它是一种客观存在。而巴门尼德所谈论的逻各斯却没有任何客观性，它是作为主体的人在认识存在和获取真理时所必须使用的一种手段和方法。于是，两者便朝向两个不同的发展趋势：赫拉克利特的逻各斯理论逐渐朝着辩证逻辑的方向发展，而巴门尼德的逻各斯理论则朝着形式逻辑的方向发展。

巴门尼德的逻各斯理论，已经呈现出形式逻辑的某些萌芽。例如他说："存在是存在的，非存在是不存在的。"这被认为贯穿着形式逻辑中的同一律原则。他认为关于存在与非存在只有两条途径可以设想,一条是:存在就是存在,不可能不存在;另一条是:存在是不存在的,非存在必然存在。这被认为贯穿着矛盾律原则。他还说:"同一属性不能同时在同一方面既属于又不属于同一主词。"这被认为贯穿着排中律原则。赫拉克利特相信同一事物既存在又不存在,巴门尼德认为这在逻辑上是完全说不通的。实际上,他对赫拉克利特的批评是在用呆板的逻辑推论来否定赫氏的对立统一和变化运动的理论,因而便否定了辩证法。就实践效果而言,比起巴氏的理论来,赫拉克利特的理论更加符合当时人们对客观世界观察的实际结果。

参考文献

[1] 汪子嵩,等. 希腊哲学史(第1卷)[M]. 北京:人民出版社,1997.

[2] 罗素. 西方哲学史(上卷)[M]. 何兆武,李约瑟,译. 北京:商务印书馆,1963.

[3] Kirk G S. *Heraclitus: The Cosmic Fragments* [M]. edited with An Introduction and Commentary, Cambridge, Reprinted, 1978.

[4] *Parmenides of Elea, Fragments* [M]. A Text and Translation with An Introduction by David Gallop, University of Toronto Press, 1991.

第6讲 恩培多克勒与德谟克利特的思想

从本质上看,恩培多克勒和德谟克利特均是唯物主义者。不同的是,恩培多克勒一反此前的一元论传统,主张哲学上的多元论;而德谟克利特则比较系统地提出了原子论,因而把古代的唯物主义发展到了极致。这两人的生平及思想均颇具特色。

一、恩培多克勒及其思想

1. 主要生平事迹

恩培多克勒出生于西西里岛南部阿克拉伽城邦的一个显贵家庭,他与其父亲曾领导和参与推翻僭主政治的民主运动。据说,他说服人民结束派系斗争,主张社会平等,反对政治特权和专制制度,反对生活奢侈,倡导移风易俗,轻财重义,因而赢得公众的爱戴,享有很高的声望。不过到了晚年,由于政敌的构陷,他流落伯罗奔尼撒半岛,最终死在那里。

恩培多克勒不仅积极参加政治活动,而且热衷于科学活动。据说他经过科学观察,证明了空气是独立存在的实体;知道植物也有雌雄两性;认为月亮和太阳均因反射而发光;懂得光线的行进需要时间(即光速);断言万物均依照适者生存的原则繁殖发展;等等。他对人体器官构造做过局部的解剖,对生理现象做过大量的观察,并且建立了比较系统的医学理论,成为南意大利医学学派的主要奠基者。

与此同时,恩培多克勒也热衷于巫术活动。据说他为人治病时,常常使用巫术的方法。他自称为"不朽之神",民众也的确对他敬若神明,因为他不仅利用自己的聪明才智和声望,而且利用超自然的手段为人消灾除祸。因此罗素说他是"哲学家、预言家、科学家和江湖术士的混合体"。

恩培多克勒早年曾追随过毕达哥拉斯学派,并且与爱利亚学派也有过来往,甚至与阿那克萨戈拉也有过频繁接触。这种复杂经历对于他的思想无疑产生了重大影响。

恩培多克勒写过《论自然》和《净化篇》两部作品,前者论述其哲学和科学思想,后者论述其宗教和巫术思想,目前这两部作品只剩下一些残篇。此外,据说他还写过四十部剧本和一篇医学论文,但都没有流传下来。

2. 四根说

恩培多克勒断言,万物的根源是水、火、气、土四种基本元素,当它们结合的时候,就生成万物,当它们分解的时候,事物就消亡。此事物之所以区别于彼事物,其原因仅在于四种元素的结合方式和比例的差异。世界上的事物都处于不断生灭和变动之中,而水、火、气、土这四根是不变的,它们只是处在轮番的结合和分离之中。

恩培多克勒在这里提出的"四根"即四元素,并不只是扩大了此前一元论的物质本原的种类数目而成为多元论,也不只是将早先哲学已涉及的水、火、气、土这四种物质简单地综合拼凑一起。他所说的"根",就根源的意义而言,已经是指物质结构的基本元素,即指作为物质内在构成的本原。四根已不是单一的物质本原,而是物质内部构造的四个基本元素。它们不再是通过表面的物态变化,而是通过结合和分离的构造活动,使事物生成和毁灭。它们作为物质结构的基本元素,在质上是不可变的;它们作为永恒存在的全体,也是没有生成和毁灭的。也就是说,四个元素之间是不能互相转化的,这便从根本上与此前的自然哲学区别开来,并把此前争论不休的"变"与"不变"有机地和辩证地统一起来,有效地推动了早期的"本原"范畴向后来的"本体"范畴过渡。

恩培多克勒用希腊神话中的四位神分别比喻四根:天神宙斯是火,天后赫拉是气,冥神哈得斯是土,西西里水神涅司蒂是水。这种阐述方式是否受到巴门尼德的影响?这是无法考证的问题。不过借助家喻户晓的神话人物来解释一种比较枯燥的哲学原理，的确可以加强语言的感染力，从而赢得更多的听众。

3. 爱憎说

既然万物的生灭是由四种元素的结合和分离造成的，那么推动这些元素结合和分离（即运动）的原因和动力又是什么呢？于是，恩培多克勒提出了"爱"与"憎"（也译为"争"）的理论，亦即为：爱是一种结合的力量，憎则是分离的力量；元素的结合和分离，万物的生成和解体，都是由于爱和憎这两种力量作用的结果。

此前的自然哲学家从物质元素内部去寻找运动的原因，如火的燃烧、水的流动、气的聚散等，都是物质本身所固有的性质。而恩培多克勒则不同，他第一个发现物质运动的原因存在于物质元素的外部，因为无论是火、水，还是气、土，其自身并不具有爱或憎的性状，爱与憎是作为外部力量加诸这些元素之上，从而推动元素的结合或分离的。

不过，在进一步分析爱和憎的特性时，恩培多克勒却常常陷入了含糊和矛盾之中。例如，他认为爱的长度和宽度都是相等的，这就把爱看作有形体的物质了。又如，他将同类相聚看作元素和物体运动的法则，但同时又认为爱的作用乃是使异类相聚。在他看来，爱和憎既存在于客观世界中，又成为主观世界的组成部分，这就造成了很大的混乱：它们到底是一种物质性力量，还是精神性力量？

恩培多克勒的爱憎说，与赫拉克利特的"斗争"理论是否存在着某种关联，是值得进一步探讨的。

4. 流射说

如果说，恩培多克勒的四根说和爱憎说主要涉及认识的客体部分，那么，他的流射说便涉及认识的主体部分。流射说无疑是元素论在认识领域的具体运用。在这里，恩培多克勒从生理机制的研究入手，开始剖析认识活动中的感官生理学。

恩培多克勒认为，任何物体都有连续不断的、细微的和不可见的元素粒子放射出来；客观对象的流射粒子进入感官，与成分相同的元素的构成部分相遇，进入合适的孔道，就形成种种感觉。因此，感觉是物质的元素粒子在流射中通过孔道互相作用的结果。

恩培多克勒对于客观对象与感觉器官之间关系的认识，是基本符合现代感官生理学原则的。例如他在谈到听觉的起源时指出：听觉是由外面的声音产生的，声音在耳内推动空气便形成听觉。他也把元素论揉进了认识论，例如他在追踪快乐感和痛苦感的来源时断言：元素相同或相同元素的结合便产生快乐，元素相反便产生痛苦。

在某些特殊场合里，恩培多克勒把感觉夸大为与智慧等同（与巴门尼德相反）。不过从总的方面看，他是把感性认识和理性认识分开的，他认为感官只能考察事物的个别部分，只有心灵才能认识全体。

二、德谟克里特及其思想

德谟克里特被马克思誉为"希腊人中第一个百科全书式的学者"，他代表了古希腊唯物主义哲学的最高峰。此人经历非凡，学识渊博，其原子论哲学对后世产生了极其深远的影响。

1. 主要生平事迹

德谟克里特与苏格拉底是同时代人，他出生于色雷斯的阿布德拉城邦，该城邦处于从小亚细亚进入希腊本土的交通要道上，经济和文化十分发达。德谟克里特家境富有，其父亲是一位有教养的绅士。德谟克里特从小刻苦好学，漠视世财。他在读书钻研之余，把大量时间和金钱均花费在旅行上。他访问过的地区之广，在同时代人中，只有历史学家希罗多德可以与之相比。他到过的地方远达埃及、埃塞俄比亚、波斯和印度，可以说游遍了当时"世界"的大部分地区。这些经历对其之后的科学研究，必定产生了非常积极的影响。

远游归来之后，德谟克里特已经一贫如洗，其兄弟的接济遂成为他唯一的生活来源，他因此也遭到国人的指控，控告他肆意挥霍父产（按城邦法律，每个公民均有义务维护和增加父亲的财产）。据说德谟克里特与泰利士一样，也曾借助对天气的准确预告来证明哲学家要发财并不难，只是其志趣并不在于发财。

与此前一些热衷于政治活动的哲学家不同，德谟克里特对政治似乎不太感兴趣，虽然他有可能比较倾向于民主政治。他对科学研究是如此专注，以至于有一次其父亲在他身边杀一头牛，他竟然毫无觉察。据说，他考察过天文和气象，编制过历法，探索过尼罗河泛滥的原因，研究过圆锥切割定理，探讨过海盐成因、地理和地震、光线辐射、动物生理、胚胎成形、植物生长及医疗摄生等自然现象，差不多涉及当时人类知识的每一个领域。

德谟克里特的学缘也很广泛，他曾就学于阿那克萨戈拉，拜师于毕达哥拉斯学派，他对爱利亚学派也颇感兴趣，与恩培多克勒和希波克拉底等人的学说也有过接触。这使得他有可能博取众说之精华，弥补异见之不足，最后达到对前人的超越。

据说德谟克里特性情平和，为人善良，处世达观开朗，被西塞罗和贺拉斯称作"欢笑的哲学家"。他以90多岁高寿而终，死后他的城邦为他竖起了一个铜像，以纪念他的科学贡献。

德谟克里特著述之多，研究范围之广，据说可以与后来的亚里士多德相比。遗憾的是，其著作绝大部分已经佚失，作为残篇遗留下来的，只有216条备受争议的道德格言。

2. 原子与虚空

德谟克里特继承其老师留基波的学说，主张万物的本原是原子和虚空。在提出这一主张时，德谟克里特使用了巴门尼德的"存在"与"非存在"概念。在他看来，"存在"是充实的原子，"非存在"是虚空，但它们都是实在的，就实际上存在这一点而言，"存在"并不比"非存在"更为实在，原子并不比虚空更为实在。原子与虚空是万物的本原，是万物的两大基本原则。由于原子本身的差异，以及原子在虚空中的结合和分离，才产生了万物和自然界。

那么，原子是什么东西呢？在德谟克里特眼里，原子（atom）是指最微小的和不可再分割的物质微粒。首先，原子是坚实的、充满的，内部没有空隙，既不可见又不可感知，数目无限多；其次，原子都是同质的，它们没有性质的不同，只有形状、大小和排列上的差异；最后，原子既然内部充实，没有空隙，它本身就永无变动，可是原子与原子的结合和分离则导致万物的生灭和运动。

而虚空（empty）即空间，指的是内部空无一物、完全空虚的东西。

这种虚空不是指空气（当时希腊人已经知道气体也是实在的存在物），虚空乃是空无一物的空间，它只是为原子提供运动的场所。因为如果只有原子，整个宇宙只是充实的一团，原子就不能运动了；只有肯定虚空的存在，才为原子提供了运动的可能性。故虚空与原子一样，也是万物的本原。

3. 灵魂与死亡

德谟克里特用唯物主义的原则解释灵魂，将灵魂与躯体均归于原子。在他看来，身体和灵魂的本原是同一的，即都是原子，不过灵魂是一种精致的和圆形的原子。

德谟克里特还认为，构成灵魂的原子无处不在，亦即是万物都有灵魂（他甚至认为石头中也有灵魂）。这并不意味着他回复到传统上的"物活论"，因为他接着指出，这种自由游离的灵魂原子并不会使石头活起来，灵魂的原子必须与肉体相结合，才能够成为生命。从这里可以看出，德谟克里特虽则承认灵魂的存在，但同时突出了肉体在构成生命中的重要性。

既然人体生命是身体原子与灵魂原子的组合体，那么推动生命运动的决定性因素又是哪一个呢？德谟克里特认为是灵魂原子，亦即灵魂原子是整个身体运动的原因，因为此类原子是圆形的和最精致的原子。

德谟克里特还进一步指出，灵魂原子不仅存在于人和动物的体内，而且也存在于周围的空气当中。只是通过呼吸，使被压出的灵魂原子得到补充，人便继续活下去；而一旦呼吸停止，身体内的灵魂原子只被压出而得不到补充，死亡就会降临。因此在他看来，死亡不过是灵魂原子与身体分离，既然如此，人们对于死亡的恐惧就是毫无必要的。

德谟克里特从坟墓中发现，一些尸体在一段时间内还会继续长出指甲和头发。他对此解释道：人死后体内的大部分灵魂原子虽然已经溢出，但还保存了一些热和感受性，因此死后的人体还存在着某些感觉。他据此断言，死亡并没有一个确定的标志。

4. 影像说

影像说是德谟克里特就认识论问题所作出的一种比拟。

德谟克里特既然把灵魂认定为物质性的原子，他的认识论也必然建立在唯物主义的基础上。他认为，遍布全身的灵魂原子具有感觉的功能，而灵魂中有一个特殊部分叫"努斯"（νους，相对于 Mind 或 Reason，最早由阿那克萨戈拉提出），它是思想的器官。在这里，他把"感觉"（感性认识）与"思想"（理性认识）区别了开来。

他断言，一切认识都发源于外界对象对身体的作用，从而刺激了身体中的灵魂原子。他用"影像"（image）来比拟这种初级的认识过程。例如，他认为视觉是眼睛和对象都发出原子射流，相互作用，产生了视觉影像。他谈到听觉的产生过程，认为声音是密集的空气所产生的一种运动，气流中大量粒子进入耳朵的孔道，以很强的力量扩散到全身，从而形成听觉。他还谈到味觉和触觉，认为这两种感觉是各种不同形状的原子刺激舌头和身体的结果。他将各种感官得到的关于外界物体的印象都叫作"影像"，并认为这就是全部认识的来源。

他把作为认识客体的外界对象，与作为认识主体的感觉器官，都看作原子活动的场地，认为两者对于造就各种感觉影像都是必不可少的。

在集中讨论了感觉的形成过程之后，德谟克里特并没有忘记指出某些感觉的缺乏客观性和不可靠性。他举例说，对于冷、热的感受，就常常因人而异。他得出结论说：从感官对外界的感受所得出的认识是"暧昧认识"，而要将这种"暧昧认识"上升为"真理认识"即理智，还有待于努斯即思想器官的继续努力。

德谟克里特对于感觉与理智的关系的处理是非常辩证的。他指出，感觉与理智的关系不能截然割裂：感觉为理智提供影像原料；理智则能纠正错误的感觉，透过现象，洞悉原子和虚空的内在真理。理智虽优于感觉，又离不开感觉，它必须以感觉为基础。

此外，德谟克里特是一个重视科学观察和经验总结的思想家，他的研究思路基本遵循着归纳法的套路展开。这一套路与毕达哥拉斯和巴门尼德的演绎法形成了互补，为日后亚里士多德对证明方法的系统化研究奠定了基础。

参考文献

[1] 汪子嵩，等. 希腊哲学史（第 1 卷）[M]. 北京：人民出版社，1997.

[2] 罗素. 西方哲学史（上卷）[M]. 何兆武, 李约瑟, 译. 北京: 商务印书馆, 1963.
[3] M. R. Wright ed. *Empedocles: The Extant Fragments* [M]. City of New Haven: Yale University Press, 1981.
[4] *The Atomists Leucippus and Democritus: Fragment* [M]. A Text and Translation with A Commentary by C. C. W. Taylor, University of Toronto Press, 2010.

第7讲 普罗泰戈拉与苏格拉底的思想

从公元前5世纪后半叶起,希腊世界进入古典时期。古典时期以奴隶制工商业的繁荣和民主政治的崛起为特征。与此相应,希腊思想也发生了质的变化:人们关注的重心开始由自然万物转向人与社会,原先的自然哲学为社会伦理哲学所取代,思想文化的中心也由小亚细亚西部沿岸和大希腊转移到了希腊本土的雅典。这种历史巨变以智者运动的出现和苏格拉底的活动为主要标志。

一、普罗泰戈拉及其思想

智者运动的典型代表人物是普罗泰戈拉,他是我们第一个要关注的对象。为了更好地了解普罗泰戈拉这个人,我们有必要先谈一谈与普罗泰戈拉直接相关的那场思想文化运动——智者运动。

1. 智者运动及其历史意义

智者(sophists)一词,由"智慧""机智"或"知识"派生而来,该词有广义和狭义之分。从广义上说,古希腊历史上有一技之长的人都被称作智者,如造船匠、战车驾驭者、舵手、雕刻家、占卜者、预言家、诗人、医生、立法者等。"智者"是别人对于这些专业人员的尊称,而这些专业人士未必胆敢自称为智者。从狭义上说,智者便是智慧的掌握者,古希腊人在传统上认为智慧是由神所垄断的,因此真正的智者就是神;可是智者们却自称自己是智者,这被一些保守人士看作亵渎神圣,或是要小聪明。由此可见，智者们是一些反传统的人士。

智者实际上是职业教师，他们活跃于希腊各主要城邦，公开收费授徒，传授关于辩论、诉讼、演讲、修辞等技巧以及有关城邦治理和家政管理的知识。他们顺应时代潮流，提出关于人类社会、人的本性、人的价值、人神关系、个人与城邦关系以及道德评价等问题上的一系列新见解，提高了公民的文化素质，在现实生活中产生了广泛影响。他们的这些活动被称之为智者运动。有人认为这是西方思想史上最早发生的一次启蒙运动和人本主义思潮。

不过，智者的活动却受到一些重要人物的攻击，例如苏格拉底、柏拉图和亚里士多德等人就轻蔑地称智者是"诡辩家"，称他们的活动是"出卖知识"。实际上，智者们的诡辩的确有些讨人嫌。有一个故事谈到智者大师普罗泰戈拉与其学生之间的关系便是赤裸裸的金钱交易关系：普罗泰戈拉允许他的一名学生拖欠一半学费，相互约定这一半学费等该名学生赢了第一场官司后才缴纳。不料该学生结业后因一直没有打赢官司而按约拒绝缴纳拖欠的学费。普罗泰戈拉遂到法庭去告他，心想无论这场官司谁输谁赢，都会以学生的清还欠费告结。令他意想不到的是，这名学生竟高出老师一筹，他最终用老师教给他的诡辩术免去了所欠学费。

在智者当中并不存在固定的和统一的思想倾向，各个智者对于同一个问题可能拥有完全不同的看法，因此智者并没有形成一个单一的学派，把他们联结在一起的只是共同的行为方式。较重要的智者有普罗泰戈拉、高尔吉亚、普罗狄科、希庇亚、安提丰、克里底亚等。其中以普罗泰戈拉最出名。

2. 普罗泰戈拉及其思想倾向

普罗泰戈拉是色雷斯的阿布德拉人，是德谟克里特的老乡和学生。据说他年轻时曾是一名搬运工，扛货物用的垫肩就是他发明的。不过有人说普罗泰戈拉是阿布德拉最富有公民的儿子，如果真是这样，他是一名搬运工的说法就值得怀疑。他从30岁开始从事智者生涯共达40年，他到过许多地方，但主要的活动场所是雅典。在雅典期间，他与伯里克利结为挚友，并成为其两个儿子的老师。公元前444年，雅典在西西里岛的图里建立殖民城邦，普罗泰戈拉为新城邦起草了法律。后来，由于他在宣读自己的新作《论神》时公开怀疑神的存在，被雅典人驱逐出雅典，在逃往西西里岛的途中遭遇船难而死，死时约 70 岁。

普罗泰戈拉的主要作品有《论真理》《论神》《论相反论证》等，这些作品已经佚失，目前只有极少残篇传世。

根据有限的文献资料，可以把普罗泰戈拉的主要贡献和思想倾向概括如下：

（1）锻造语言学利器。如果说，高尔吉亚是修辞学方面的巨人，那么，普罗泰戈拉便是语言学方面的大师。据说普罗泰戈拉第一个区分了动词的时态，提出了掌握正确时态的重要性；他最早将句子分成祈使式、疑问式、答复式和命令式等四种句式；他还最早将名词分为阳性、阴性和中性三种性状，并纠正了人们使用名词和冠词搭配中的一些错误。

普罗泰戈拉也是"措词技艺"（orthoepeia）的首创者。所谓措词技艺，就是如何在众多同义词中迅速挑选出最精确的单词来恰如其分地表达和修饰相应思想的方法，这有时也被翻译成"正名"，就是正确使用名称。例如朋友间的冲突用"争论"，因为双方均心怀善意；敌人间的冲突用"争吵"，因为双方均心存恶意。据说普罗泰戈拉在为图里城邦制定法律时就充分使用了这种措词技艺。

普罗泰戈拉在锻造语言学利器的过程中，明显表现出感觉论和相对主义的思想。他在总结自己的教学实践时特别指出：任何命题都有两个相反的论断，一切论辩的目的和主要技艺就是如何使弱的论证变成强有力的论证，而为了达到这一目的，就需要充分利用论辩的技巧。普罗泰戈拉因而被称作是文字战方面的能手，因为他总是能够从论敌的一个命题中找到一个相反的命题来。对于这种相对主义，普罗泰戈拉比喻说：一种食品，正常人觉得香甜可口，病人却觉得苦不堪食；对于同一对象，两个人的相反感觉显然都是真的，不能说谁比谁真，它们的区别仅在于一个是健康人的感觉，而另一个是不健康者的感觉。这就等于说，世界上不存在绝对真理，任何真理都是相对的。

（2）"人是万物的尺度。"最能体现普罗泰戈拉的感觉论和相对主义思想的是他的一句名言："人是万物的尺度，是存在者如何存在的尺度，也是非存在者如何不存在的尺度。"此话至少隐含着三层意思：①强调人的主观能动性。人虽然与动物一样都生活在自然界当中，但人却高于动物，因为他还生活在社会之中，因此在人生和社会这个舞台上，人才是中心；人是一幕幕人生戏曲的创造者、演出者和裁判者；人为自己制定约束自己和规范自己的习俗、法律、伦理规范和城邦社会生活准则；因此，唯有人有资格对万事万物发表意见，进行褒贬，作出裁决。②强调人的差异性。基于环境条件和认识水平，不同的人对同一事物的看法和评判不尽相同，亦即为，每一个具体的人在评判同一个事物时，都有一把属于自己的尺度。承认人的差异性的意义就在于：不把自己的主观意志强加给他人，每一个人都有公平作出评判的资格和权利。古代的宽容精神正是借助这种对人的差异性的承认而产生出来的。这也与当时民主政治的繁荣、平民大众参政热情的高涨遥相呼应。③强调真理的相对性。既然对于同一个事物，每一个人都有一把属于自己的尺度，那便意味着每一把尺度对于尺度的把握者来说都是唯一的标准尺度，即每个人对于事物所作出的评判对于他自己来说都是对的。于是，有多少种评判就有多少个真理，客观上不存在绝对的真理。这必然导致相对主义和怀疑论。

普罗泰戈拉有关"人是万物的尺度"的名言，被一些现代学者看作具有启蒙作用和人文主义价值，看来是不无道理的。

（3）历史是不断进步的。在智者运动崛起之前，希腊世界流行着历史循环论和历史倒退论。智者们则提出了一种反传统的历史观——历史进步论。柏拉图在《普罗泰戈拉篇》中转述了普罗泰戈拉所叙述的一段神话，内容大意如下：

> 人类社会是按三个阶段发展起来的：在最初阶段，人类为了生存，依靠神赐的智慧学会耕作、建筑和缝纫，发明了音节语言，并知道给事物命名。到了第二阶段，人类为了自保，聚集在一起建立城邦或城堡，从此人类从分散的个体变成群居的社会。城邦这一共同体正是人类为了免遭野兽的侵扰，即为了自保而建立起来的。第三阶段，为了免除人与人之间的互相残杀和互相侵犯，由宙斯授予"正义"和"相互尊重"两种禀性，从此城邦有了法律和秩序，人与人之间有了友爱和团结。

在这里，人类社会的三个阶段是从野蛮落后向文明进步发展递进的，人们最终用法律制度进行管理和统治的城邦社会，代表了人类社会发展的最高阶段，因而也是人类理想得以实现的一个阶段。这与赫西俄德有关人类从最初的黄金时代步步倒退到残酷野蛮的黑铁时代的历史观形成了鲜明的对照，表明了普罗泰戈拉等智者们对民主政治的信心和希望。

二、苏格拉底及其思想

苏格拉底是将希腊哲学推向全盛的标志性人物，他所倡导的理性主义传统成为西方哲学和科学的主流，影响西方文明两千多年。由于苏格拉底是一位"述而不作"的学者，没有留下亲自撰写的作品，我们只能通过他的学生对他的描绘和转述来从侧面了解和研究他。他最重要的学生柏拉图的对话录，一般都以苏格拉底作为对话的主角，这并不意味着这些对话录都反映了苏格拉底的思想；相反，它们中的大部分只是假借苏格拉底的名义来表达柏拉图自己的思想；不过柏拉图对话录中的一些较早时期的作品，很可能与苏格拉底有直接的关联。

1. 苏格拉底的主要生平事迹

苏格拉底是雅典人，出生于公元前469年，死于前399年，享年70岁。他的父亲是雕刻匠，母亲是接生婆。按子承父业的传统，苏格拉底自小学习雕刻。由于家道殷实，苏格拉底接受过良好教育，修习过音乐、算术、几何及天文等学科，从而获得了渊博的知识。

苏格拉底青壮年时与当时的许多名流有过交往。他同伯里克利的情妇、文化沙龙的主角阿丝帕希娅经常接触；他拜会过到访雅典的巴门尼德、芝诺和普罗泰戈拉；他与其他一些智者如希庇亚、高尔吉亚及欧绪德谟等有过交流和辩论。这些活动无疑大大地拓展了苏格拉底的学术视野和眼界。伯罗奔尼撒战争爆发后，苏格拉底作为一名重装步兵三次参军打仗。在战斗中，他英勇果断，吃苦耐劳，并拯救过落难的战友。

虽然苏格拉底对参加政治活动不感兴趣，不过一旦被委以政治使命，他便以刚正不阿、廉洁奉公著称。他曾断然否决选区议事会对八位将军的错误判决；也曾拒绝与三十僭主同流合污；他反对民主政治的极端化，公开批评伯里克利的抽签选任制度。

苏格拉底一生中有过两次婚姻。第一位妻子是一名法官的女儿，在她夭亡以后，他娶了饶舌撒泼的克珊西普为继室，据说二人相处和善，感情甚笃。有人问苏格拉底，如何能够与这样一名悍妇一起过日子？苏格拉底笑答：正如驯马师必须驯服最烈性的马一样，他之所以选娶克珊西普为妻，是因为他认为如果能够调教好她，世上就没有不能被调教好的人了。

在苏格拉底的时代，雅典流行男性同性恋。苏格拉底也不能脱俗，他对这种爱情有许多赞美之词。苏格拉底虽然其貌不扬，但他的博学和风度却常常使他成为许多青年才俊的求爱对象。苏格拉底本人反对堕落的肉欲，他将爱看作一种通达真善美的精神力量；他强调灵魂之爱，要将同性恋习俗改造成为对青年人进行道德熏陶的手段。

2. 苏格拉底之死

公元前399年春季，苏格拉底70岁那年，有人对他提出了指控，指控的罪状有二：第一，蛊惑青年；第二，信奉他自己捏造的神而不信奉城邦公认的神。按照当时雅典的司法程序，公民法庭对案件进行公开审理。审理程序分为三段：第一段由原告提出诉讼词。第二段由被告提出辩护，然后审判官投票表决有罪还是无罪。第三段先由原告提议他所认为应当给予的相应惩罚，并说明理由；然后由被告提议他所愿受的较轻刑罚，也说明理由，同时，按惯例，被告的妻子以及其他亲属出来哀求审判官从轻定罪。双方提议以后，审判官用投票方式从所提的两种刑罚中选择其一。

在此次苏格拉底案中，原告有三个人，包括一名诗人、一名修辞学家和一名皮匠。原告提出指控之后，苏格拉底作为被告，为自己作了十分精彩的辩护。可是这并没有撼动多数审判官加害苏格拉底的意志，在出席法庭的501名审判官当中，有281票表决苏格拉底有罪，220票同意其无罪，苏格拉底的有罪判决遂获通过。接下来的问题是如何惩罚。原告提议判其死刑；被告苏格拉底则提议罚款一个明纳，后来在在场朋友的劝说下，加到30明纳。结果审判官们用投票方式，决定采用原告的提议，判他死刑。苏格拉底在接受了死刑判决之后，作了一个感人至深的最后陈述。这一陈辞与他的辩护词一道，被收录于柏拉图的《申辩篇》当中（也被收录于色诺芬的《回忆苏格拉底》中）。

其实，苏格拉底本可以免死的，免死的方法很多：①未审之前逃亡境外，这是当时常见的做法；②辩护措辞中加上悔改内容，或追述以往战功，请求将功赎罪；③提议和接受充分的罚款；④坐监期间设法逃亡；等等。可是，苏格拉底毕竟不是一名苟且偷生之徒，他最终以自己特有的方式获取到历史上第一顶殉道者的冠冕。他按法律程序饮鸩而死，留下了痛苦不堪的妻子和三个儿子。据说苏格拉底死后不久，雅典人便后悔处死了这位伟人，他们处罚了他的控告者，并为他竖起了一尊纪念雕像。

后人认为，不主动涉足政治的苏格拉底却被深深地拖入政治泥潭，这正是他的悲剧的关键所在。

3. 苏格拉底的主要贡献和思想倾向

苏格拉底堪称古代世界最伟大的政治先知，他的许多生活智慧并没有随着时间的推移而失效。人们把苏格拉底当作历史转折时期的标志性人物，这是有一定道理的，他在思想史上的贡献和思想倾向证明了这一点。

（1）主张谦恭自省。苏格拉底在法庭上为自己作辩护时，讲述了一则意涵深刻的故事。他的一名学生前往特尔斐神谕所去问那里的神：世上还有没有比苏格拉底更加有智慧的人？神谕告诉他：没有。苏格拉底对此感到奇怪，于是他亲自做了广泛的调查，看看这世上到底有没有比自己更有智慧的人。苏格拉底沮丧地发现，他的调查结果证实了特尔斐神谕的断言：他是世上唯一一个有智慧的人，因为他知道自己无知，而其他人都自认为自己有智慧。这则故事告诉我们，狂妄自大是当时最为流行的社会疾病，谦恭自省则是世人最奇缺的禀性。在苏格拉底看来，智慧本来应当是专属于神的，如今却人人都说自己有智慧，这实际上是在亵渎神圣；如果硬要说人具有智慧，那么也仅仅只有一种智慧，那就是反思自己的能力。苏格拉底的这种自我反思的主张，对于整个充斥着追名逐利和渗透着十足功利主义的古代世界，无疑具有振聋发聩的作用，它虽然无法立刻产生匡正时弊之功，却在后来的基督教修行制度中获得了足够强劲的回应。

（2）倡导理性主义精神。西塞罗曾说过：苏格拉底把哲学从天上拉回了人间。事实不仅如此。苏格拉底已经不仅把研究对象从自然转向人和社会，他还要深入地研究人本身。他希望将人从当时流行的，亦即智者们所颂扬的物质利益和肉体欲望中解放出来，去追求灵魂的善。在他看来，这是匡正当时社会道德沦丧和挽救雅典公民社会的根本途径。如何才能引导人们的灵魂向上呢？苏格拉底在这里提出的一条重要原则就是"自知无知"和"认识自己"，他认为，那些自以为有智慧的人其实并没有智慧，因此人们应该去对自己达成智慧的认知能力和思维方式进行反思。于是他便将智慧和知识引入道德领域，并将它当作判断是非和善恶的标准。

从这里我们可以看出苏格拉底与智者的根本差异。智者所说的"人"，是只有自由意志的自我个体，只凭个人的感知经验、欲望和利益行事，只从个人出发评判存在，没有绝对的价值标准，这种"人"的形象是闪忽不定的。而苏格拉底所说的"人"，则是以智慧和知识作为本性的理性之人，在他看来，人应当凭借理性正确认识自己，并且在理智活动中确立坚实稳固的道德价值以及和谐有序的社会生活准则。在他的心目中，理性就是神。这种理性主义精神后来在柏拉图和亚里士多德那里得到了进一步的弘扬，因而成为一股不可阻挡的时代主流。

（3）指出人生最高目的是善。在苏格拉底看来，既然理性为人所特有，而理性又以善为目的，那么人生的最高目的必然也是善。可是人们在追求善的过程中是否同时获益呢？答案是肯定的。但这并不意味着一切有益和有用的东西都是善，虽然一切善的东西必定是有益和有用的。在这里，苏格拉底把"善"与"利"结合了起来，他要求人们辨别和追求真正的和最高的利益。这种真正的最高利益，就个人和社会的关系而言，便是个人服从社会和城邦的利益。但是他并没有忽视个人的利益，只是他认为个人的最高利益应当是满足灵魂需要的利益，而不是满足肉体需要的利益。因此，他认为最高的善是与知识、真理及美相一致的，这是一种真善美相统一的功利观，因为一切功利都是作为求善的必然结果呈现出来的。

由此看来，苏格拉底的善论并不是一种超脱世俗和食古不化的玄谈，他把善与利高度统一起来，这是该理论能够流传后世并被发扬光大的主要原因。

（4）提出美德即知识的命题。苏格拉底认为，智慧或知识能力是神赋予人的灵魂的本性（即阿那克萨戈拉所说的"努斯"），灵魂能够实现自己的本性就有知识，同时也就有美德；反之，人如果愚昧无知，不能认识美德，就必然堕入恶行。这里的所谓"知识"，主要是认识人自己的本性的能力。在苏格拉底看来，既然美德的共同本性是知识，人的理智本性贯通在道德本性之中，美德就有整体性和可教性。正义、自制、勇敢、友爱、虔敬等美德都是同质的，它们是相互贯通并有内在联系的整体。有智慧能认识正义这种美德的人，也就会认识勇敢和友爱等其他美德。

在苏格拉底看来，知识的可教性蕴含着美德的可教性，人可以通过学习获得美德，也可以通过教育改造社会状况。智慧和知识能力是人人皆有的天赋本性，有些人缺乏美德只是由于感觉的迷误和欲望的膨胀以至扭曲了人的理智本性，故通过知识教育和道德陶冶可以恢复他们的理智本性，培植美德。

苏格拉底死后，他的以理性主义为核心的主体思想由柏拉图和亚里士多德所继承。与此同时，还有一些学生吸取或片面发挥了苏格拉底的某些思想内容，同时糅合其他门派思想而自成门派。这些由苏格拉底次要思想派生出来的学派统称为"小苏格拉底学派"，主要包括如下三派：麦加拉学派、昔尼克学派及居勒尼学派。麦加拉学派朝着辩证法和逻辑学的方向发展，对后来的斯多亚学派的逻辑思想产生重大影响；居勒尼学派吸取了智者感觉论的某些因素，将善与快乐联系起来，成为后来伊壁鸠鲁哲学的思想来源之一；昔尼克学派则主张"善"就是顺应自然，满足于简单的自然需要，后来演变成为一种玩世不恭的思想和生活方式。这三个学派与斯多亚学派均有直接的思想联系。

当然，苏格拉底的学生并不都是道德高尚的正人君子，如克里底亚成为寡头政治的帮凶，他甚至曾对自己的老师苏格拉底实施政治迫害；阿尔基比亚德先是混迹于雅典暴民政治之中，后又叛逃斯巴达，沦为地地道道的政治变色龙。学生们的这些恶行，后来成为极端民主派起诉苏格拉底的理由之一。

参考文献

[1] 汪子嵩，等. 希腊哲学史（第 2 卷）[M]. 北京：人民出版社，1997.

[2] 罗素. 西方哲学史（上卷）[M]. 何兆武，李约瑟，译. 北京：商务印书馆，1963.

[3] John Dillon ed. *The Greek Sophists* [M]. [S. l.]: Penguin Books, 2003.
[4] Paul Johnson. *Socrates: A Man for Our Times* [M]. [S. l.]: Penguin Books, 2012.
[5] Lucian. *The Cynic Philosophers: from Diogenes to Julian* [M]. [S. l.]: Penguin Books, 2012.

第8讲 柏拉图和柏拉图主义

学界对柏拉图的评价,历来存在着尖锐对立的观点。有人把他奉为科学的奠基者,有人则将他贬为科学的祸害。无论是褒是贬,却没有人敢于忽视他的历史地位和作用。有人甚至断言:两千多年的西方哲学,实际上归结为对柏拉图的注释。因此,对于柏拉图和柏拉图主义,我们不得不花较多的篇幅来介绍。

由于柏拉图自己撰写的作品被比较完整地保存了下来,这为后人的研究提供了便利。可是由于柏拉图的多数对话录均以苏格拉底为主角,即对话录中的主体思想都借助苏格拉底的口表述出来,要确定这些思想的归属便存在一定的难度。一般认为,只有较早时期的少数对话录才反映了苏格拉底的思想,而大量的中后期作品都体现了柏拉图自己的思想。

一、柏拉图的主要生平事迹

记载柏拉图生平事迹的文献主要有两个:一是狄奥根尼·拉尔修(Diogenes Laertius, 3rd C. AD)的《著名哲学家的生平与学说》,另一个是柏拉图的自传体信函《第七封信》。

1. 满怀抱负的青少年时代

柏拉图于公元前427年出生于雅典一个名门望族家庭,其父亲的谱系可以上溯到雅典历史上最后一位巴塞琉斯(即部落王);其母亲系出梭伦家族，柏拉图为梭伦的第六代后裔。他的母舅和表舅都是"三十僭主"的主要代表人物。

柏拉图原名阿里斯托克勒（Aristocles），据说他的体育老师看到他前额宽阔，体魄强壮，让其改名为柏拉图，希腊文意为身材宽阔。柏拉图上面还有两位哥哥和一位姐姐；其父亲去世后，母亲改嫁给其堂叔，他们为柏拉图增添了一位弟弟。

柏拉图是在继父家里度过青少年时期的。他接受过良好的教育，富有文学兴趣和才能，早年热衷于文艺创作，曾一度成为戏剧的剧迷，并写过赞美酒神的颂诗和其他抒情诗。

柏拉图在20岁左右成为苏格拉底的学生。他们俩的师徒关系十分密切和融洽，苏格拉底很器重这名才华横溢的青年弟子，柏拉图则非常尊崇这位品学皆为楷模的尊长。柏拉图后来在自己的对话录中把苏格拉底塑造成主要的代言人，自己的名字却隐而不现，这充分表明他对老师的人品和学品是一直怀有深深的景仰之情的。

2. 思想转向及外出游历

柏拉图师从苏格拉底八年之后，后者被无辜处死。此事对柏拉图的冲击是无法估量的。根据他的《第七封信》，他从年轻时起便热衷于政治活动，总希望借助参加政治事务来公正治理城邦，使它从不正义的统治走向正义。可是苏格拉底之死彻底摧毁了他的美梦，使得他不得不重新思考哲学的性质和重新定位自己在城邦生活中的角色。他最后得出结论：只有在正确的哲学指导下，才能分辨出正义和非正义；只有当哲学家成为统治者，或出于某种奇迹使政治家成为真正的哲学家时，城邦的治理才能实现真正的正义。也就是说，他从老师的死中得出一条最大的教训是：必须使哲学与政治紧紧联结在一起，用正确的哲学指导政治，最终在现实世界中建立起真正公正的理想城邦；而为了要达到这一目标，哲学研究就必须走出去，在世界各族的政治实践中寻找到理想城邦的模式和现实依据。于是，老师的死便促成了他的外出游历和考察。

柏拉图先是游历了西西里岛东部的麦加拉，在那里，他先后与麦加拉学派代表人物和巴门尼德哲学的继承者有过广泛的接触。然后他有可能去过小亚细亚西部沿岸，并从那里出发前往埃及。他在埃及的宗教中心赫利奥波里住过很长一段时间，与当地的祭司交往频密，从后者那里学到宗教及天文学知识。离开埃及以后，柏拉图前往北非的居勒尼，他最初的几何学知识，正是从居勒尼学派的领袖人物塞奥多洛那里学来的。

柏拉图最重要的访问地也许是南意大利的塔壬同。他在那里结识了毕达哥拉斯学派的掌门人阿尔塔基，在后者的引导下，他系统研究了毕达哥拉斯学派的学说及其有关的数学理论，这对于他的思想的发展至关重要。

接着柏拉图应邀对西西里岛的强国叙拉古作首次访问，此次访问因他与叙拉古僭主狄奥尼修一世意见不合而告终。

3. 创办学园，著书立说

公元前387年，柏拉图首次从叙拉古返回雅典后，便在雅典城外西北角的阿卡德摩（Academus）陵园内建立学园，学园名称以这位雅典英雄的名字命名为Academy。这是欧洲历史上集传授知识、进行学术研究、提供政治咨询、培养学者和政治人才于一体的综合性学校。有人认为，柏拉图的学园为西方开创了学术自由的传统。该学园于公元前86年迁址于雅典城内，到公元529年被东罗马皇帝查士丁尼下令关闭为止，前后持续存在了900多年之久。

创办和经营学园是柏拉图一生中最重要的事情，他后半生40年中，除了有两次短期前往叙拉古访问（即第二次和第三次叙拉古之行）外，其余时间都是在学园里度过的。他在与来自希腊世界各地的青年学子磋商学问之余，把主要精力用于著书立说。据考证，他的绝大多数著作都是在学园里撰写的。

公元前347年，80岁高龄的柏拉图在参加一次婚宴时无疾而终，遗体被埋葬于他的学园里。

二、柏拉图的主要作品及其基本思想

柏拉图的作品大多以对话的形式出现。这些对话的思想性自不待言，其文学形式上之美，也常常具有震撼人心的魅力。有人认为，柏拉图在语言艺术上是希腊尤其是阿提卡文化的典范，是散文作家中最伟大的作家。

目前，完整保存下来的柏拉图对话共36篇。王晓朝主译的《柏拉图全集》翻译和收录了其中的28篇,并加上柏拉图的书信13篇。其中比较重要的对话有:《申辩篇》《普罗泰戈拉篇》《克拉底鲁篇》《美诺篇》《斐多篇》《会饮篇》《国家篇》《斐德罗篇》《巴门尼德篇》《泰阿泰德篇》《智者篇》《政治篇》《蒂迈欧篇》《克里底亚篇》《法篇》。

下面,我们将对柏拉图最有代表性的四篇对话(《斐多篇》《会饮篇》《国家篇》《蒂迈欧篇》)进行简要介绍,从中总结出他的基本思想倾向。

1.《斐多篇》

《斐多篇》讲的是苏格拉底在狱中临刑之前,与他的朋友及弟子们就哲学家如何对待死亡问题从而论证灵魂不灭进行的一场对话,故它的副题是《论灵魂》。必须特别指出,此对话及其后各篇对话所体现出来的思想,应当属于柏拉图的,而不是苏格拉底的。

对话开头叙述苏格拉底的朋友和弟子到狱中探望苏格拉底,并劝其越狱逃跑,受到拒绝,于是便引入了对于死亡的一番讨论。苏格拉底说,为何平常人害怕死呢?那是因为他们不了解死亡的本质。死亡从本质上说,就是灵魂与肉体分离,两者各自成为独立的实体。在肉体束缚下的灵魂,只能产生一些错误的感觉;灵魂一旦获得了独立,它就可以达到纯粹的思想而最终认识事物的相。肉体是灵魂认识事物真相的障碍,而死亡却把被肉体束缚住的灵魂释放了出来,这时灵魂才能直达智慧的通途,因此,真正爱智慧的哲学家是仰慕死的。

在这里,柏拉图借助苏格拉底的口表达了自己的重要观点:第一,正义、美、善、健康、有力等的"相"是感官所不能感觉到的,只有不受感觉干扰的纯粹思想才能认识它们,"相"是纯粹思想的对象。第二,肉体会玷污灵魂,它会产生种种情感和情绪,阻碍我们对真理的认识。第三,哲学家只有从世俗事务中摆脱出来,才有闲暇进行沉思。第四,灵魂与肉体结合一起时是不纯粹的,因此要将两者分离开来,灵魂从肉体中独立出来就是"净化"。

既然死是灵魂与肉体的分离,那么如何保证分离出来的灵魂不会随着肉体的腐烂而消失呢?换言之,有什么理由证明灵魂是不灭的呢?柏拉图笔下的苏格拉底,通过如下两种手法去证明灵魂不灭说:第一是辩证的手法。凡是对立的东西都是从其对立面当中产生出来的,自然万物中到处存在着对立面互存和转化的规律，例如人有睡就有醒，有醒就有睡，睡和醒互相对立，也互相转化。生与死也是这样，人有由生到死的发展，为何不能够有由死到生的变化呢？在这里，柏拉图把生与死的关系等同于醒与睡的关系，这是不确切的。因为当讲到醒与睡时，主体是完全同一的，即醒来的和睡着的是同一个活着的人；而当讲到生与死时，生者与死者虽然是同一个人，但死者不再是活体。如果他所讲的生与死的主体都是作为集体的人类族群，那么他是偷换了概念，最终也无法证明某个具体的个人会死而复生。第二是先验的手法。在柏拉图看来，学习的过程就是回忆。当一个人回想起某一事物时，他必然在某个时候已经先知道了这个事物，因此回忆是以被回忆的内容业已存在为前提的。在这样的情况下，除非是灵魂在生前已经存在，否则便不可能回忆，这种先验的回忆过程证明了灵魂是不灭的。

柏拉图通过对死亡本质及灵魂不灭的论证，提出了两个重要理论：相论（Theory of Ideas，曾被译为"理念论"）和回忆说。所谓"相"，实际上就是事物的本质。在柏拉图看来，任何具体的事物都是变动的和相对的，只有相才是永恒不变的和绝对的，它是决定一切具体事物的原因。柏拉图的"相"与巴门尼德的"存在"相类似，唯一的区别是，巴门尼德认为只有一个唯一的存在，柏拉图却认为每一类同名的事物都有一个相，有无数类同名的事物就有无数个相。不过，柏拉图还认为，在众多的相当中，有一个最高的相，那就是"善的相"，它统御其他众相，是事物的最高和最终的源泉。

回忆说则是柏拉图先验的认识论的必然产物。他认为灵魂本来就具有一切知识，知识并不是从外部世界得来的；人们对外部世界的感觉经验只能起到推动灵魂回忆的作用，这种经验并非真正知识的来源，真正知识是灵魂先前就已经具有的。既然如此，教育就不能被理解为把外部的知识信息灌输进受教育者的大脑里，而应当理解为用催产的方式促使受教育者灵魂中固有的知识再现出来，于是，教育者就应当是知识的助产士。

2.《会饮篇》

《会饮篇》讲的是悲剧作家阿伽松的剧本上演得奖，朋友们一起会饮庆祝，会饮期间每人依次轮流对爱神厄洛斯作一番礼赞，由于主题是爱情,故该对话的副题为《论爱情》。整篇对话主要由六篇对厄洛斯的颂词构成。下面对其中最重要的三篇颂词进行简要介绍。

(1) 斐德罗的颂词。斐德罗在颂词中提出了三个观点:①厄洛斯是诸神中最古老的神,因为神话学家们从来没有提到过他有父母。②厄洛斯是善的源泉,因为每个人都会在自己的爱人面前拥有善的行为举止。③厄洛斯是献身和勇气之源,因为人们为了爱情常常不惜牺牲自己的生命,阿卡琉斯为挚友而死的事迹就是最好的证明。

(2) 阿里斯托芬的颂词。阿里斯托芬讲述了一个有趣的故事。最初的人除了男人和女人之外,还有第三种人即兼有男女两性的阴阳人。由于男人是太阳生出来的,女人是大地生出来的,阴阳人是月亮生出来的,这些人的形状也与太阳、地球和月亮一样,都是圆形的,每人有四只手、四只脚和四个耳朵,他们走路时可以随意向前向后,也可以像翻筋斗那样滚动。这样的人非常强大有力,因而也骄傲自大,蔑视诸神。诸神想要灭掉人类,却又担心没人献祭。最后宙斯决定把每个人切成两半,这样既可削弱人的力量,又可使人所献祭的祭品成倍增加。可是人被切成两半之后,这一半想念那一半,各自苦苦思恋,以致痛苦而死。为了避免人类灭绝,宙斯便让男女交媾生育子女。于是,人与人(不仅是男女之间,而且包括男人与男人之间)开始彼此相爱,每个人都在寻找自己的另一半,找到之后则紧紧相抱,难舍难分。

借助这一故事,柏拉图所要表达的思想十分明确:人本来是完善的(圆就是完善),但由于傲慢和过失,失去了自己的另一半,变成不完善;现在要去寻找那失去的一半,重新获得完善。推动人们去寻找另一半的,正是以厄洛斯为象征的爱情的力量。

(3) 苏格拉底的颂词。此前,宴会的主人阿伽松在所作的颂词中,把厄洛斯说成是尽善尽美的典范。苏格拉底在自己的颂词中对此提出了批评。他借女先知狄奥提玛的口表达了对厄洛斯的本质的认识。他说:厄洛斯并非美与善本身,而是对美与善的追求;既然追求美与善,厄洛斯本身就是不美和不善;不美和不善并非丑与恶,只是美与善的缺乏而已,是丑与恶到美与善的中间过渡状态。正如智慧与无知之间的中间状态是"正确意见"那样,厄洛斯既不是人,也不是神,他是介于人与神之间的精灵（daimon），因为神必然是又美又善的。人们之所以颂扬厄洛斯，并不是因为他作为尽善尽美的典范，而是因为他作为追寻真善美统一的榜样。

苏格拉底的话音刚落，戏剧性的一幕出现了：当红的雅典政治新星阿尔基比亚德带着一帮人贸然闯入宴会厅。人们要求他也献上一段颂词。不料阿尔基比亚德却把赞颂的对象由厄洛斯转向了苏格拉底本人：①苏格拉底外表最丑陋，但内心最有智慧，他是真善美的化身。②他自己曾向苏格拉底求爱，却遭到了拒绝，他因此而感到受侮辱，同时又十分赞赏苏格拉底的节制。③苏格拉底作战勇敢，曾救过他的命；苏格拉底即使在打仗时，也没有忘记哲学沉思。

这一插曲作为整个对话的落幕，的确寓意深长。柏拉图在这里所要表达的意思显然是：苏格拉底才是厄洛斯的具体化，是人们心目当中活着的厄洛斯，是真善美的化身。

这一对话以言辞优美、说理生动深刻而著称。

3.《国家篇》

《国家篇》又称为《理想国》，由于以谈论正义为对话的开头，故其副题叫《论正义》。此篇对话被认为是柏拉图哲学的集大成，它比较全面地反映了柏拉图的思想，篇幅较大，共有 10 卷，长度仅次于《法篇》。

《国家篇》中所包含的基本观点如下：

（1）正义就是各司其职。柏拉图首先把正义划分为具有集体性质的国家正义和具有个体性质的个人正义。所谓国家正义，就是每个阶级均按照自然的社会分工各自做好自身的本职工作，不僭越阶级间的界限。在柏拉图看来，一个良善的国家应当拥有智慧、勇敢、自制、正义四种美德。其中，国家的治理者必须拥有智慧，国家的保卫者必须持有勇敢，国家的供养者必须持有自制；如果这三种人依据各自的美德守住各自的本分，这时整个国家就达到了最高的美德——正义。可见，就国家的层面而言，正义在四大美德中具有统御一切的作用。假如某个阶级僭越了自己的阶级界限，贸然从事别的阶级所从事的工作，如供养者不是通过自己的自制来给整个社会提供衣食住行，而是篡用了卫国者的勇敢擅自动用刀枪和武力，整个社会就会陷入无序状态，国家就会出现不正义。

个人正义则是国家正义在个人身上的具体体现。柏拉图认为，正如国家中有治理者、保卫者及供养者一样，个人的灵魂也分为三个部分，即理智、激情和欲望。这三个部分和谐相处，理智起领导作用，激情和欲望服从它，这样的人便是能够自制的人；此时灵魂得以自己主宰自己，整个灵魂内部秩序井然，这便是个人灵魂的正义。反之，如果激情和欲望不服从理智的领导，灵魂就会因不能自制而失序，个人就会陷入不正义。

（2）两个世界。柏拉图认为存在着两个互相对立的世界，一个是真正存在的"相"的世界，是知识的对象；另一个是介于存在与不存在之间的现象世界，是意见的对象。

两个世界之间的关系如何呢？柏拉图使用了一个洞穴的比喻。有一个很深的洞穴，洞里的囚徒被用绳索捆绑住，头部不能转动，眼睛只能看着洞壁。在他们背后的洞中燃烧着一堆火，在火与囚徒之间垒起一道墙，一些人举着用木头和石头制成的假人假物像演傀儡戏般地沿墙而走，火光将这些傀儡的影子照在洞壁上。囚徒们只能看到这些影子，他们以为这就是最真实的事物。而一旦解除他们的束缚让他们回过头来看到火光，便会感到闪耀眩目而产生剧烈的痛苦，因此他们看到那些实物时会以为他们原来看到的影子比这些实物更为真实，因为他们分不清影子和实物的关系。如果将他们拉出洞外让他们看到真正的太阳，他们一定会眼花缭乱，什么真实的事物都看不清楚。因此需要给他们一个逐渐习惯的过程。

在柏拉图看来，现象世界就像囚徒们在洞壁上所看到的影子，是虚幻不实的东西；相的世界就像火堆、沿火堆走动的人和洞外的太阳，是真实存在的实物；现象世界就是相的世界的影子；世人就像洞里的囚徒，由于他们习惯于面对虚幻不真的现象世界，当引导他们把目光转向真正的相的世界时，他们反倒一时无法适应。

（3）知德合一。柏拉图继承了苏格拉底有关"美德就是知识"的思想，认为德行与其他知识一样，是内在于人的灵魂的东西，只要用心去挖掘，美德便可以从一种潜力变成一种现实力量。在柏拉图看来，由于万物的本原是"善的相"，善便是一种实体，相反，恶自身不是一种实体，它只是善的缺乏。善作为最高的美德与其他知识一样，是可教可学的。人们之所以善行不足，恶行显扬，主要是因为教育不够。于是，柏拉图便从"知德合一论"发展为"教育万能论"。他主张用缜密设计的教学计划和课程去塑造理想城邦中的公民。柏拉图对于教育作用的强调，无疑体现了某种程度上的贵族精英倾向，因为在古代的历史条件下，教育目标越精致，平民大众被排挤出去的概率就越高，这与以后的基督教教育是完全相反的。

（4）理想的城邦。为古代社会设计一个十全十美的理想城邦，是这篇对话的最后落脚点。根据柏拉图在这篇对话中的思路，这样一个理想城邦至少包含如下三个要素：①男女相对平等，因为城邦中的许多事情妇女也可以做到。② 共产共妻和共子。柏拉图似乎已经看出私有制的某些恶果，所以他提出要共产；可是如果仍存在个体家庭的话，就不能做到完全共产，故必须取消个体家庭，实行共妻；而共妻必然导致共子。③由哲学家或具有哲学家学识和气质的政治家统治城邦。自从苏格拉底死去之后，柏拉图一直固执地相信，城邦不能交由外行去治理，更不能交给粗俗的民众去管理；他理想中的城邦政体既不是贵族制，也不是寡头制，更不是民主制和僭主制，而是一种由具有哲学素养的专业人员实施统治的"荣誉至上"（Timocracy）政体。

4.《蒂迈欧篇》

《蒂迈欧篇》是柏拉图仅存的一篇涉及自然哲学的对话，也许也是他的作品中最受后人关注的一篇作品。在这篇对话中，他提出了与以前的自然哲学根本不同的宇宙论，该宇宙论的主要特征就是强调宇宙是由理性有意安排而成的目的论思想。

《蒂迈欧篇》的开头先由克里底亚叙述一个从埃及祭司辗转流传到他耳中的古老故事：在最近一次大洪水以前，雅典是当时拥有完善法律的最大最好的城邦，它的最大功绩就是领导希腊人战胜了大西洋岛的侵略。大西洋岛土地广袤，国力强盛，不断侵扰希腊人，最后被雅典打败。后来发生洪水和地震，大西洋岛沉入海底，雅典则在废墟中重新崛起。柏拉图借助这一故事所要表达的思想是：理想城邦并非今日的设计，它早就存在于被遗忘的历史之中。

除了这一开头，对话的主体部分是柏拉图借助蒂迈欧的口讲述他的自然哲学。其主要思想要点概括如下：

（1）世界的创造。被称作"德谟革"（Demiurge）的造物主以"永恒的存在"（Eternal Being）为原型创造世界万物，他首先创造了宇宙灵魂和诸天体，然后创造了时间和诸神；接着他便退隐而去，把创造空中、海上和陆上各种可朽物种的任务交由诸神去完成。

从这种创世说中，可以得出三点认识：①虽然不排除众神的存在及其在创造中的作用，但在诸神之上已经有了一个单数的造物主，他本身就是诸神的创造者，可见柏拉图的神系是一神与多神的统一，反映了一种从多神教向一神教过渡的趋势。②既然存在着一个造物主据以创世的原型"永恒的存在"，这便说明在造物主"德谟革"之上还有更高的或最终的本体存在。这一最高本体虽然不主动参与具体的创造活动，但世界万物却无一不是从他这一原型身上获得的摹本。有人认为"永恒的存在"便是柏拉图在其他对话中提到的"至善"或"善的相"，也有人认为他相当于亚里士多德的"不动的推动者"。③万物虽然是被创造出来的，但这种创造是利用了原有的物质（火、水、气、土四种元素），而非无中生有；最初的创造不过是使这个世界从无序变成有序。这显然是创造论与生成论的调和，即在承认世界被有目的地创造出来的同时，也不否认物类自发生成的作用，同时也贯穿着物质不灭的原则。

（2）运动的形式。柏拉图指出，一切物质的运动形式不超过七种：向左、向右、向前、向后、向上、向下、自转。而对于圆形的天体而言，运动的主要方式只有两种：自转（不改变空间的原地运动）与公转（前进）。无论是自转还是公转，都被包容于七种基本的运动形式之中。

（3）回归年。有了天体的自转和公转，自然就产生了回归年现象。当诸天体从相同的起点出发，到最终到达与相同起点一样的终点时，回归年就出现了。柏拉图把其称作"完全年"或"世界大年"。完成一个回归年的时间是36000年。这与灵魂的轮回时间刚好相对应，每个个体灵魂完成一个小轮回需要3000年，而完成一个大轮回所需时间则是小轮回时间的12倍，于是，大轮回的时间就刚好与回归年时间相等。由此可见，人类命运与天体运行之间存在着内在的关联，这便是占星术的自然哲学依据。回归年现象使柏拉图得出一个结论：人间物事的变化，与天体的运行是完全对应的；人类社会与天体一样，是遵循一定的轨道原则做不间断的循环运动的；因此历史毫无进步可言。

在柏拉图看来，即使是灵魂的轮回，也是从高级到低级的一步步退化，而不是相反，即：男人→女人→鸟→爬行动物→鱼类……

（4）作恶的原因。柏拉图这篇对话的最大特色就是把自然哲学与伦理哲学联系起来，他总是认为人事变动与自然运作直接相关。在邪恶的问题上，他根据宇宙的变化规律，重新强调了恶不过是善的缺乏的理论。他认为，人们之所以作恶，原因不外有两个：一个是身体有疾病，另一个是教育的缺位；作恶是一种受逼迫的和不得已的行为，没有人想要成为恶人；因此，有效阻止作恶的方法只有两个：对作恶者施以良医良药，或对作恶者进行有针对性的教育。

此外，对话还集中讨论了人体生理方面的问题，包括各种身体器官的生成和功能，以及各种疾病的发生和症状等。

三、新柏拉图主义与普罗提诺的思想

进入希腊化时期以后，柏拉图的学说因被融入其他学派的学说中而一度沉寂。公元3—5世纪，在埃及和罗马等地重新崛起了一批柏拉图主义者，他们自称是在与当时流行的其他各种哲学流派的论争中复兴和传承的真正的柏拉图精神。不过近现代学者认为他们与柏拉图不仅仅在时间上相距甚远，而且在内容上也有较大不同。因此他们被后人称作"新柏拉图主义者"（Neo-Platonists）。这一新学派的真正创始人和代表人物是普罗提诺。

1. 普罗提诺的主要生平事迹

普罗提诺的弟子波菲利在编辑他的遗著的同时，撰写了一个有关他的简单传记《普罗提诺生平及其著作之编订》。该传记是我们了解普罗提诺生平事迹的唯一资料来源。

波菲利没有披露普罗提诺的国籍、出生地、家庭背景及他28岁之前的生活经历。后世学者推断普罗提诺可能于公元205年前后出生于埃及的利科波里城（Lycopolis）。他的文化背景似乎完全是希腊的。据波菲利记载，普罗提诺在28岁时突然对哲学发生了巨大热情，于是便于公元230年左右来到当时的罗马帝国文化中心亚历山大里亚，为了钻研哲学，他遍访名师，结果令他失望。后来转投阿门尼乌斯门下，他才找到感觉。

在师从阿门尼乌斯 11 年之后，他跟随皇帝戈尔狄安三世的远征军前往波斯。随着皇帝东征计划的失败，普罗提诺辗转到达罗马，从此他就安居于帝都，以研究和讲授哲学度过余生。

普罗提诺的外在生活似乎平淡无奇。他从不愿谈论自己，也不让学生知道自己的生日，并曾拒绝朋友为其画像。他生活在一个危机四伏的时代，帝国的政治、经济、军事和道德正在迅速崩溃。可是普罗提诺在自己的作品里，全然没有透露出任何时代的创伤；相反，他沉浸在美好的理念世界中，罗素称他是一位"忧郁的乐观主义者"。

虽然普罗提诺坚信精神性本体的实在和珍贵，但在日常生活中他并不是一位不谙世事的老学究。据说他很善于处理人际关系，常被邀请担任争执的仲裁人，也被委托照料遗孤和遗产。他的家里总是挤满了小孩和客人，他与罗马的政府官员也保持着良好的关系。不过他自己则把主要精力放在思辨上。他借助哲学劝导学生放弃对政治、人事及物质财富的关注和追求，返回内心，对精神性和超越性的领域作出探求。

普罗提诺于 66 岁时辞世。据说他用生命的最后 16 年，将课堂上与学生进行讨论的问题和他自己所得出的结论，以问题为中心撰写下来；他的学生波菲利在他死后，根据老师的遗愿，将这些散乱的遗作进行编辑，以 9 篇一组的形式，汇成六大组共 54 篇，取名为《九章集》。

2. 普罗提诺的流溢说

普罗提诺继承了柏拉图的相论和创世学说，并部分吸收和融合了亚里士多德主义、毕达哥拉斯主义、斯多亚主义及东方的神秘主义，创立了一种新的学说：流溢说。

流溢说把万物的创造和生成划分为三个层次：第一个层次即最高层次，是由太一流溢出纯思；第二个层次是由纯思流溢出世界灵魂；第三个层次是由世界灵魂流溢出物质世界。那么，普罗提诺所说的太一、纯思和世界灵魂到底是什么东西呢？

（1）太一（the One）。太一是创化万物而又超越万物的一元本体，是普罗提诺哲学体系的核心，也是其全部价值的最终归宿。有人认为，太一作为一元三层神圣本体中的最高层，相当于柏拉图的"至善"。太一是太

一、纯思、世界灵魂三位一体中的体，它自在、单一和圆满，其本身是无法言说的，人们只能用否定的方法去达到对它的朦胧认识：它无质量，无数量；既不运动，也不静止；既无空间，也无时间。

为了强调太一的非运动性，普罗提诺用"流溢"来描述太一的创造活动。在他看来，太一本体全然自足，没有任何外求性活动，只是因为自己太富足，结果尽管自己恬然自居，万物也会自然而然地从它身上派生（流溢）出来。这就是说，太一的创造活动是无目的、无意识和无计划的，这与柏拉图的造物主在创造时所表现出来的目的性和计划性是完全不同的。由此可见，普罗提诺明显采纳了亚里士多德有关"不动的推动者"的说法，即第一推动者其本身是不动的。

（2）纯思（Nous）。纯思是太一的首个溢出者，是一元三层神圣本体中的第二层，是最真实的"实是—生命—知识"之所在。纯思一层相当于柏拉图的"相"和亚里士多德的"纯形式"，有人把它称作"宇宙理性"。

纯思作为太一的第一个造物，体现出了与太一既不同又相近的双重特征。一方面，作为一种认识活动，纯思丧失了太一的"纯一"性，因为它带来了认识主体与认识客体的二元化，而太一则是绝对一元的。另一方面，与以后的各层实是相比之下，纯思又是与太一最近的溢出者，故它是太一的最佳形象；同时，在统一性、自足性和创造力等方面，它与太一也最为相似。有人认为纯思相当于柏拉图的造物主德谟革，也有人认为它比德谟革高出一个层次。

由于在纯思与此岸世界之间存在着一道不可逾越的鸿沟，纯思本身无法直接与此岸世界取得联系，于是，第二次创造活动便成为必要，这次创造是纯思流溢出世界灵魂。

（3）世界灵魂（Universal Soul, or All Soul）。世界灵魂作为纯思的溢出物，就如同从纯思中派出的使者，是纯思与世界的中介，它将有秩序的生命赋予世界。

普罗提诺把纯思比作种子，里面什么都有，但凝聚成统一体。相比之下，灵魂的工作就如同种子展开成苗和成枝，成为繁多枝叶，虽然失去了原有的统一性，却又在这种多样性中保持某种新的统一性。可以说，灵魂是在以新的方式——"多样统一"的方式反映纯思原先的那种更为聚拢内凝的统一性。

在普罗提诺看来,纯思完全超越时间,是真正意义上的永恒;而灵魂则不能超越时间,时间是灵魂运动中的生命,即时间内在于灵魂,与灵魂共存,而灵魂则总是从生命的一个阶段走向另一个阶段。世界灵魂是神圣本体之中最低级的一个层次,由它流溢出物质性的现象世界,因此它与物质世界靠得最近,它是神圣本体连接物质世界的唯一一道桥梁;尽管如此,由于它毕竟属于神圣本体的范畴,它与物质世界之间还是存在着质的不同。世界灵魂在创世过程中的角色,就相当于柏拉图的创世故事中诸神的作用。

流溢说的落脚点是要说明人生的目的。在普罗提诺看来,人生的最高目的是,使灵魂从肉体的桎梏中解脱出来,并实现逐级的回归——先是回归世界灵魂和纯思,最后回归太一,与太一合一,从而合并到自己的最终本源;而实现灵魂解放的通常方式就是持守虔修,节欲沉思。值得注意的是,普罗提诺对感官世界的态度要比柏拉图积极,他认为,感官世界既然是神圣的世界灵魂所造,它就应当是美好的。

3. 柏拉图主义与基督教的关联

早期基督教在扩张过程中,为了争取广大的异教民众,主动地从希腊思想中寻找一种解释圣经信条的新方法。早期教父们在吸取希腊文化元素时,利用得最多的恐怕就是柏拉图主义。柏拉图主义(含新柏拉图主义)当中到底有哪些思想观念因与基督教相契合或相类似而受到教父们的关注呢?

(1)创世理论。基督教的创世理论,就造物主的目的性、计划性和主动性而言,它更类似于柏拉图的创世学说;但就受造物的最初完美性而言,它更接近于普罗提诺的流溢说。柏拉图的创世论具有明显生成论的痕迹,普罗提诺的流溢说已经见不到这一痕迹;基督教教父强调上帝从无中进行创造,这无疑与普罗提诺的影响有关。此外,普罗提诺的流溢说中有关一元三层的流溢(即创造)理论,对于早期教父们解释和理解基督教上帝三位一体的特性是否具有某种启发作用,是值得进一步探讨的。

(2)死亡的本质和前景。基督教和柏拉图主义都认为死亡是灵魂与肉体的分离，虽然肉体会腐烂消失，但灵魂是不朽的。所不同的是，柏拉图主义认为与肉体分离之后的灵魂要么通过轮回转世投寄到另一个躯体里面，要么通过修炼成道最终回归到其最初源泉即神圣本体那里；而基督教则认为，与肉体分离后的灵魂要重新与肉体结合即实现复活，复活后的灵魂和肉体在接受了甄别善恶的审判之后或上天堂，或下地狱。尤为有趣的是，早期教父们在为复活理论作辩护时，常常袭用柏拉图在《斐多篇》中论证灵魂不死的两种手法——辩证的手法和先验的手法。不过他们通常还会加上另一种手法——伦理的手法。他们问道：倘若人不能复活，倘若没有来世，此生中的作恶者就得不到应有的惩罚，为善者也得不到应有的奖赏，这如何能够体现上帝的至公至义呢？

（3）上帝观。柏拉图主义的一元论趋势与基督教的一神论正相契合，这决定了两者对于最高本体的认识具有基本的共性。柏拉图把最高本体称作"至善"或"永恒的存在"；普罗提诺则把其称作"太一"。不管名称是什么，其本质必然与基督教的上帝相当。在柏拉图主义者看来，既然万物由最高本体造就，作为受造物之一的人，就不可能用直接的方式达成对于最高本体的正确认识；从阶位上看，任何受造物都比造物主低，因此就不能用任何一类受造物来比喻造物主，我们不能说造物主"是什么"，只能说他"不是什么"，于是，在柏拉图主义当中就发展出了最初的否定神学。这种否定神学的倾向在普罗提诺的流溢说中表现得最为明显。早期教父们显然继承了柏拉图主义的这一传统，他们认为，人既然是上帝的造物，通过人来理解上帝的方法必然是非常拙劣的；人们只有使用一种否定的方式，在排除掉一切与上帝属性不相符的东西之后，才能最终达成对于上帝的朦胧认识。

（4）认识论。在认识论方面，柏拉图主义坚持唯心主义的先验论，推崇理性认识，轻视感性认识，例如柏拉图的"相论"就把事物的共同本质看成是高于具体事物而先在的东西。这种先验的认识论对基督教产生了深刻的影响。实际上，早期基督教提倡禁欲苦修，呼吁弃绝感官享受，这与柏拉图和普罗提诺的思想的影响不无关系。中世纪基督教的经院哲学家曾围绕着"共相"（universals）与"殊相"（individuals）的关系问题争论不休，其中的极端实在论者认为共相是脱离并先于个别事物（即殊相）

而存在的，该理论显然源自于柏拉图的相论。

参考文献

[1] 汪子嵩，等. 希腊哲学史（第2卷）[M]. 北京：人民出版社，1997.

[2] 罗素. 西方哲学史（上卷）[M]. 何兆武，李约瑟，译. 北京：商务印书馆，1963.

[3] 柏拉图全集（全四卷）[M]. 王晓朝，译. 北京：人民出版社，2002.

[4] Plato. *The Collected Dialogues* [M]. ed. by Edith Hamilton and Huntington Cairns, translated by Lane Cooper. Princeton：Princeton University Press, 1961.

[5] W K Fleming. *Neoplatonism and Mysticism——The Influence of Neoplatonism in Christianity* [M]. [S. l.]：Kessinger Publishing, 2010.

[6] G C Field, M A & D Litt. *Plato and His Contemporaries：A Study in Fourth-century Life and Thought* [M]. [S. l.]：Methuen & Co. Ltd. , 1948.

第9讲 亚里士多德和亚里士多德主义

亚里士多德是一位承上启下的思想家。在他之前，哲学还只是一门包罗万象的学问，从自然到社会的各种问题都可以是其研究对象。亚里士多德开始把其划分为各种专门的学科，进行分门别类的研究。结果是，他成了近代各种学科门类的创始人，成为真正意义上的百科全书式人物。

一、亚里士多德的主要生平事迹

从希腊化时期开始，亚里士多德的弟子和再传弟子中就不断有人为他作传，故流传下来的亚里士多德传记五花八门。下面将对这些传记进行综合概括，择要介绍他的生平事迹。

1. 少年时期

亚里士多德于公元前384年出生于希腊北部的斯塔吉拉城，父亲是马其顿国王阿明塔斯三世（亚历山大大帝的祖父）的御医和朋友，母亲的家族源于优卑亚岛的望族。亚里士多德从小跟随父亲在马其顿宫廷中生活，接受良好的教育。与此同时，由于父亲的影响，他还接受了严格的医学训练，具备了独立行医的能力。

公元前370年，阿明塔斯三世去世，亚里士多德全家迁回故国斯塔吉拉。不久父母相继去世，亚里士多德在其姐夫的监护下度过少年时代。

2. 柏拉图学园时期

公元前367年，17岁的亚里士多德前往雅典，进入柏拉图学园，追随柏拉图达 20 年之久。有关亚里士多德与柏拉图的关系，存在着许多不同的说法。不过总体而言，亚里士多德对其老师的思想有继承和借鉴，但更多的是发展。他在批判柏拉图的相论时说道：倘若一定要在友情和真理之间进行选择的话，理智迫使我们不得不牺牲前者，选择后者。这句话后来被译成中文时，就变成了"吾爱吾师，吾尤爱真理"。

3. 漫游时期

公元前 347 年，柏拉图去世，亚里士多德离开雅典，开始了长达 12 年的漫游生活。他先是寓居于小亚细亚的阿塔纽斯，后又移居米提利尼。从公元前 343 年起，他作为亚历山大的老师住在弥札，其间他曾回过自己的故乡。这 12 年的漫游对于他后来的研究工作意义重大，有人认为，他的许多动物标本正是在此期间收集的。

4. 吕克昂学院时期

公元前 335 年，亚里士多德重返雅典，此时的雅典已经处于马其顿的控制之下。亚里士多德在雅典城东北郊的吕克昂（Lyceum）建立了一个学院，据说由于他经常与其学生在学院的林荫道上一边散步一边讨论学术问题，他的学院及其学派因此而被称作"漫步学派"（Peripatetic School）。吕克昂学院的教学和研究活动大体和柏拉图的学园相似，它既是进行教学的学校，又是进行研究的机构。据说，亚里士多德积极收藏各种图书资料，在他的学院里建成了历史上第一所私人图书馆。该图书馆的藏书最后流入亚历山大里亚，成为该城庞大图书馆藏书的基础。吕克昂学院还拥有规模很大的博物馆和标本馆，据说亚历山大东征时命令部属把在各地收集到的物产资料送给亚里士多德。这些优越的研究条件加上亚里士多德本人日益高涨的声望，使得吕克昂学院的学术地位超过了同期的柏拉图学园。

据考证，亚里士多德的教学活动通常是每天上午率领一班学生一道漫步，讨论一些深刻的学术问题，称作"akroterion"，可以译为"深奥的或秘传的学说"；下午则在柱廊下对广大的初学者和旁听者作公开演讲，称作"exoterikos"，可以译为"通俗的或公开的学说"。他的著作实际上就是以此为基础分为两大类：一类是较晦涩深奥的，另一类是较通俗易懂的。总之，吕克昂时期是亚里士多德学术观点的成熟期，因此也是他的研究成果频频涌出的时期。

5. 晚年生活

公元前 323 年亚历山大去世，由于反马其顿势力的压力，亚里士多德被迫再次离开雅典，前往其母亲的故乡优卑亚岛居住，翌年因病辞世，享年 62 岁。

有关亚里士多德的家庭生活，留给我们的材料不多。我们只知道他的第一位妻子早逝，给他留下了一个女儿；他后来与另一个女人同居，生下一个儿子，取名尼各马科，与祖父同名。

亚里士多德是古希腊人当中最高产的作家，据说他的撰述共 164 种 400 余卷，不过其中多数已经佚失，目前所能看到的只有 47 种。这些作品中的绝大部分都是经过后人整理编撰之后的产物，也就是说，目前能够见到的亚里士多德著作，都是他成熟期的东西，因此就无法从现有作品中了解到他的思想发展和转变的历史脉络和过程，当然也就无法就各种作品的撰写日期作出顺序上的编排。1830—1870 年出版于柏林的贝克尔版《亚里士多德著作集》（希腊文）被公认为亚里士多德作品的标准本，我国学者苗力田主持翻译了该标准本，成为中文版《亚里士多德全集》十卷本（中国人民大学出版社 1990 年版），这是国内迄今最完整的亚里士多德作品集。

二、亚里士多德的主要作品和基本思想

亚里士多德的作品可以分成几大类，如逻辑学方面有《范畴篇》《论题篇》《辩谬篇》《解释篇》等；哲学方面有《形而上学》《论天》《论生成与消灭》《论灵魂》等；伦理学方面有《尼各马科伦理学》《欧德谟伦理学》《论善和恶》等；政治学方面有《政治学》《雅典政制》等；动物学方面有《动物志》《动物的器官》《动物的运动》等。下面按学科分类简要介绍亚里士多德的代表性作品和思想。

1. 逻辑学

亚里士多德有关逻辑学方面的第一部代表作是《范畴篇》。该篇主要是对表述"是"（being，也译为"存在"）的词项作概括性分类和意义分析，通过阐述名实关系和主词与谓词的关系，以及相应的谓词对象与主词

对象的关系，确立起范畴分类标准，并以本体为中心，进而剖析"是"的主要规定方面，以及关于"是"的十个范畴，即本体主范畴和九个属性方面的次范畴（本质、数量、性质、关系、地点、时间、状态、所有、主动、被动）。亚里士多德认为，哲学的任务是要说明和解释现实世界，故应当从现实的具体事物出发，不能从抽象的原理出发。他明确指出，具体的个别事物才是第一本体，抽象的"种"和"属"只能是第二本体，这便把哲学的基本立足点从柏拉图的相论那里改变过来。他从经验事实中概括出表述"是"的核心即本体和它的诸方面属性的范畴系列，逐一作出严密的意义解释，体现了强烈的科学理性和逻辑分析精神，因而为具体的科学研究提供了极其实用的初步工具。

《论题篇》则被看作亚里士多德的系统逻辑理论开始形成的标志性作品。在该篇中，他细述了在探究意见与知识的论辩中，如何进行合理和正确的立论及驳论。他首先着眼于人们探求意见和获取知识的思想活动，从语义分析的层面研究正确和错误的论辩与推理，以后才转入形式化层面，研究命题与推理的形式结构和形式化的推理系统。他先是引申和发挥自己的范畴学说，建立一种作为古代语义分析的逻辑理论的"四谓词"和"辩证法"学说，在此基础上才转向形式化研究。

更重要的是，亚里士多德在《解释篇》和《前分析篇》中，从形式结构的层面系统研究了命题和推理。亚里士多德深知，解释命题是探究推理结构的必要准备。于是，他通过主项和谓项的量化及引入变元，来探讨演绎推理中前提和结构所具有的逻辑必然联系，从而创建了比较严密的三段论（Syllogism）系统。三段论学说是亚里士多德的成熟的逻辑理论，它奠定了亚里士多德作为形式逻辑创立者的地位。三段论学说是希腊古典科学理性自觉反思人类逻辑思维所结出的辉煌成果，它为构建科学知识体系提供了坚实有效的思想工具；它促进了科学知识系统化，提高了人类理性思维的能力，确立了西方逻辑学发展的长远路径和方向。

2. 哲学

如上所述，亚里士多德开始把研究对象进行分类，于是发展出各种专门的学科门类，其中为了单纯求真的目的而研究事物本体和属性等思辨性知识的被称作真正意义上的哲学，即"第一哲学"（后人称作"形而上学");而研究自然界运动变化的一般性知识的被称作第二哲学(后人称作"自然哲学")。为了方便叙述,我们把这两类哲学合并一起介绍。

(1) 四因说。在《物理学》中,亚里士多德提出事物生成变化存在着四种原因:①质料因,指事物是由什么东西构成的;②形式因,指事物的本质结构;③动力因,指促使一定的质料取得一定的形式结构的力量;④目的因,指事物所要达到的目的。他后来又将四因归结为二因:形式因和质料因,即可以将动力因和目的因归到形式因之内,组成事物的本质。他强调形式和质料是不可分离的,不存在无质料的形式,也不存在无形式的质料,该观点明显具有唯物主义和辩证法的因素。不过,他又认为质料是消极被动的,形式是积极主动的,形式与质料是支配与被支配的关系,并认为任何事物的本性不在于质料,而在于形式;他还提出存在没有任何形式的"纯粹质料"和没有任何质料的"纯粹形式",这显然具有唯心主义的倾向。

(2) 运动论。《物理学》的主体部分是论述运动。什么是运动?亚里士多德认为,运动就是潜能的事物作为潜在者的实现。他进一步解释道:"能推动的东西作为能推动者、能被推动的东西作为能被推动者,它的实现就是运动。"在亚里士多德看来,运动是连续的和无限可分的,它存在于特定的时间和空间范围之内。这种较为辩证的运动观与巴门尼德的静止观形成了鲜明的对照。亚里士多德还把运动分成三类:性质方面的运动、数量方面的运动和空间方面的运动,并分别对之作出详细的分析。

(3) 动物与人类的灵魂。亚里士多德在《动物志》和《论灵魂》等作品中用类似于动物学和人类学的方式探讨了动物与人类的解剖结构、生活习性及灵魂属性等问题。亚里士多德指出:就像动物与植物之间存在着"动植物间体"一样,人与其他动物之间并不存在不可逾越的鸿沟,人不过是动物的自然延续。可见他已经具有了某种生物进化论的思想萌芽。他首先详细地分析了人体结构、人的繁殖、人的群居生活及人的语言和理性能力等方面的状况。他接着探讨了灵魂的种类,认为灵魂可以分为三类:第一类是带有营养和生殖功能的灵魂,这是动物、植物和人共有的灵魂;第二类是带有感觉功能的灵魂,这是动物和人共有,而植物所没有的灵魂;第三类是带有理性功能的灵魂,这是人所特有、动植物所没有的灵魂。最后他集中论述了人的灵魂的特性。在他看来，灵魂的营养功能和生殖功能与肉体是不可分割的，肉体死亡了，这些功能也就消失了；灵魂的感性功能也是依存于动物和人的感觉器官的；即使是理性的灵魂，其中的一部分也是依存于肉体的，只有积极理性才有可能脱离肉体而单独存在。这一观点与柏拉图的灵魂说大异其趣。

（4）本体论。如上所述，亚里士多德是最早划分学科体系的人。他在《形而上学》一书中指出：所有各种学问包括哲学在内都是研究"是的东西"的，但其他学问都只切取"是的东西"的某一部分作为其研究对象，只有哲学是以整个"是"作为研究的对象。也就是说，哲学所研究的是单纯的和未分化的"作为是的是"（to on hei on），而其他特殊学科则研究已分化为某种特殊内容的"是"，故哲学与其他特殊学科的关系是普遍与特殊的关系。如此一来，哲学就成了专门探究世界本原和本质的纯理论科学，后人将其称作"形而上学"（Meta-physics）或"本体论"（Ontology）。亚里士多德的本体论内容相当丰富庞杂，其中包括本体和本质、形式和质料、潜能和现实、本原和原因等概念的具体界定和讨论。值得注意的是，亚里士多德的形而上学常常涉及作为正确思维工具的逻辑学领域，例如他的有关形式逻辑三大基本规律（矛盾律、排中律和同一律），主要是在《形而上学》一书中得到系统阐发的。

（5）第一推动者和神。亚里士多德认为，促使事物生灭和发展变化的推动力可以分为直接推动者与非直接推动者两类。例如一个人用棍棒撬动石头，棍棒是直接推动者，操控棍棒的人则是非直接推动者。在这里，直接推动者（棍棒）总是与被推动者（石头）直接接触，而人虽然不需要与被推动者直接接触，他却是整个过程的真正谋划者和最终动因。根据这一道理，亚里士多德推衍出万事万物存在着一个最终的动因即第一推动者。在他看来，凡运动的东西都是不完善的，但一切运动的目的必定是神圣的；不完善的东西都要追求完善，唯有不动的推动者才是最后的动因，即万物的终极原因，它是完全的现实，是神圣的本体。于是，亚里士多德的哲学便开始涉及神学的领域。

亚里士多德所说的神，并不是纯宗教意义上的人格神，而是一种理性神。也就是说，在他看来，理性（nous）就是神。这样的神具有如下特性：①理性神是永恒的，它没有生成和消灭，是万物运动的原因，是不动的推动者。②理性神只能以自身为对象，因为它所想的乃是纯粹的形式和本质，是完全的现实性，不带有质料和潜能。③理性神也只能以自身为目的。因为理性是最好最尊贵的，它是善和至善，因此是思想和愿望的对象，也是万物追求的最后目的。④永恒的运动只能是圆形的运动，理性神正是通过天体的圆形运动推动了万物，成为万物的动力因和目的因。⑤既然理性只能以其自身为对象，在其对象中便是不带有任何质料的，故理性神是纯粹的现实性，没有任何潜能。于是，形式与质料、现实与潜能就被完全割裂开来，理性神便成为一个分离的和独立自足的本体，与现实世界完全隔绝。

3. 伦理学

亚里士多德是第一个将研究人的行为规范及道德的哲学定名为"伦理学"的人，他最具代表性的伦理学著作是《尼各马科伦理学》。下面将以它为依据简要介绍亚里士多德的伦理思想。

首先，亚里士多德探讨了伦理学与政治学的关系。在亚里士多德看来，人的道德最初是接受了自然赋予的能力的，这种能力有变好和变坏的可能，因此必须在实践中培养训练，养成良好的习惯，道德才能完善。亚里士多德继承了苏格拉底和柏拉图的传统，认为个人应当服从群体，城邦的善比个人的善更大更完满，只有城邦得到很好的治理，才能实现最高的善。故在亚里士多德的心目中，伦理学不过是政治学的一个部分，政治学应当高于伦理学。他同时又认为，尽管最高的善只能在城邦活动中才可获得并得到完满，可是它又必须从个人的品德开始，只有个人是善的，城邦才会是善的。

接着，亚里士多德对个人道德行为的渊源及其相关的社会责任进行了系统的论述。他认为，个人的伦理品德既不是情感和欲望，也不是能力，而是灵魂的状态和习惯，是行为规范性的品质；伦理品德的特点就是要在行为中避免过度和不足，即实现一种中道，而这又是要在自愿和谨慎选择的基础上才能达到，故这是一种有目的性的意志活动过程。在他看来，各种品德的活动都是自愿的，或者说都是由自己那服从理性支配的意志决定的，因为无论行善还是作恶，人总是自己的主宰。他认为，决定人们行为的，除了知识，还有情感和愿望，而愿望是有目的性的；我们可以去做高尚的事情而不做丑恶的事情，也可以去做丑恶的事情而不做高尚的事情，行为可以是善的也可以是恶的，做一个善良的人还是邪恶的人是由自己决定的。因此，一个人最终还是要为自己的行为负责。凡是由自己造成的恶，无论是身体的或是灵魂的，都应受到责备，只有自己无能为力的事情才可以不受责备。如此一来，惩恶赏善的法律就显得至关重要，守法应当被看作正义，违法应当被看作不正义。这与苏格拉底有关德行就是知识和没有人自愿作恶的观点截然不同。

亚里士多德还对当时希腊世界所普遍称颂的几种美德进行了具体分析。他在谈及勇敢时指出：死亡本身属于自然的界限，无所谓善和恶；故不能说所有不怕死的行为都是勇敢，如直面海难和疾病就不能叫勇敢，只有在正义战争中不怕牺牲才算真勇敢。他认为，节制主要是指对灵魂中的非理性部分——情感和欲望要加以控制，让它们不要超出理性所许可的范围；正义就是守法和公平，不正义就是不守法和不公平；真正的友爱总是以善为目的的，即希望对方过得好。他在论述智慧时，特别对快乐与幸福的关系作出了梳理。在他看来，幸福与善是同质的，幸福只有善没有恶，它甚至是最高的善；而快乐作为享受生活的一种方式，却有好有坏，好的快乐属于善，坏的快乐属于恶；幸福是最高尚的快乐，但快乐未必就是幸福。亚里士多德在概述了各种不同层次的幸福之后断言：由于思辨活动是神的活动，因此它是最高的幸福。

4. 政治学

政治学作为一门独立学科的地位，也是亚里士多德最早确立的。亚里士多德的政治学思想，集中体现在其《政治学》一书上。据说亚里士多德在吕克昂学院时，曾派遣其弟子分赴希腊各城邦调查其政治制度及其利弊得失，共获调查报告 158 种，《政治学》一书正是以这些报告为一手材料的最终研究成果。这些原始报告绝大多数已经佚失，唯一存世的一种是 19 世纪 80 年代被发现的《雅典政制》。

（1）个人的完善只有在城邦生活中才能实现。亚里士多德指出：城邦都是人的共同体，而任何共同体的建立都是为了到达某种善，因为人的行为都是以他认为的善为目的的。城邦是一切共同体当中最高级别的共同体，因此它是以最高的善为目的的。与其他群居动物比较，人更是政治的动物，因为人是唯一能说话的动物。其他动物只能通过发出声音来表达含糊的感情，只有人可以借助说话来表达苦乐、是非、正义和不正义等确切的感情。人的特点就是能分别善与恶、正义与非正义，而家庭和城邦正是这类特殊生物的集合体。亚里士多德得出结论说：城邦是整体，个人是部分，离开了社会，个人不能独立自足地生活，故个人的完善只有在城邦生活中才有可能；城邦是用法律和正义将人们联系在一起的，人只有遵守法律和正义才能达到完善的目的。

（2）中产者是最出色的城邦治理者。亚里士多德认为，只有由中产者组成的城邦才能得到出色的治理，也才最符合城邦的自然本性。中产者是最安分守己的阶级，他们既不像穷人那样图谋富人的财富，也不像富人那样觊觎非分的权势，他们不想算计别人，也不会自相残杀，由他们掌权的城邦最为平安稳定。在中产者强大到超过富人与穷人这两个极端势力时，就可以防止政权向极端方向转变。只有合乎中道的政体才可以排除党派之争，凡是中产者庞大的地方都较少党争。大邦比小邦更少党争，因为在大邦里中产者人数较多，而小邦的公民往往不是富人就是穷人，中产者势微力薄，故经常发生党争。

（3）最理想的政体是共和制。亚里士多德不像柏拉图那样一心追求高不可攀的和无法实现的政治理想，他立足于社会现实，寻求在实际条件下有可能实现的最好的政治制度。他把既往存在过的城邦政体概括为三类二组：第一组为常态政体，包括君主制、贵族制、共和制；第二组为变态政体，包括僭主制、寡头制、民主制。常态政体与变态政体的根本差别在于执政者守法与否：当执政者按法律施政时，就会出现常态政体；当执政者不按法律而按个人意愿施政时，常态政体就会蜕变为相应的变态政体。亚里士多德认为，在他的那个时代里，已经不存在真正的常态政体，展现在他面前的现实政体都是不同形式的变态政体。他自己比较倾向于共和制。他希望借助改善政权结构和教育等手段去维持一个以法治和中道为基础的共和制城邦，在这种城邦里，议事、行政和司法权力相对分离，人口和疆域被限制在一定的规模之内，公民有一定的素质，等级划分和土地分配有一定的章法，等等。

三、亚里士多德的历史影响

1. 古代

亚里士多德死后，他的学生大多致力于各个专门学科的具体研究，作为形而上学的哲学开始受到冷落。公元前3世纪上半叶，埃及国王托勒密二世将吕克昂学院的藏书收购运往亚历山大里亚城，该城遂取代了雅典的地位，发展成为新的文化中心。此时的吕克昂学院把研究重点转移到了伦理学、逻辑学和修辞学，希腊化和罗马时代的各种哲学流派都广泛利用亚里士多德学派在这些方面的研究成果。例如斯多亚学派接受亚里士多德逻辑理论的影响，怀疑论者也充分吸收亚里士多德的辩证论证形式，连伊壁鸠鲁学派也在某些观点上接近亚里士多德。

从公元前1世纪末至公元2世纪初，对亚里士多德哲学的研究留下了一段空白。公元2世纪中叶至末叶，出现了一些对亚里士多德作品的注释，但影响不大。在公元3世纪崛起的新柏拉图主义中，充满着亚里士多德思想的影响，普罗提诺的弟子波菲利及再传弟子杨布里丘均对亚里士多德的著作做过注释。

2. 中世纪

进入中世纪以后，由于政治动荡和东西方的隔绝，亚里士多德的著作在西方几乎绝迹。希腊哲学只是在东方的拜占庭，并经由叙利亚和阿拉伯得以保存和延续，然后于12世纪进入西班牙，重新开始在西方传播。

公元6世纪初，罗马人波伊修斯将亚里士多德的逻辑学著作从希腊文翻译成拉丁文，他是最后一位通晓希腊文的罗马学者。与此同时，小亚细亚人辛普里丘在亚历山大里亚注释了亚里士多德的部分著作；涅斯托利派神父塞尔吉乌斯用古叙利亚文翻译亚里士多德著作。公元9世纪初，阿拔斯王朝的哈里发马蒙发起翻译运动，他鼓励和支持学者前往拜占庭和塞浦路斯搜集古希腊罗马抄本，并投入大量人力、物力组织翻译研究，其中亚里士多德作品受到了特别的重视。当时最有名的翻译家侯赛因把亚里士多德的几十部著作翻译成阿拉伯文。

公元10世纪末至11世纪初，著名阿拉伯医生阿维森纳（伊本·西拿）以一种柏拉图主义的倾向对亚里士多德的著作做了全面的注释，由此形成了阿拉伯世界的"东部亚里士多德主义"；12世纪中后期，出生于西班牙的阿拉伯学者阿威罗伊（伊本·路西德）用一种忠于原著的精神注释了亚里士多德的绝大部分作品，因而成就了阿拉伯世界的"西部亚里士多德主义"。中世纪西欧以奥古斯丁神学为正统，奥古斯丁神学糅合了基督教信条与柏拉图主义；可是与此同时，西欧修道院及教会学校所使用的教材却是亚里士多德的工具论诸书。

从12世纪起，亚里士多德的著作通过两条通道传入西方：一条是通过诺曼人统治下的西西里岛，另一条是通过阿拉伯人统治下的西班牙。正是因为有了这些传播途径，中世纪后期的经院哲学才充斥着浓烈的亚里士多德的思辨精神。亚里士多德思想从12世纪末开始在西方广泛传播，与当时大学的成长也有密切关系。亚里士多德的逻辑学著作早已被大学用作教材，他的其他作品也被师生广泛阅读，甚至一些神学院的师生也热衷于亚里士多德的思想。这在当时形成了一股冲击教会神学的强劲力量，故从13世纪开始，教会一再以各种方式阻挠亚里士多德思想的传播，宣布禁止其作品的流传。

不过，亚里士多德思想最终还是在正统神学内部找到了突破口。某些较有远见的神学家开始主张改造和吸收亚里士多德思想，以便建立一种较有弹性的基督教神学，托马斯·阿奎那就是该主张的倡导者和实践者。阿奎那发现亚里士多德的哲学可以为基督教神学服务，用其目的因和第一推动者的学说证明上帝的存在。他创造了一个以亚里士多德哲学为理论基础的神学体系，代替旧的奥古斯丁以柏拉图哲学为理论基础的神学体系。奥古斯丁主义混淆哲学和神学，将哲学当作神学的附庸，理性只能是信仰的驯服工具。阿奎那则将哲学和神学区分开来，承认理性也能认识真理；但他也反对激进的阿威罗伊主义，反对将哲学和神学绝对分离。他认为神学来源于信仰之光，哲学来源于理性之光；他虽然承认哲学有独立性，但又认为人的理性是不完善的，最后只能依靠对上帝的爱，依靠天启和信仰才能达到最高的智慧。这就是所谓的"托马斯主义"。罗马教廷逐渐意识到托马斯主义对于维护基督教神学的巨大作用，遂最终把其确定为教会正统，亚里士多德思想于是摇身一变，由受压制者变成受追捧的对象。从此教会立下一条规矩：神圣的知识不能超越《圣经》，世俗的知识不能超越亚里士多德思想。

3. 文艺复兴时代

托马斯主义只是片面地吸收了亚里士多德思想，其结果是造成了正统神学的僵化和保守。在文艺复兴的初期，许多人文主义者纷纷重新转向柏拉图主义，企图通过它来改变亚里士多德过于呆板的论证套路和思想方式。实际上，亚里士多德对于经验事实和归纳逻辑，与对于演绎推理一样重视，只是他的前一种思想被经院哲学家阉割掉了。因此到了文艺复兴后期，随着实证的自然科学研究的兴起，人们逐渐发现亚里士多德的归纳逻辑与形式逻辑都是不可或缺的，于是，一个比较全面的亚里士多德形象才日益显现出来。

参考文献

[1] 汪子嵩，等. 希腊哲学史（第 3 卷）[M]. 北京：人民出版社，1997.

[2] 罗素. 西方哲学史（上卷）[M]. 何兆武，李约瑟，译. 北京：商务印书馆，1963.

[3] 苗力田. 亚里士多德全集（全十卷）[M]. 北京：中国人民大学出版社，1990.

[4] A Edel. *Aristotle and His Philosophy* [M]. London：The University of North London，1996.

[5] G K Chesterton. *Saint Thomas of Aquinas* [J]. Image，1974.

[6] John I Jenkins. *Knowledge and Faith in Thomas Aquinas* [M]. Cambridge：Cambridge University Press，1997.

第10讲 希腊化和罗马帝国时期的思想

希腊化和罗马帝国时期，是东西方思想文化大交汇的时期。从字面上看，"希腊化（Hellenism）"指的是希腊文化超出了希腊世界原有的地域范围，开始向地中海四周更广泛的区域扩展。不过这样的理解仍是片面的，因为在非希腊地区进行"希腊化"的同时，希腊地区也开始接受非希腊地区，特别是东方地区的文化的影响，故就文化渗透而言，"希腊化"不仅是双向互动的，而且是多边交织的。

希腊化的结束与罗马帝国的建立相衔接。从东西方文化交融和思想特质的角度看，罗马帝国无疑是希腊化的自然延续。在这长达700余年的时间（公元前334年至公元476年）里，地中海区域的学术中心逐渐由雅典扩散到了亚历山大里亚城和罗马城，时代精神由集体主义转向个人主义，学术兴趣由本体论转向了伦理哲学，哲学家们对求真失去了兴趣，他们开始热衷于求善。当时最有影响力的三个哲学学派是：伊壁鸠鲁学派、斯多亚学派及怀疑派。

一、伊壁鸠鲁学派

伊壁鸠鲁学派是希腊化和罗马帝国时代最彻底的一个唯物主义哲学学派，它虽然受到了来自各方的激烈非议和抨击，可是它却吸引了众多的信徒，在历史上留下了深远的影响。

1. 伊壁鸠鲁的生平事迹

伊壁鸠鲁于公元前341年左右出生于小亚细亚的萨摩斯岛，他出身贫贱，父亲是一名乡村语文教师，母亲是一名推销员。年轻时曾前往雅典服兵役，两年后离开雅典回到了小亚细亚的科洛丰，在那里生活了10年。在此期间，他师从许多不同的哲学家，其中包括柏拉图派哲学家、原子论派哲学家及怀疑论派哲学家。然后，他又到了小亚细亚西北部的兰普萨库斯居住了5年，在那里逐渐形成了自己的学派，开始拥有了许多支持者。公元前306年，35岁的伊壁鸠鲁重返雅典，并在雅典城郊一个被称作"花园"的地方开班讲学，与其他学派分庭抗礼。

伊壁鸠鲁的研究和讲学活动一开始就遭受来自多方的攻击，人们嘲笑他的出身低微，批评他的文章不符合学术规范，并指责他有剽窃他人成果之嫌。对于这些攻击，伊壁鸠鲁反唇相讥，他以更加尖锐的语言回敬所有获得既定利益的传统哲学流派。

实际上，伊壁鸠鲁学派作为一个整体都是当时学界集中攻击的目标。因为这个学派与当时整个希腊哲学传统格格不入：它是一个极端独断的哲学流派，它不讲自由讨论和自由思想，它所强调的是背诵，是牢记老师的基本教义。因此有人认为，伊壁鸠鲁哲学似乎不像是哲学，而更像是宗教。

更令人匪夷所思的是，伊壁鸠鲁一方面教导说，死亡就是湮灭，就是物质形态的彻底改变；另一方面却在自己的遗嘱中仔细安排后人纪念自己及亲友的生日。

伊壁鸠鲁是一位勤于著述的人，据说他写的书多达300种，可惜均已佚失。目前遗留下来的作品主要是以书信形式出现的三篇专题文章：第一篇涉及物理学，第二篇涉及天象学，第三篇涉及人生哲学。除了这三篇书信体文章之外，伊壁鸠鲁的其他三种哲学格言也被保存了下来：《贤人论》《基本要理》及《遗嘱》。

2. 伊壁鸠鲁的主要思想

伊壁鸠鲁哲学不是纯粹的理论，而是生活的指导。他强调哲学的责任是实践性的和救世的，是对生活的关心，是心灵和肉体痛苦的免除。他用一种宗教式的独断方式为人们提供踏实的内在自由，故这种哲学并非简单的自然哲学,更不是简单的快乐主义,而是解决人们实际问题的本体治疗的哲学。

(1)感觉论。伊壁鸠鲁的认识论的基本特征就是特别强调感觉经验的重要性。在他看来,感觉经验首先是衡量明白层次的事物的知识的真假标准,其次是发现和论证不明白层次的真理的依据;感性是唯一自明的东西,即不再需要证明的东西,有了这样的自明的东西为基础,才能进一步推理和解决更深层次的问题。伊壁鸠鲁这种经验主义的感性论对于希腊长期以来的反经验论传统是一种公然的背叛,它也与以理性主义著称的德谟克里特哲学划清了界限。

(2)原子论。虽然在认识论上伊壁鸠鲁与德谟克里特有着本质差别,不过在本体论上他却传承和发展了后者的原子论思想。伊壁鸠鲁的原子论思想包括如下基本观点:① 没有物体是无中生有的,也没有物体会从有变为无;② 宇宙由物体和虚空构成,而物体则是原子及其构成物;③ 原子在数量上是无数的,其空间也是无限延展的;④ 原子是不断运动的;⑤ 宇宙是无限的,宇宙中所包含的世界数量无限多;⑥ 世界的形状并非美好的圆形,而是多种多样和奇形怪状的。伊壁鸠鲁的原子论虽然总体来说是一种经验论哲学,但它绝非一般人想象的"常识",它完全靠思辨和类比,深入到经验背后的非感性领域中,完整而又系统地论证了一个"本质世界",使自然哲学的这一路线走到了其逻辑上的最高点。这种原子论具有很强烈的思辨性,它在没有任何实验仪器帮助的情况下,沿着与今天的量子力学十分相似的基本思考方向去探索物质世界的奥秘。

(3)由特殊原子构成的灵魂和神。伊壁鸠鲁认为,灵魂也是由原子构成的,构成灵魂的原子有四种:其中头三种原子分别类似于火、空气和风,它们遍布于人的全身,因此可以分别解释各种不同的身体状况;第四种原子是无名的和最精细的原子,它被认为是一种高级的灵魂要素即"心灵",存在于人的胸腔里,发挥着理性的作用,由于此部分灵魂要素支配人的思考,故人能够通过理性的审慎思考而超越感性的快乐追求和痛苦折磨。既然灵魂也是由原子所构成,它就不可能是不朽的,不可能在人死后持续存在,更不可能轮回转世。伊壁鸠鲁学派用其特有的灵魂说告诉人们,人不是本体,只是原子的暂时集合,故终究要死;死作为一种原子离散的过程，本身没有什么特别可怕之处，故不必刻意躲避。

伊壁鸠鲁并不是无神论者，不过他所理解的神，是由极为精微的原子构成的。神与人一样有形体，在形状上也与人相仿，可是它们没有人一样的感觉和欲望，因为如果神也有人的感觉和欲望，就无法完全不动心。构成灵魂的原子比构成其他物质的原子更精细，而构成神的原子则比构成灵魂的原子还要精细。神是幸福和不朽的最高存在，它们住在诸世界之间，而不住在世界之中，因此决不会关心世界中的事情。

（4）豁达的人生观。伊壁鸠鲁哲学的最终落脚点，就是要消除各种不安全感所带来的灵与肉的痛苦及恐惧，引导人们获得心灵宁静的幸福。伊壁鸠鲁认为，对于死亡的恐惧是人的最大的不安全感，解决该问题的手段是自然哲学的还原论：人所恐惧的必须是能被感受到的东西，人的感觉仅仅存在于人活着的时候；死意味着原子组合体的分解和感觉的丧失，作为感觉之一的恐惧感自然也随之消失殆尽。在伊壁鸠鲁看来，人生的目的就是获得心灵宁静，心灵宁静体现为快乐；希腊人所追求的智慧、自制、勇敢、正义等美德，实际上都是达致快乐的工具和手段。伊壁鸠鲁还断言，政治上的争名夺利不但没能带来真正的快乐，反倒引来诸多的痛苦，故有智慧的人不会选择投身政治生活。这一主张从根本上颠覆了古典的政治价值观，被认为是近代自由主义的滥觞。

3. 卢克莱修的《物性论》

卢克莱修是伊壁鸠鲁原子论的最出色的继承者和宣传者。他是活跃于公元前1世纪期间的罗马人，其出身背景不详。他的哲理长诗《物性论》（*On Nature*）全面而系统地阐发了原子论思想，在伊壁鸠鲁作品大量佚失的情况下，这部诗作成为人们了解原子论细节的唯一一部完整的作品。

《物性论》全诗六卷，每卷千余行，用抑扬六步格写成。在诗中，卢克莱修几乎把伊壁鸠鲁当作神来崇拜。有研究者认为，这部长诗亦步亦趋地遵循伊壁鸠鲁的论证，在理论上没有丝毫越轨之处。两者的差别就在于：如果说伊壁鸠鲁的作品极为简略和抽象，那么卢克莱修的诗作便展现了一个详尽、丰富和感性的天地。《物性论》所论证的原子论思想要点如下：①世界上只存在着原子和虚空，万物皆由原子构成；②物质灭亡后分解成原先构成它们的原子；③原子是小得看不见的和不能再分的物质微粒；④原子有重量和形式的区别；⑤原子是不生不灭的，不过它们所合成的事物却无休止地产生着和灭亡着；⑥原子在虚空中作永恒的运动，其运动形式有三种——由原子自身重量所产生的垂直向下的运动、原子下降时自动发生的偏斜运动、原子互相撞击的运动。

卢克莱修坚持伊壁鸠鲁的认识论，重视感性认识的作用。他和伊壁鸠鲁一样，根据原子运动的偏斜学说，论证了自由意志的存在，反对斯多亚学派的宿命论。他也认为灵魂和神均由原子构成；灵魂与肉体不可分割地结合在一起，二者同时产生，同时消亡；死只是结合成人的那些原子的分散，正如生是一些原子的结合那样；没有死就没有生，他劝告人们以开明的态度对待死亡。他要人们相信，天体的运转不是出于神灵的计划和它们自己的自由意志，因此与人间的祸福毫无关系。他用自然原因解释自然灾害和自然现象。他断言，人的幸福就是身体的无痛苦和精神的无纷扰，物质的享受应当以满足生命的自然需要为度。他嘲笑人们对权力和财富无止境的追求，指出黄金和紫袍无益于身体。他主张随俗地参加宗教仪式，但切不可让对神的恐惧扰乱了自己心境的平静。

在普遍相信灵魂不朽的古代和中世纪社会，主张灵魂必死的伊壁鸠鲁主义必然要受到压制。故它的短暂盛行只能表明正常社会秩序的间歇性破坏和人类道德的周期性堕落，当它成为社会主流思想时，人类的苦难不独不会减少，反倒会成倍增加。

二、斯多亚学派

斯多亚学派的哲学，是希腊化和罗马帝国时代持续时间最为长久、影响最为广泛的主流哲学，该哲学体系的形成过程和思想倾向都有其独特之处。如果说，伊壁鸠鲁主义是一种首尾较为一贯的哲学学说，那么，斯多亚学派便是随着时间的推移而不断发生变化的思想体系。

1. 斯多亚学派的建立、发展及主要代表人物

按传统做法，斯多亚学派的发展过程可以划分为早期、中期及晚期三个阶段。

（1）早期斯多亚学派。斯多亚学派的创建者是芝诺（Zeno of Citium

of Cyprus，公元前 334—公元前 262 年）。芝诺来自于塞浦路斯的西提乌姆，其早年生平不详。公元前 312 年左右，芝诺来到雅典，先是投靠在犬儒学派门下。后又自立门户，在雅典广场北端古王宫的柱廊之下开班讲学，由此形成自己的哲学学派。由于芝诺尊苏格拉底为本派祖师，故他称自己的学派为"苏格拉底派"。后人因该派发起于柱廊，习称其为"斯多亚派"（希腊语 Stoic，意为"柱廊"）。芝诺在其第一部哲学著作《理想国》中，展现了一个与柏拉图完全不同的理性国，这样的国度包括了整个世界，而非某个希腊城邦，可见他的思想已经具有世界主义的倾向；书中还对当时古典社会的世俗价值及其体制代表如神庙、法庭、币制、男女服装区别、传统教育及婚姻等，展开了彻底的批判。此外，芝诺还撰写了《论遵照自然的生活》《论冲动》《论情绪》《论责任》《论法律》《论希腊教育》《论荷马问题》等近 20 种作品。芝诺生前就已享有盛誉，据说当时的马其顿王曾多次拜访他，并邀请他到宫廷里任职，但均受到了拒绝。在他死后，他的母邦为他塑像，雅典则授予其金冠和城邦钥匙，并用公款为其建墓。

芝诺与其弟子阿里斯顿及克里西普斯等人一道成为早期斯多亚学派的代表人物。该阶段的斯多亚学派思想的主要特点是：将哲学分为逻辑学、自然哲学和伦理学三个部分，其中伦理学被看作哲学的目的与核心，逻辑学和自然哲学则是研究伦理学的主要路径。此时的斯多亚学说具有明显的唯物主义倾向。

（2）中期斯多亚学派。从公元前 2 世纪起，斯多亚主义进入中期阶段，主要代表人物有巴奈修及其弟子波西多纽。巴奈修出生于罗德岛，年轻时曾在帕伽马和雅典等地研习斯多亚学派的思想，后来成为该学派继承人。巴奈修更加接受现实世界，其伦理学的重点也从圣贤理想转向普通人。巴奈修的学生波西多纽出生于叙利亚，他先是跟巴奈修学哲学，后移居罗德岛教哲学。波西多纽兴趣广泛，不仅对斯多亚哲学，而且对历史、地理、天文、生物学及人类学都有贡献。他对斯多亚理论的重要发展，是用柏拉图的三分法心理学代替克里西普斯对于激情的唯智主义分析法。

巴奈修和波西多纽共同将斯多亚思想传入罗马，并适应罗马的历史环境和条件，开始逐渐抛弃早期斯多亚主义中的唯物主义因素，使自己的学说带上了某种折中主义和唯心主义的倾向。芝诺等人所秉承的苏格拉底式的怀疑精神已经消退，取而代之的是柏拉图学园派的理念论和论断式的研究方法。相比之下，中期斯多亚学派的影响力不如早期和晚期斯多亚派。

（3）晚期斯多亚学派。公元1—2世纪，随着罗马帝国的确立和繁荣，斯多亚主义进入晚期阶段，此阶段的斯多亚主义亦称作"新斯多亚主义"或"罗马斯多亚主义"，主要代表人物有塞涅卡、艾比克泰德及马可·奥勒略。塞涅卡出生于西班牙的一个罗马官员家庭，幼年时曾在罗马学习修辞学，从小具有哲学气质。可是命运却让他走上了从政的道路，从此他厄运连连。他侍奉过提比略、卡利古拉、克劳狄乌斯及尼禄等四位皇帝，其间险象环生，他多次从这些暴君的阴谋陷阱下侥幸逃生。他最终成为尼禄皇帝的准摄政和帝王师，权倾一世，可是在短暂而令人眩晕的仕途急速攀顶之时，却招致尼禄的极度嫉恨，塞涅卡赶紧主动请求交出巨大的财富，准备退隐归田，却被断然拒绝。几年后，尼禄找到借口赐其自尽。塞涅卡留下了《论生命的短暂》《论心灵的宁静》及《论闲暇》等作品。他把愤怒和悲伤视作是激情类疾病中最重大的两种，他的作品正是针对这两种疾病所提出的治疗方案。此外，他认为对自己价值的否定或所谓的失败感也是人类重大疾病之一。在他看来，人们之所以在尘世之中疲于奔命，大多是对自己的决定没有真正的信念，听从各种外在评判的摆布，这样的一生到头来毫无价值。

艾比克泰德曾是罗马的一名奴隶，后获释为自由人。在研习了一段时期的斯多亚哲学后，他成了一名哲学教师。最后他从罗马迁往尼格坡里斯，在那里主持一座哲学学校，直至辞世。艾比克泰德是一位典型的穷人哲学家，据说他的"财产"只包括一床被子和一盏铁质油灯，后来油灯被小偷偷走，他只好换上一盏泥质油灯。他没有撰述，不过他的学生根据他的授课内容，编辑了一部名叫《哲学谈话录》的集子。从此书看，艾比克泰德的精神境界中存在着一种对自由的高贵认识，他认为一个真正的自由人，必须牢牢掌控自己的内心情感，蔑视一切外在事物，并衷心服从、接受和感戴"神明"的安排。艾比克泰德仿效苏格拉底，把重心放在伦理实践和人格修养上。艾比克泰德的思想在公元1—2世纪的罗马世界影响巨大,据说当时他的名气甚至超过了柏拉图。

马可·奥勒略是公元2世纪中后期的罗马皇帝,他在征战之余,撰写了日记式哲学作品《沉思录》。该作品篇幅不大,其基本精神是宣扬一种严以律己、宽以待人的斯多亚哲学。奥勒略没有提及塞涅卡,不过他对艾比克泰德则公开表达了仰慕之情。他没有艾比克泰德的那种严苛和自信,却表现出更多谦卑和宽厚的气质。

晚期的斯多亚主义者彻底抛弃了早期斯多亚主义中的唯物主义因素,宿命论、神秘主义和禁欲主义得到了弘扬,伦理问题成为集中讨论的中心问题,对神意和不可避免的命运的无条件服从成为主旋律;与此同时,苏格拉底式的怀疑主义重新抬头,柏拉图的论断式方法遭到了唾弃。晚期斯多亚主义在罗马官方意识形态中占有举足轻重的地位,因此也在一定程度上引领着时代的思想潮流。

2. 斯多亚学派的基本思想

(1) 如何成为一名贤哲。斯多亚学派以其思想体系的包罗万象著称。由于它试图包容的东西太多,造成了其内部的悖论丛生。例如,它一方面相信自然决定的都是好的和和谐的;另一方面又强调人类生活环境中的灾难性和邪恶性的普遍存在,从而强调人的自由意志抵抗灾难的价值。这种"自由意志"的存在显然与自然的彻底决定性作用是相冲突的。又如,它一方面强调人的理性特征,反对怀疑论,肯定人能够把握确定的真理;另一方面又强调没有一个人是真正理性的,不存在一种智慧的人。在伦理学领域,斯多亚学派也摇摆于悲观与乐观之间。一方面,它强调自然安排的一切都是美好的,比如在所有的动物中,自然仅仅把理性赋予人,使人成为万物的主人;另一方面,它又认定人比动物还要坏,真正意义上的"坏"(即道德上的邪恶)只出现在人的身上。

面对这些悖论,斯多亚学派哲学家自有自己的解释。他们否认悖论的实际存在,认为自己的哲学体系具有内在的一致性,这种一致性既来自于整个宇宙理性的一体性和个人与宇宙之间的内在关联性,也来自于宇宙内在因果关系与理性的逻辑关系的一致性。在斯多亚哲学家看来,宇宙体系是可以作出合理解释的,因为它本身就是一个合乎理性而组织起来的系统。人类个体就像其他万事万物一样,都是世界的一部分,故宇宙的事件与人类行动是按照同一种秩序发生的,从最终的意义上讲,它们都是理性的产物。一个人如果充分理解了这种关系,就会自愿使自己的行为方式完全符合他所处的最佳状态的人类理性——亦即宇宙理性。理性由于自愿与自然一致而保持其最佳状态,达到这种境界的人便成为"贤哲"(wise man)。人类存在的目标就是达到自身的态度和行动与自然事件的实际过程的和谐一致。

(2) 自然哲学和神学的一体化。在哲学上,斯多亚学派采取了一种泛神论的一元论,不仅自然的原因和本性被看作"神",而且整个自然也被视为"神",于是神学不仅是自然哲学的一部分,而且在一定意义上是其全部,结果是自然哲学与神学完全合一。

斯多亚哲学家首先指出,星辰运动的规律性以及它们在轨道中始终保持时间和运动形式上的和谐与美,这只能说明天体本身具有理性和既定的目的,亦即说,它们本身就是神。接着他们又从宇宙秩序的角度去证明神的确实存在。他们相信,凡是统一体,尤其是高级的生命有机统一体,都需要有一个"主导部位"(即控制系统)来统帅,这样的主导部位也就是该事物的形式。在动物身上,这样的形式就是灵魂;在人身上,就是理性灵魂,它处于心脏当中。作为理性的巨大生物,宇宙当然也拥有心脏(即"主导部位"),它的理性安排把整个世界的万事万物组成一个高度联系的和紧密的有机体。这种"统万为一"的主导力量就是神。在斯多亚哲学家看来,神既可以是独立的主神,也可以是渗透在宇宙中的理性。换言之,一个泛神论者既可以说世界处处都是神,也可以说各处的神的层次不一样。

那么,神的本质属性又是什么呢?在此问题上,斯多亚学派回到了赫拉克利特的哲学路线上,采取了一种以火为本原的思考方式。在斯多亚哲学中存在着两种火,一种是本原火,另一种是四大元素之一的火。前者是一个哲学概念,后者则是该概念派生出来的实际事物,两者的功能正好相反:本原之火是创造性的,世中之火是毁灭性的。由此看来,火(无论是本原之火还是物质之火)正是斯多亚哲学家心目中神的本质属性。

按照斯多亚学派的正统学说,灵魂并非不朽。可是智慧之人的灵魂有可能在死后上升到天界,并存活到周期性宇宙大火时。与人的灵魂位于人的心脏相对应，最高级的宇宙灵魂位于宇宙心脏即太阳（或以太）。人的个体灵魂是宇宙灵魂的一部分，人死后其灵魂将回归其本原即宇宙灵魂。

（3）宿命论、目的论及自由意志。与过分强调偶然性的伊壁鸠鲁哲学相反，斯多亚哲学承认一切事物具有内在的规律性、必然性及因果制约性，认为整体自然按照严密的热胀冷缩的规律和四大元素循环转换的节律而混合产生出万事万物。斯多亚学派不仅凸显出自然现象的决定论特色，而且相信既然万事万物的规律性和秩序均由神所安排，它们就应当是善的，于是，该学派就由决定论走向了目的论。当然，目的论并非斯多亚哲学的首创，在它之前的亚里士多德早就有了这一思想。不过亚里士多德的目的论局限于物质世界等级统属方面的作用和意义，他并没有将之上升到神学的高度。斯多亚学派则主张自然就是神，并且相信自然是朝着既定的目的生发和演变的，整个宇宙都处于必然性的把握之中，神的严密理性计划和统管万事万物于一个合理的统一体中的方式不是简单的和谐，而是辩证的和谐。因此，斯多亚学派的目的论可以称作真正意义上的"神学目的论"。

不过，斯多亚学派的宿命论和目的论并不是一个封闭的体系，它在强调神意的同时也为人的自由意志留下了余地。斯多亚哲学家特别强调灵魂中主导部分的作用，因而强调人有某种主动性，强调人的理智本能使人具有了自我把握的可能。在他们看来，坏人之所以做坏事，不是神要他们这样做，相反是他们不听神的话而偏离了正轨；并非所有命定的都是天意，坏人做坏事是必然的，但并非天意使然。斯多亚哲学家进一步断言，并非所有事情都必然如此发生，只要经过努力，我们至少可以反抗和阻挡某些事情的发生；过去的事情虽然已经不可更移，但未来却尚未被彻底决定，因此尚有争取的余地。如此一来，人就可以借助积极行动和刻苦修炼培养出与神意相适应的美德。

（4）实践的和治疗性的哲学。尽管斯多亚学派建构了一个庞大的和正面的哲学体系，但它最为关心的问题不是理论，而是实践。在该派人士看来，哲学首先是一种生活方式和治疗各种身心疾病的处方，而不是纯粹的理论知识。作为一种治疗性哲学，它所关注的当然不是社会正义和国家制度，而是个人的幸福与不幸。斯多亚哲学家认为，人的最大不幸在于拥有激情，哲学治疗的目的就是彻底消除各种激情；激情的主体比起它的伤害对象来更需要哲学的治疗，因为治愈了激情主体的疾病，就等于从源头上阻断了邪恶激情的蔓延和传播。斯多亚学派的治疗哲学吸收了苏格拉底"唯智主义"的预设：人的灵魂疾病亦即各种激情，均来自知识上的愚昧，正是因为知识上的愚昧，才会对自然和人的本性一无所知。于是，斯多亚学派发展出了哲学治疗的方法，帮助人们认识自然的要求，帮助人们懂得什么是必然，什么是神意，什么是真正的自由，从而帮助人们按照自然去生活。在斯多亚哲学家看来，主观性的绝对自由可以抗衡一切外来的压力，作为内在力量的美德不依赖于外在的习俗和权威而具有独立的和最高的价值；道德的善恶完全取决于知识的有无，所谓"好人"就是有知识的人，而最大的邪恶则是灵魂的愚昧；如果明白并坚持这一原则，人就不会为外在的打击所摆布。

如果说斯多亚学派在认识论上承认绝大多数人能够获得真理，那么在价值论上则正好相反，它绝对地宣称大多数人不懂真理，原因是他们都被激情所役。摆脱了激情困扰的极少数人，因去除了灵魂的脆弱和卑鄙而获得了一种高贵强大的心灵宁静和持久的自由感，从而实现了健康和幸福的目的，他们被称作"贤哲"，是真正意义上的精神贵族。

3. 斯多亚主义与基督教

斯多亚主义的历史影响，既广泛又持久。它对于世俗哲学的促进作用自不待言，我们仅就它与基督教的关联，来窥探它在历史上留下的某些重要轨迹。

（1）世界主义思想。进入希腊化时代以后，狭隘的古典城邦主义已经过时，人们的眼界从地中海的某个局部地区拓展到范围广袤的整个地中海及其以外的世界，人际关系自然随之发生变化。人与人之间的等级区别和外表差异固然还是客观现实，但对于某种人类共同属性的追寻已是大势所趋。斯多亚主义者显然已经意识到，阶级和等级不过是人为的设置，它们并不符合自然本性和人性；不同阶级和族群的人均具有一种共同的属性，这使得国家和阶级制度变得毫无意义。斯多亚学派的这种世界主义情怀，与后来由基督教信仰所展示出来的更为宏伟的世界主义理想可谓不谋而合。

（2）人在宇宙中的位置。斯多亚哲学并没有刻意凸显神的创世功能。不过按斯多亚学派所构建的宇宙秩序，人的灵魂是宇宙灵魂的一个部分，宇宙灵魂就是神，那就等于说人分有了神的一部分神性。换言之，在斯多亚哲学家看来，人处于神与物之间，他在品位上低于神，高于物。人在宇宙中所处的这样一个居中位置，与基督教圣经的创世故事所要表达的意涵相类似。

（3）宿命论思想。斯多亚主义者把宇宙秩序和万物的发展变化看作一种必然性和神意的安排，同时也把任何个人命运的变化和结局均当作实现宇宙命运的具体细节和过程。这种目的论和宿命论思想后来被早期拉丁教父奥古斯丁利用来论证其救赎理论。据说16世纪的新教领袖加尔文之所以要为塞涅卡的《论仁慈》一书撰写评论文章，正是出于对后者的天命论的同情。

（4）道德的内化及对自由意志的追求。斯多亚学者把外在的道德内化为一种完全去除一切激情的心灵宁静状态，他们认为尽管命运在多数情况下是不可抗拒的，可是个人内心在消除了激情之后给人留下的回旋空间是巨大的。因此对于战胜了激情的"贤哲"来说，即使在命运最为不济的情况下，也可以保持内心的自由毫不受损。这种追求个人意志自由的思想，与早期基督教教父（如德尔图良）的自由理念，有异曲同工之效。

三、怀疑学派

古代怀疑论从否定的意义上总结了希腊罗马的哲学遗产，它的批判性论证方法具有无法替代的理论价值。可以说，如果没有古代怀疑论者所提供的基本研究思路，就不可能有闪烁着伟大批判精神的近代怀疑主义。

1. 怀疑学派的形成、发展和主要代表人物

古代怀疑主义存在着两个不同的传统：一个是皮罗主义传统，另一个是新学园派传统，两者相互交织、相互影响，共同编织成一股重要的学术思潮。这股思潮的形成和发展经历了四个阶段。

（1）皮罗的怀疑主义。皮罗（公元前365—公元前275年）是怀疑主义的创始人，他所创立的怀疑主义被称作"皮罗主义"。皮罗出生于伯罗奔尼撒半岛西北部的爱利斯城,早年从学于犬儒学派和德谟克里特派,并曾跟随亚历山大大帝远征印度,后来自立门派。他提倡过诚实的生活,主张用超然态度对待险恶环境,反对人为价值的束缚。皮罗并没有留下著述,他主要以自己对待世俗得失成败无动于衷的生活实践吸引了大批学生。他因此而被雅典授予荣誉公民权,被母邦爱利斯推举为最高祭司,哲学家们也因他而被免除了税收。

皮罗的事迹主要靠他的学生蒂蒙才得以流传下来。蒂蒙(公元前320—公元前230年)写了许多宣传老师思想的作品,其中最有名的一部题为《嘲讽》。在这部作品中,除了皮罗等极少数人之外,历史上和当时的几乎所有希腊哲学家都遭到了无情的批判。

(2)新学园派的怀疑主义。蒂蒙之后,皮罗主义传统暂时中断。恰在此时,柏拉图的学园派开始向怀疑论转向。学园派传人阿尔凯西劳(公元前318—公元前243年)突出强调了柏拉图哲学中的苏格拉底怀疑精神,他宣称,柏拉图哲学的真正目的是对一切"知识宣传"都加以认真怀疑。阿尔凯西劳敬佩皮罗,却视芝诺及其创立的斯多亚学派为头号敌人。他既怀疑感性认识,也怀疑理性认识,不过他认为感性认识是理性认识的前提,故只要驳斥了前者,也就推翻了后者。

阿尔凯西劳的思想为其学生卡尔尼亚德所发扬光大。公元前155年,卡尔尼亚德受遣出使罗马,其间他为罗马人作了两场演讲。他在第一场演讲中振振有词地论证了有关"公正"的正面观点;在第二场演讲中,他却对前一场演讲逐点加以驳斥,并指出聪明人不会去听从像"公正"那样的陈词滥调。据说卡尔尼亚德的惊世骇俗观点使罗马城里勤奋好学的青年深为着迷,纷纷放弃其他乐趣,而改为从事哲学研究。

(3)皮罗主义的复兴。新学园派怀疑主义流行了两个多世纪之后归于沉寂,曾经中断的皮罗派怀疑主义再次崛起。新皮罗主义的领导人是安尼西德穆,他张扬了一种比学园派怀疑主义还要极端的怀疑主义。安尼西德穆原属于柏拉图学园派,后从该派中叛离出来,转向彻底的皮罗主义立场。在他看来,学园派怀疑论对事物的不可知性加以肯定,这不是一种彻底的怀疑论,彻底的怀疑论应当连对事物的是否可知性也抱怀疑态度。此外,他不喜欢学园派热衷于对怀疑主义的理论构建,而更敬佩皮罗主义对怀疑主义伦理实践——追求心灵宁静的重视。

（4）晚期怀疑论。晚期怀疑论思想主要存在于医学领域。当时的整个罗马世界的医学界有三个不同的派别：理性派、经验派及方法派。理性派对病症的背后原因加以追踪论断；经验派认为这些原因不仅无法发现，而且无助于医疗实践；方法派则对这些无法确定和发现的原因既不肯定也不否定，只依据现象间的恒常关系进行施治。这三个派别中，经验派和方法派被认为属于怀疑论派。公元2世纪的著名医生塞克斯图（Sextus）是这一时期怀疑主义的典型代表，他在医学实践中采用方法派的观点。塞克斯图的主要贡献是比较系统地总结了古代怀疑主义的学说，从而也就比较完整地保存了这一学派的基本文献。今天我们得以讨论古代怀疑主义，最主要的依据就是塞克斯图的著作。

2. 怀疑学派的主要思想

怀疑论者继承了智者运动的基本特性，即崇尚二律背反和不可知论，认为相互对立的命题都可以得到论证，因而不存在终极真理。不过二者的主旨和依归却刚好相反：智者激发人们接近和参与社会，而怀疑论者则激发人们逃离社会。

（1）对哲学论断的全面批判。怀疑学派认为，我们无法判定感觉和意见是否与客体相一致，无法认识事物的终极本性，不存在可以裁决人们的意见分歧的公认标准。因此我们不能相信自己的认识，应当对所有问题"悬而不断"，对任何事物都说"既存在又不存在"，或"既不存在又非不存在"。这一"不断定"的结果就是不动心的状态，又称"平静安宁"，或"无动于衷"。

怀疑学派虽然同意把哲学分为逻辑学、自然哲学及伦理学三个部分，但这并非是为了积极性的研究并从中得出论断性的结论，而是出于怀疑的需要。怀疑论者认为他们的主要任务就是运用二律背反的原则，对所有这三个部分逐一展开批判，务求无一遗漏。他们对具体的对象性研究均不感兴趣，不介入关于对象的各种立场，而是对于研究的可能性本身进行反思，其最终结论必然是一种否定性的反思。他们的第一个攻击目标是传统的逻辑学。传统逻辑学以公认的公理为基本前提进行一步步的逻辑论证，最终得出符合逻辑思维的结论。可是怀疑论者连公认的已知公理都加以怀疑，这就从根本上否定了传统逻辑学作为一种方法论工具的正当性和有效性，也就等于全面否定了借助它而得出的其他具体学科的所有研究和论证结论。

当然，怀疑论者在批判了逻辑学之后还会继续讨论自然哲学和伦理学等对象性学科，他们把这种讨论视作他们正确的逻辑学（亦即反逻辑学）的例证，进一步证明一切对象性研究都是不可能发现真理的。实际上，怀疑论者的最终目的就是要用一种不可知论取代可知论的认识理论。

（2）对神、道德、制度和习俗的全面怀疑。怀疑论者主要从三个方面去讨论人们有关神的概念。在他们看来，首先，人们有关神的观念历来含糊不清，对于一个含糊不清的观念，如何去证明它确实存在呢？其次，即使神的观念是清楚无误的，它的实际存在也是难以论证和肯定的，因为并不是任何能够被设想到的东西都是实际存在的。最后，再退一步而言，即使神的实际存在已经获得了证明，而更为复杂的问题——神的本性问题，也是没有真正共识的。于是他们断言，相比于神的不存在，神的存在的理由一点也不会更多。这是否意味着怀疑论者是无神论者呢？当然不是。实际上，怀疑论者坚持认为，如果不采用哲学论证的方法，而是仅仅服从传统，人们对神还会更加虔诚和信仰；如若从哲学上去论证神的存在，反倒漏洞百出，影响了信仰。

怀疑论者还注意到，人类历史上并不存在固定不变的和统一的道德规范、制度和习俗，某些伦理准则在此时或在此一民族中是有效的，在彼时或在另一民族中则完全无效。例如我们尊重长辈，可是在荷马时代里却有杀父的习俗；我们吃猪肉，犹太人却加以禁止。这充分表明，有关善恶是非的标准永远不可能是明确清晰的。对此，怀疑论者主张搁置有关善与恶、该做与不该做的问题的讨论。与独断论者不同，怀疑论者提倡非独断地遵循生活的正常规则，对各种争议无动于衷，这样就能达到心灵宁静；反之，务求弄清善恶是非的人，总是生活在惊恐、焦虑、过度喜悦和不安之中。表面看来，怀疑论者似乎是顽固的反道德主义者，而实际情形并非如此。因为当他们说自己在对价值上的善恶好坏表示高度怀疑时，他们并没有断定什么，因此就不是真的主张反道德，而是反传统的"伦理学"，这是一种纯理论上的怀疑，没有太多的实践价值。

(3) 对理论的实际效用的根本否定。希腊哲学历来以其思辨性著称，许多哲学家片面夸大思辨哲学的实际效用，似乎它可以被用来包治百病。从希腊化时代开始，哲学上的理论探索功能与社会实践作用日益分离，实用伦理学朝着治疗性哲学的方向发展。对这样一种发展趋势，怀疑论者不以为然，他们除了对哲学家们在认识论上宣布已经发现了绝对真理的狂妄感到不安之外，在实践上便是对"哲学家能指导生活"或教人以"幸福之唯一道路"的说法，进行严厉的批驳。在怀疑论者看来，这种从玄学理论出发的"生活技艺"是否存在就值得怀疑，因为此类生活技艺到底是什么，独断论者们也从来没有搞清楚。

理论能否指导生活？怀疑论者的回答是否定的。他们认为，理论不仅不能指导生活，而且有害于生活。他们不惜堆砌一个个论证，来驳斥理论家的妄想狂，帮助人们在直接的日常生活中免于理论毒素之害，让生活本身在一种自然而然的和非反思的状态下自发运行。这一论证被看作怀疑论者的"人生指导"，不过怀疑论者并不喜欢自己被贴上这样的标签，而宁愿认为自己是代表生活本身说话，是依靠生活对理论病进行系统的治疗。

由此看来，古代怀疑论的最终目的是伦理性的。这是一种通过消解理论的束缚去恢复生活自由的实用方法，因此它是养生之学，是希冀在险恶的年代里保持主体内心一隅的安全，而并非通过"怀疑一切"的手段去达到改造旧传统和创立新理论的目标。

参考文献

[1] 汪子嵩，等. 希腊哲学史（第4卷）[M]. 北京：人民出版社，1997.

[2] 罗素. 西方哲学史（上卷）[M]. 何兆武，李约瑟，译. 北京：商务印书馆，1963.

[3] 伊壁鸠鲁，卢克来修. 自然与快乐——伊壁鸠鲁的哲学[M]. 包利民，等，译. 北京：中国社会科学出版社，2004.

[4] 卢克来修. 物性论[M]. 方书春，译. 北京：商务印书馆，1997.

[5] 塞涅卡. 道德与政治论文集[M]. 袁瑜琤，译. 北京：北京大学出版社，2010.

[6] 塞涅卡. 面包里的幸福人生 [M]. 赵又春, 等, 译. 天津: 天津人民出版社, 2007.

[7] 塞涅卡. 哲学的治疗——塞涅卡伦理文选之二 [M]. 吴欲波, 译. 包利民, 校. 北京: 中国社会科学出版社, 2007.

[8] 爱比克泰德. 爱比克泰德论说集 [M]. 王文华, 译. 北京: 商务印书馆, 2009.

[9] 马可·奥勒留. 沉思录——一个罗马皇帝的哲学思考 [M]. 朱汝庆, 译. 北京: 中国社会科学出版社, 1998.

[10] James Warren. *Facing Death: Epicurus and His Critics* [M]. Oxford: Clarendon Press, 2004.

[11] James Romm. *Dying Every Day: Seneca at the Court of Nero* [J]. Vintage, 2014.

第 11 讲　走进古人的生活：从墓葬看伊特鲁里亚人的死亡观

伊特鲁里亚文明是罗马文明的前奏，前者对后者的影响十分明显，为了透彻地理解罗马文明的起源，我们不得不先对伊特鲁里亚文明有一个初步的认识。伊特鲁里亚文明遗址的挖掘是考古学界的重大事件，该遗址最重要的看点是墓葬。透过这些丰富的墓葬材料，我们不仅可以了解到伊特鲁里亚人独特的死亡观，而且还可以进一步推衍出这个古代民族对于世界、宇宙乃至于人生的基本见解。

一、伊特鲁里亚文明的盛衰

伊特鲁里亚位于意大利半岛的北部以及中部西海岸一带，北至马图亚，东至佩鲁贾和斯比卡一带，南达卡普亚，西临利古里亚海和第勒尼安海。它是意大利半岛最早进入文明的地区之一。公元前 8 世纪，伊特鲁里亚人开始进入意大利，他们活动于亚努河与台伯河之间的地区。不久以后，他们便建立起有坚固城墙环绕的城市，城内街道井然有序；他们还在沿海建设港口，在内陆修筑水利工程，其农业和手工业的发展程度很高，雕塑和绘画的艺术水平也不低；他们与外界有着广泛的贸易联系。伊特鲁里亚人的城邦主要实行带有贵族政治倾向的君主制，国王和贵族控制国家政权，占有大片土地，并在依附人口当中推行一种庇护制，被庇护者要向保护者交租纳税。

公元前 6 世纪，伊特鲁里亚文明进入鼎盛时期，它积极对外扩张，其势力范围北达波河流域，南至坎佩尼亚，并在海上与希腊人和迦太基人展开激烈的竞争。它还一度征服和控制罗马，罗马王政时代的最后三位国王，据传均是伊特鲁里亚人。

伊特鲁里亚人的霸权维持时间较短。公元前6世纪末，伊特鲁里亚人的军队主力被希腊的移民城邦击毁，其势力渐趋衰落。此时恰遇罗马兴起，伊特鲁里亚文明逐渐被融入罗马文明当中。公元前1世纪，伊特鲁里亚最终为罗马所灭。

二、伊特鲁里亚文明的基本特质

伊特鲁里亚文明虽然只是昙花一现，但它在历史上还是留下了鲜明的印记。这个文明的主要特质主要表现在如下三个方面。

1. 文明起点较高

众所周知，人类对既往文明的记忆主要有四种类型：第一类是既有文献证据又有实物证据的文明，例如中国的长城、埃及的金字塔、希腊的许多神庙以及罗马的许多竞技场等，这些遗址的主体部分不仅存留到今天，而且有史可考，有文为证。第二类是存在着文献证据，但实物证据残缺不全的文明，例如巴比伦的空中花园、耶路撒冷的圣殿、北京的圆明园以及广州的十三行等，这些历史建筑物的主体部分已经被损毁，不过记载这些建筑物的文献仍然被比较完整地保存了下来。第三类是存在着实物证据，但缺乏文献记载的文明，例如北印度的哈拉帕文明、东地中海地区的爱琴文明以及中国西南地区的三星堆文明等，这些文明遗址虽然保存完好，可是文献方面的证据却严重不足。第四类是既缺乏严肃的历史文献证据又缺乏可靠的实物证据的传说中的文明，如柏拉图所转述的有关"大西洋岛"的故事以及古代中东地区所流传的有关大洪水和诺亚方舟的故事等，虽然有不少人倾心于尽力挖掘其历史涵义，但其历史的正确性仍然受到广泛的质疑。

伊特鲁里亚文明属于第三类，亦即实物资料相当丰富但缺乏文献记载的文明，这基本上是一种被从地下挖掘出来的文明。伊特鲁里亚人并非没有文字，例如在他们的墓碑、石棺及陶瓮上均可以不时地看到他们的独特文字。遗憾的是，他们并没有保留下系统的文献资料，因此我们无法广泛地采用文献与实物互证的手段来还原这一文明的本来面目。希腊罗马的个别作家曾经提到过这一族类和文明，但往往语焉不详。

与同类的哈拉帕文明、爱琴文明及三星堆文明相比，伊特鲁里亚文明水平最高，因为它是铁器文明。尽管该文明遗址所挖掘到的器物用铁制成的并不太多，但少量铁器制品的出土，足以证明当时的伊特鲁里亚文明已经是铁器文明，这就为整个意大利文明史的展开提供了较高的起点。

2. 在时间上连接希腊与罗马

伊特鲁里亚文明在自身的发展过程中继承了许多希腊文明的因素，并且把它们传给了罗马人。伊特鲁里亚人所传递的希腊文明因子主要包括如下几个方面：

（1）信仰与神话体系。希腊人所崇拜的奥林匹斯山诸神，几乎被伊特鲁里亚人全盘接受。据说希腊人的十二个主要的神祇均经由伊特鲁里亚人之手传给罗马人，罗马人只是将其希腊名称改为罗马名称而已。至今我们仍可看到，一些罗马神并非出自拉丁语，而是出自伊特鲁里亚语，如火山神（Volcanus）和河神（Volturnus）等。

（2）城邦形式。由一个中心城市加上其周边农村地区所构成的典型希腊城邦，也被伊特鲁里亚人所接受，同时又经由他们将这种城邦形式传播给罗马人。最初的罗马国家，正是依照这一古典型态的城邦模式建立起来的。

（3）葡萄与橄榄种植业。葡萄与橄榄种植业是希腊人的主要农业产业，据说这两种产业也是经由伊特鲁里亚人传给罗马人的。

（4）制陶工艺及艺术。罗马的制陶工艺比希腊落后，但它在许多方面模仿了希腊的风格，例如各种器皿的基本造型和所描绘的故事情节，大多与希腊神话有关。其实这又是伊特鲁里亚人在文化传递上的功劳。例如希腊人喜欢在容器（一般是酒器）的把手上雕刻一个"史芬克斯"小塑像，而我们在伊特鲁里亚人的墓葬中也看到了这种仿制品。到了后来，这种题材的容器在罗马世界屡屡可见，这说明伊特鲁里亚人是传播该艺术题材和风格的中介者。

（5）文字。专家们通过对比研究后指出，伊特鲁里亚文字介于希腊文与拉丁文之间，由此可以推测它对于推动拉丁文的最终成形发挥了重大作用。

因为与希腊文明存在着较多的相似性，老普林尼断言，伊特鲁里亚人是希腊人的移民。

3. 在空间上沟通东方与西方

由于伊特鲁里亚人的海上商贸活动频繁，他们在沟通东西方方面发挥了重要作用。他们把东方文明的某些因素传播到西方，大大丰富了西方文明的内涵，这些因素主要是：

（1）历法。埃及的历法是根据太阳运行规则进行运算的公历，每年分为十二个月；而罗马最原始的历法则是根据月亮运行规则进行运算的阴历，每年只有十个月。后来在伊特鲁里亚人的影响下，罗马人改用公历。伊特鲁里亚人的公历很有可能是在埃及人的启发下发展起来的。

（2）脏卜。通过观察献祭牲口的内脏的颜色及血流情况来预测吉凶的做法称作"脏卜"，这种占卜形式起源于两河流域并盛行于西亚一带。不知从哪个时期开始，伊特鲁里亚人也学到了这一手段，他们在日常生活当中广泛应用脏卜。不久以后，罗马人从伊特鲁里亚人那里学到了该做法，并将其确立为国家的公共占卜方式。

（3）王权的思想。希腊罗马虽然有过国王统治的历史，但并没有形成王权独尊的思想传统。东方历史上流行君主专制政体，因此具有悠久的王权独尊的思想传统。伊特鲁里亚人在向东方扩张的过程中，深受东方政治文化的影响，其国王模仿东方君主的礼仪，身穿紫袍，头戴金冠，手持权杖，安身于象牙宝座之上，俨然一副君临天下的派头。这种王权思想后来也感染了罗马人，它对罗马后来政治体制的根本转变产生了不可低估的作用。

由于存在着某些东方文明的基因，希罗多德推测说，伊特鲁里亚人也许是来自于小亚细亚的皮拉斯吉人。

然而，伊特鲁里亚文明并不是希腊文明和东方文明的简单混合体，它除了在不同程度上接受后两种文明的影响之外，也有一些非常独特的地方。例如，在伊特鲁里亚人的社会中，女性的地位比较高。伊特鲁里亚人有一种习惯，即喜欢在棺材和骨灰瓮的盖上雕塑死者的头像、半身像或全身像；而我们常常发现，这些雕像多数是夫妻合像，这当然表明这是一种夫妻合葬墓。夫妻合葬墓的普遍存在，证明了伊特鲁里亚人的生活中男女差异不大，父权制色彩不浓厚，这在广泛存在家长制的古代社会中尤其难能可贵。又如对来世生活的过分关注，也是伊特鲁里亚文明的一大特色。在古代文明中，除了埃及人之外，大概没有一个民族能够像伊特鲁里亚人那样对来世生活表现得如此有兴趣。

三、伊特鲁里亚人的墓葬文明和死亡观

伊特鲁里亚人的基本葬式有两种：一种是土葬，另一种是火葬。土葬是最早的葬式，火葬则是土葬诸多变种中最流行的一个变种。目前还不清楚伊特鲁里亚人为何从最初的土葬改为流行火葬。希腊人的文献和传统似乎表明希腊人的火葬的流行与战事的频仍及战争生活的经常化有关，亦即海外的较大规模的战争，使得焚化阵亡者的尸体并将其骨灰带回母邦成为必要。这种战时的应急手段久而久之就成为一种民间习俗，例如《伊利亚特》就经常提到远在东方的希腊联军用火焚处理阵亡将士的尸体。伊特鲁里亚人火葬习俗的兴起也许出于相同的原因，因为公元前6世纪初起火葬墓的增多与伊特鲁里亚人的海外扩张刚好在时间上相吻合。

有关火葬，我们必须注意防止一个认识误差，即认为火葬必然就是"薄葬"。之所以会出现这样的认识误差，是因为我们常常以现代的火葬或中国古代佛教的火葬习俗为参照标准。其实，伊特鲁里亚人的火葬一点也不"薄"。首先，没有任何证据表明火葬墓比土葬墓规模小，实际上有些火葬墓更加巨大；其次，也没有任何迹象表明火葬的仪式比土葬仪式简单；再次，火葬需要使用大量的燃料，我们从出土的相关铜质冥币上的图案得知，伊特鲁里亚人在火焚一具尸体时，常常要堆积起四层高的金字塔形火葬柴堆，购置这些燃料的费用必定不菲；最后，火葬随葬品通常要比土葬随葬品多。从出土的伊特鲁里亚人随葬品的数量看，火葬墓与土葬墓相差无几，可是如果考虑到火葬时会有部分随葬品被与尸体一道焚化掉，则火葬的随葬品总量一般会超过土葬随葬品。

在伊特鲁里亚人的墓葬中，用来盛放遗骸的器具主要有三类：一是尸

架。这也许被使用于最穷困的人或者奴隶当中，它只是一块搁置尸体的简单木板。二是骨灰瓮。初期的骨灰瓮大多用陶器做成有盖的壶罐形，盖子常呈圆锥塔状；有些瓮盖被制成人头像，头像代表的很可能就是瓮主；还有一些陶瓮被放置在一架陶制的宝座上，这大概象征着瓮主生前曾是显赫人物。到了后期，陶瓮被大理石瓮所取代，后者一般被制成四方形状，石瓮的正面通常刻有动物或反映神话故事场面的浮雕，瓮盖刻有死者的半卧雕像，有时则是一男一女两个人的半卧雕像，这后一种情况揭示出瓮里收藏的是夫妇二人的骨灰。三是棺材。棺材的质料种类较多，有木、铅、铜、锡、陶、大理石、石灰石及雪花石膏石等。后期所出土的棺材，以雪花石膏石材质为主，这种棺材呈长方体状，两边侧檐刻有反映神话故事的浮雕，顶盖刻画的棺主形态，或作仰卧安睡状，或作半卧沉思状。值得注意的是，这些棺材未必都是用来盛放尸体的，有不少棺材里盛放的是已经焚烧过的骨灰。

伊特鲁里亚人的坟墓布局和形制也颇有特色。他们通常把活人的生活区与死人的世界区分开来，墓园区必定位于城镇的郊外大道两侧，并按城镇街区的模式划分不同的墓地范围，使得整个墓区规整有条、错落有致。伊特鲁里亚人既有在平地上垂直挖洞的井墓和沟墓，也有在坡地或山崖中沿水平线开凿的穴墓和崖墓；既有简单的单一墓室，也有复杂的连廊复合墓室。一般穴墓的规格为 2 立方米 × 1 立方米 × 1 立方米。一般井墓的形状是一个 4 米深的圆井，底下再加上一个用来放置骨灰瓮的较小的井。一般的沟墓长 40 米，宽 2 米，深 3 米，上有拱顶，墓道的地面上则堆成一个直径为 47 米的圆墓冢。最复杂的复合墓拥有 26 间墓室，每个墓室的墓墙上均有壁龛，沿着墙壁排列着石质长榻，分别用来安放骨灰瓮和棺材或尸架。

伊特鲁里亚人的随葬品丰富多彩，种类齐全，几乎囊括了日常生活的所有方面：①餐飨类，如饮器、食具及炊具等；②家具和生活用具类，如桌、椅、柜、床、凳及马拉车等；③美容装饰类，如耳坠子、梳子、簪子、别针、胸扣及皮带扣等；④武器装备类，如剑、矛、箭镞、盔甲、铜质护腿等；⑤劳动用具类，如砍刀、锄头及铁铲等；⑥宗教类，如神像及占卜用具等；⑦娱乐类，如骰子及棋子等；⑧其他，如人物塑像、动物塑像及人体器官等。在这些种类繁多的出土物品中,既有真实的实物,又有模拟的器物。如果考虑到质材和火葬的因素,那么可以合理地推断,被腐蚀掉和被火焚掉的陪葬品的品种及数量必定更加惊人。许多器物制作精良,水平高超,其中以女性装饰品最为考究,例如出土的耳坠子、簪子及饰针便是由纯金制成,十分别致。所出土的青铜皮带扣样式时髦,与现代人所用的扣子没有什么本质差异。

根据有关石棺上浮雕的描绘,伊特鲁里亚人的丧葬仪式相当繁缛,一般包括临终告别、尸体整理、凭吊与瞻仰遗容、出殡游行、下葬、餐宴、祓除及周期献祭等八个环节。临终告别发生于死者弥留之际,此时亲属们围绕病榻上的临终者做最后的告别,通常的做法是吻别。在确定死者死去之后,亲属们要对死者的尸体进行洗涤、防腐处理和化妆打扮,然后放置在一张高台上让奔丧而来的亲友们凭吊和瞻仰;在此期间,专业哭丧队及乐手常常被雇佣来增强丧亲的悲哀气氛。在下葬的时辰到来之前,出殡游行是必不可少的。走在队伍前头的是乐手,然后是抬棺者和盛有死者尸体的棺材,跟在棺材后面的依次是死者的亲友和专业哭丧者。下葬以后,亲友们必定会在墓地上举行一次餐宴,以抚慰亲人的悲伤和感谢友人的捧场。葬毕,通常要进行一场大扫除,即以清理环境卫生的方式驱除死亡带来的邪气,也象征着新生活的开始。最后,在死者逝世满月或周年时,常以祭拜和饮宴的方式纪念已故亲人。

从这些繁缛的葬俗中,我们不难看出伊特鲁里亚人对于死亡的独特理解:

1. 死亡被理解为一个自然的过程

伊特鲁里亚人具有自然主义的死亡观,他们简单地认为死亡就是人生的结束,因此在多数情况下,死亡的那一刻常常被轻松地略过。例如许多墓画并不刻意描述死亡的痛苦过程,而是重点在于描述人死后的那种安逸、舒适和满足的神态。

2. 死亡被看作一种定数

伊特鲁里亚人具有宿命主义的死亡观,他们认为人的生死均有定数,人力无法改变这种定数。伊特鲁里亚人以七年为一周,他们坚信最长命者是12周共84岁,这个范围内是由神所控制的;倘若超过了这个范围,则被视作异常，这种异常状况非神所能控制，它是由命运所控制的。换言之，神有时候也要服从命运。这种思想似乎来自于巴比伦和希腊，即神的能力有限度，伟大的悲剧就是这样诞生的。这一观点与犹太教及基督教的上帝观和死亡观刚好相反。

3. 死者的安息地并不完美

伊特鲁里亚人的大量随葬品表明他们并不看好死者的安息地，因为如果安息地是完美的，就没有必要穷尽所能地为死者筹措那么丰富的随葬品。这一点也与后来的基督教及伊斯兰教的天堂截然不同，天堂必定是无所不有的，它什么也不缺乏，因此基督徒和穆斯林从理论上来说拒绝随葬品。

4. 死人与活人可以利益互换

在伊特鲁里亚人那里，生者对死者的心理状态是矛盾的：既有所惧，又有所求。即既担心死者灵魂骚扰生者的正常生活秩序（如与死者的隔离、进行洁净和祓除活动等），又想得到死者的赐福（如献祭等）。这与基督教的观念又有所不同，基督徒的丧事只是单方面地为了让死者升天获福，而没有任何邀福讨好之意。

四、伊特鲁里亚文明对后世的影响

据考证，最早的罗马圣山神殿，即卡彼托山上的朱庇特神殿、最早的罗马引水渠（Maxima）、最早的罗马大道（Sacra）等均由伊特鲁里亚王在其统治时期建造。希腊的十二个奥林匹斯山神系的神祇是由伊特鲁里亚人引入罗马的。罗马人的拉丁字母是在借鉴了伊特鲁里亚文字之后才创制出来的。伊特鲁里亚人还教会了罗马人建造半圆拱建筑和地下排水系统。罗马社会的庇护制，明显是从伊特鲁里亚人那里继承而来的。角斗表演最初也是伊特鲁里亚人的游戏，公元前264年，这种游戏被引入了罗马，从此它便成为罗马世界最为普及的游戏方式。此外，今天人们在化装舞会上常常使用的面具、罗马元老所坐的象牙圈椅、帝王头上的黄金冠冕及手上所持的权杖、罗马时代所流行的宽大长袍、帝王贴身护卫肩上所扛的权标束棒（fasces）等，均起源于伊特鲁里亚文明。

古人未必比现代人聪明，但在某些方面的确比现代人有远见。伊特鲁里亚文明以墓葬文明见长，其对后世的影响虽然是间接的，但却是深远和持久的。

过度沉迷于古代，叫食古不化；过度蔑视古人的智慧，叫狂妄和浅薄。我们既要告别食古不化，也要拒绝狂妄和浅薄，尽力学会从古代之门进入，从现代之门出来，做一个既有历史感又有时代感的现代人。

参考文献

[1] Richard Daniel, De Puma. *Murlo and the Etruscans：Art and Society in Ancient Etruria* [M]. Madison：University of Wisconsin Press, 1994.

[2] Larissa Bonfante, Giovannangelo Camporeale, Alexandra Carpino. *New Perspectives on Etruria and Early Rome* [M]. Madison：University of Wisconsin Press, 2009.

[3] J M C Toynbee. *Death and Burial in the Roman World* [M]. Baltimore：the Johns Hopkins University Press, 1996.

[4] Ross R Holloway. *The Archaeology of Early Rome and Latium* [M]. Routledge, revised ed. , 1996.

[5] Muriel L Dubois, Richard P Saller. *Ancient Rome* [M]. [S. l.]：Capstone Pr. Inc. , 2004.

第12讲　从宗教传统看中西文化的基本差异

中西文化的比较可以从许多不同的角度切入，如经济生活的角度、政治制度的角度等。而从宗教传统切入，则似乎更加有利于我们深度地理解两种文化的差异，因为宗教信仰是思想文化当中最为深层的部分。故本讲试图通过中、西宗教理念的比较，来凸显两者各自的文化特质。

本讲所涉及的西方宗教主要是基督教，中国宗教主要是儒教、佛教和道教。众所周知，任何宗教都有两个重点：一个是有关神，另一个是有关灵魂。由于篇幅的限制，本讲主要涉及神的问题，亦即说，我们将围绕神的问题来展开一般性的讨论。

一、一神，还是多神？

这在表面看来似乎只涉及神的数量，其实远远不止于此。一神还是多神的差异，是根本性或结构性的差异，它是其他一切差异的根源，任何其他的差异，都与这一根本差异有着或多或少的关联。

虽然宗教上的多神教未必总是导致哲学上的多元论，但在一般情况下，一神教总是导致哲学上的一元论。在人类认识史上，强调万事万物存在着一个总的单一原因的一元论，势必比强调每一种事物都各有原因的多元论更能反映事物的本质，就此角度而言，一元论无疑比多元论要先进。那么，这是否意味着一神教比多神教进步呢？这是一个暂时无法得出确切答案的问题，我们只好将之存疑待决。

众所周知，基督教承袭了犹太人的一神教思想，只崇拜一个神，即耶和华上帝。其实，犹太人也不是天生的一神教信徒，他们最初也崇拜众多的神。根据旧约的记载，最初的犹太人与其周边的其他民族一样，不仅崇拜许多神，而且为这些神塑造偶像，向这些偶像神献祭供品，甚至流行血腥的人祭。不过，长期颠沛流离的生活环境，促使犹太人不得不逐渐放弃较为次要的神祇，最终把崇拜的对象集中到一个最主要的神——耶和华上面。这是一个充满着反复、冲突和斗争的漫长历史过程。该过程可能开始于公元前13世纪初的摩西时代，基本结束于公元前6世纪末巴比伦之囚以后。尽管犹太人最终采用了一神教，但与多神教相联系的许多习俗并没有马上被抛弃，如献祭活动就曾经是犹太人宗教生活中极其重要的组成部分；我们知道，摩西律法就有许多关于献祭仪式方面的礼制和规定。迟至公元70年，随着耶路撒冷圣殿被摧毁，传统的献祭才最终淡出犹太人的历史。

基督教最初作为犹太教的一个分支出现，它必然也是一神的宗教。既然是一神教，就必须按照一神教的原则进行思考和运作。

首先，上帝是万物之源。基督教认为上帝是万事万物的本原和创造者，人是上帝的造物。作为造物主的上帝，自然没有为人所知道的形象。上帝是原因，人是上帝创造的结果，作为结果的人怎么可能知道自己源头的形象呢？故对于人来说，上帝是不可认识的。当然，由于上帝是按自己的形象造人的，人就有些像上帝（不是反过来），因此人可以通过反观自己而得出有关上帝的朦胧形象。但是，人不能据此而按自己的形象来为上帝塑造形象，这样塑造出来的形象只能代表人而不能代表上帝，因为人对于上帝的形象的认识是不确切的。如果上帝的形象可以由人来任意捏造，那岂不是等于说人比上帝更有智慧？复印件永远替代不了原件，假币即使能够以假乱真，它终究还是假币。依照人的形象塑造出来的偶像，充其量不过是人的副本，用人的副本来代表神，显然是对神的冒犯和僭越，是不可宽恕的罪恶。这就解释了为何一神教总是要反对偶像崇拜。

其次，上帝是万能的。一神原则导致了原先众神所具有的各种各样的权能最终集中到了一个神即上帝的身上，上帝变成了一个全能的神，他可以做任何他想做的事情，哪怕是超自然的事情，如童贞女怀孕生子、道成肉身及肉体复活等各种各样的神迹。上帝的全能必然导致上帝的嫉妒，这意味着任何人都必须向上帝祈求，因为根据上帝万能的原理，上帝有能力回应来自所有人的一切祈求；可是如果有人背离上帝转而祈求别的神灵，这就等于怀疑上帝的万能特性而整个抛弃了一神教原则，当然要遭到报复。至于有些祈求者的祈求得不到满足，这不能把责任归到上帝的身上，而应当反思祈求者是否真正虔诚，或祈求是否得当；因为上帝也是至公至义的，如果人的祈求违反了上帝的公义原则，这种祈求自然是无法得到满足的。

再次，上帝是至善的。有人也许会问：上帝既然是万能的，那么他有没有能力做坏事？回答是：上帝不可能做坏事，因为他是至善的。既然上帝是至善的，他怎么有可能做坏事呢？上帝的至善意味着他把普天之下的人都当作他最优越的造物来看待，亦即为，上帝的善就像太阳的光，以同样的量和质施予所有的人。由此可见，从上帝的至善特性既可以引申出上帝对人类的博爱，也可以导致人类普遍的平等。上帝的至善还意味着上帝对人的爱远远超过人对上帝的爱，这主要表现在，当上帝赐给人恩惠时，他不需要人的任何回报。

最后，上帝是自足的。既然万事万物为上帝所造，上帝也就拥有了万事万物；既然上帝拥有万事万物，他势必是自足的，也就是说，他什么东西都不缺乏。既然上帝不缺乏任何东西，他就不需要而且没有理由向人类索要供品。因此，向上帝献祭不仅毫无意义，而且是亵渎上帝，因为人类竟然不相信上帝的富足。就此点而言，上帝是不食人间烟火的。如果说，犹太人的废止献祭习俗带有一定的偶然性，那么基督徒便从一开始就向献祭说不。基督徒之所以反对献祭，不仅是因为上帝是自足的，而且是因为上帝是至善的。试问：至善和集万爱于一体的上帝，怎么有可能贪图那点来自人类的可怜祭品呢？

相对于西方的基督教，中国的传统宗教是多神教。儒教无疑是一个相当复杂的体系。据说最初的中国人只崇拜一个具有一定人格意义的"天"，因此最初的中国宗教便具有了向一神教发展的趋势。可是随着时间的推移，中国人的崇拜对象却日益增多，多神信仰最终成为中国传统信仰的主流。对于民间社会而言，几乎所有的自然存在和现象都可以成为神，如山有山神，水有水神，地有地神，等等。儒学虽以治国平天下为最终宗旨，以成贤成圣为最高目标，但它往往也需要借助对神灵的崇拜来达成这些宗旨和目标。高度汉化了的佛教，在把原初意义上的诸天神加以边缘化之后，竟朝着佛崇拜的方向发展。"佛"本来是人修行得道后的一种结果和境界，如今在民间佛教当中却演变成了有能力回应人间诉求的神；由于得道者是无数的，佛自然也是无数的。如此一来，一种在原生地本属于无神论的抗议运动，在中国文化土壤上却发展成一种地地道道的多神教。在大乘佛教那里，除了修成正果上西天的佛以外，还有一大批修成后不急于上西天而留在人间超度别人的菩萨，他们被形象地称作"候补佛"。把正式的佛与候补佛加在一起，数量必定更加可观。不过，把人生理想与崇拜对象结合得最为紧密的则是道教。道教一方面主张通过修行而成仙，另一方面又把已成仙者当作神明来崇拜，于是，有多少修炼成仙者就有多少神，神的阵营在不断扩展。当然，这一过程并非一蹴而就的，在葛洪的时代，人们还只是崇拜天仙、地仙和尸解仙等三大仙；到了唐代以后，受崇拜的仙人数量至少有9位。根据道教的理解，既然天有9层，仙也应当有9位。这只是就最受崇拜的对象而言，不包括无数较次要的神仙和仙人。

多神教自然有着截然不同于一神教的运作机制和原理。首先，神源于万物（而不是倒过来）。大家都知道在隋唐以后，中国思想界存在着儒、释、道三教合流的趋势。这种趋势无疑造就了更多的神。在民间宗教的层面上，普遍存在着一种原始形态的泛灵论，即认为任何自然物质本身都存在着神性。这种泛灵论有着非常古老的渊源，它最初也许来自于人们对某些自然现象的不理解，如下雨前的雷电，地震时的山崩，等等。后来人们终于找到了自己的解释：自然万物就像人一样有意志，即会随着情景条件的变化而表现出喜怒哀乐等情绪。这解释了为何雷电、风雨等自然现象会像神那样受到早期人类的普遍崇拜。这些早期崇拜在一神教崛起的地区会逐渐消失，而在没有一神教信仰的地区则会继续流行和发展，中国的宗教即属于后一种情形。根据这种信仰的一般原则，神既然源自于自然万物，它必然就是有既定形象的；既然自然万物拥有与人一样的意志，它的基本形象必然也像人；可是由于不同的自然物各有不同的特性，因此特定自然神的形象，常常是在人的形象之上再加上该自然物的特性。如雷神总被描绘为一名口里喷火的壮汉，这里火代表了雷发出的闪电，壮汉则代表了闪电的威力和力量；树神常常是头上长着树叶的老人，这里的树叶代表树，老人则表明该树因古老而成精成神；财神总是以一名红光满面和神采奕奕的慈祥长者的面目出现，因为他既然掌管着世间的财物，其生活阅历和营养状况理当非同一般；等等。人们正是根据这种出于本能的想象力，制作出相应的神的偶像，进行顶礼膜拜。由此可见，偶像崇拜是人们直观地构思神的属性及特质的必然结果；这充分说明，此时的人类尚未从形象思维过渡到抽象思维的阶段。

其次，诸神各司其职。世上既然存在着许多神，就不可能有一个神是万能神，亦即为，任何的神都是有所能和有所不能的，诸神之间必然会按照世间政治权力分配的模式进行职能分工。当然不排除在众神之上有一位统揽大局的最高神，可是一旦各种实权被分配给众神，留给最高神的就只能是崇高的尊号和名誉上的统揽权力，他实际上处于被架空的境地。例如道教的最高神玉帝，其名号虽为至尊，其香火恐为寥寥。善男善女们若有希冀，所求必是掌握实权的职能神。在佛教范围内，求智慧必找文殊，求真理必找普贤，求脱离苦难必找观音；若真有人向释迦佛作出祈求，那也只是一般性的求保平安，而较少有求获取具体利益者。因此作为一名信者，一般情况下必须首先弄清楚自己想要得到什么，然后才能确定哪一个神最能满足此方面的需求。一名希望得到贵子的少妇，最初祈求的对象也许是赐子观音，若祈求不应，她可能会转求月姥或王母娘娘，这完全可以理解，因为这些神据说均拥有此方面的功能。万幸的是，与基督教的上帝不同，中国诸神嫉妒心不强，他们一般不会责怪信者转求他神或诸神皆求的行为，这种宽容心被一些人理解为中国文化天生的"包容性"。

再次，诸神中善恶兼有。与基督教的上帝不同，中国诸神中，没有一个神在道德上是至善的，至少我们还没有发现中国的神具有至善的特征。当然，就与人的关系而言，大部分神具有与人为善的禀性，可是，他们远远谈不上至善。那是因为中国神在某种程度上是拟人化的，虽然人所具有的优点神也具有，但人所具有的缺陷神一样具有。应当承认，中国神的拟人化程度远没有希腊神那么高，不过人的惯常毛病还是在中国神的身上反映了出来。例如因贪图人的祭物而导致的偏心、对人类缺乏一种平等而又积极主动的爱心、过于势利和世俗化等。

最后，诸神是非自足的。诸神不是世界万物的创造者，因而也就不是万物的所有者，这意味着他们不是富足的，他们必须对外界有所求才能存活。他们向外界索取的唯一方式就是公开地接受来自人间的献祭，借助这种献祭，他们获得了供养；而作为回报，他们向献祭者提供各式各样的恩惠。在这当中存在着明显的利益交换关系，此种关系有时变得非常庸俗，例如人们总是相信，祭品的轻重直接决定着恩惠的大小。许多信者常常利用许愿的方式先从神那里弄到恩惠，一旦恩惠到手，许愿者必须及时还愿，假如他因一时疏忽忘记还愿，神会通过梦境等方式对其发出必要的警告；当警告无效时，就会采取相应的惩戒措施。这种以祭品换恩惠的做法，固然使诸神更加"接地气"，但与此同时，诸神也难免带上嫌贫爱富的特质。

二、人神对立，还是人神贯通？

这直接涉及人、神关系问题。

由于基督教坚信万事万物是被上帝创造出来的，因此上帝与人类就分属于两个完全不同的部类：一个是造物主，另一个是受造物。值得注意的是，上帝不是"生出"人类，而是"造出"人类，这意味着人类是上帝的物品，它理当归上帝所有。假如创造的故事只是到此为止，那么造物主与其受造物之间的关系还是相对协调的。可是圣经作者并不满足于这种原初状态下的神、人和谐，他们在随后的叙述中，借助人类的堕落使故事带上了悲情色彩。据《创世纪》的说法，人类始祖违背了上帝的禁令，吃了伊甸园中的禁果，被放逐到世间，从此后来的人类就受到其始祖所犯之罪的牵连，这种由始祖遗传给所有后代的罪，被早期教父称作"原罪"。原罪的严重性不仅在于它从根本上破坏了神与人之间的最初和谐，而且还在于它成为人类其他本罪的渊源，即它导致和诱发了人类其他的各种渎神罪。因为这些罪，神与人之间就被割裂开来，亦即为，这些罪造成并加剧了神、人对立。

不过，根据上帝至善的原理，上帝不会置人类的堕落于不顾，不会让人神对立的状况长期继续下去。可是，根据上帝至公至义的原则，上帝又不能将仍然执迷不悟的人类的罪行一笔勾销。于是，集万爱于一体的上帝，遂让自己的独生子借母胎出生为道成肉身的耶稣基督，通过基督的传道来唤醒世人的罪过感和悔过意识，通过基督的死难来代替对人类罪过的惩罚，通过基督的复活升天来向人类传递救赎的希望和美好前景。因此，耶稣基督便成了上帝与人类之间进行沟通的桥梁，上帝的恩典通过他而下达于人间，人类的诉求则通过他而上传于上帝，他成了上帝与人类重归于好的唯一中介。

在这里，基督的属性值得我们特别注意。实际上，根据一神教的原则，神与人本质上就是对立的。神的神性决定了神不可能屈身俯就于人；而人的人性则决定了人无法接近神。做一个不太恰当的比喻：这就相当于两个操各自母语的异国人士，他们俩虽然有进行相互交流的愿望，却苦于无法使对方明白自己，故必须找到一名译员，这名译员所擅长就是懂得这两位人士的语言。基督的角色，与这名译员的情形有点类似，借助基督的"翻译"工作，神与人才得以实现沟通。根据基督教正统学说，基督具有神性，故他是一位神；但他同时也具有人性，故他也是一个人。兼有神、人两性的基督，自然最适宜于在上帝与人类之间做协调和沟通的工作。因此，基督教不可能没有基督，在一定的意义上，基督教是以耶稣基督为中心的。

一神教原则还告诉我们，人不可能成为神。如果人能够成为神，那一神教就变成了多神教。在基督教的条件下，一个人的得道不是意味着他自身会"变成什么"，而是意味着他"获救了"，那是因为他本来就是堕落的罪人。"获救"在精英的层面上叫"称义"（to be justified），在通俗的层面上叫"上天堂"，而按圣经的描述则是"坐在上帝的右边"——不管有怎么样的说法，都没有任何"变成神"的意思。

与基督教的观点相反，中国宗教——无论是儒教还是佛教或道教，都主张万物一体，人神贯通，即在人与神之间不存在无法跨越的鸿沟。王充在《论衡》中谈到，天地万物的本原是阴阳二气；二气相聚成形而成万物，一物丧失其形之际，也就是其消亡之时，消亡即是重新回到阴阳二气之中；因此，人的存在也不过是阴阳二气相冲相聚而成形的某种物质而已。尽管王充像其他的正统儒学学者那样，在一般情况下不谈鬼神之事，但他还是承认，若一定要谈论鬼神，便只能谈论一般的没有个体性的鬼神，也就是说，阴阳即鬼神，鬼神即阴阳；人从阴阳而来，复归于阴阳，故死了的人也被称为鬼神。先秦时期的文献也记载道：人有三魂七魄，人死其魂上天为神，其魄入地为鬼。这种思想与影响面最广的祖先崇拜无疑是一脉相通的。明清之际的来华耶稣会士为了替自己的适应策略作辩护，说中国人祭祀祖先纯粹是一种纪念活动，他们并没有把祖先当作神来崇拜。这种说法是站不住脚的，假如人们不认为已死的先人是神，他们何以要用祭祀的方式来纪念先人呢？

老子把万物本原说成是"道"，他认为道是万物之始和万物之母："道生一，一生二，二生三，三生万物。"在这个"万物"里，必然包含着人和神，也就是说，人和神同为道所生，故人和神与其他万物一样，是互相贯通的。佛教沿袭了婆罗门教的传统，认为天神居住于三界诸天当中，与人分属于不同的领域；可是根据五道轮回的思想，人所居住的现实世界与诸神所居住的天界不过是五个轮回环节中的两个环节而已，它们在生命轮回的无限过程中是相通的：人既可以因轮回而上升为天神，天神也可以因轮回而下降为人。在道教那里，人与神的关系的确有些模糊；可是在通俗的意义上，"神"与"仙"常常连用，这至少表明二者并不存在质的差异。如果把佛教的"佛"和道教的"仙"均看作广义上的神，那么对于这两种宗教而言，人、神贯通的特色更是不言而喻的，因为无论是佛还是仙，都是人在今生今世直接通过修炼转化而成的。

三、人性恶，还是人性善？

这涉及人的本性。而人本性的好坏，则直接影响着救赎或得道的方式。

一般中国人所理解的善恶，多数局限于政治伦理的范围，例如在他们看来，恶无非就是指与杀人、放火、抢劫、强奸等一系列与违背法律及道德习俗相关联的行为或意念。而西方意义上的善恶观却要宽泛得多。无论是希腊哲学还是基督教思想，都突破了政治伦理的局限，把善恶的内容扩展至其他的学科领域。在他们的心目中，一切美好的事物都是善，一切不好的事物都是恶。例如，身体上的健康、物候上的风调雨顺、人际关系上的和平相处、个人愿望的满足和实现等，都属于善的范畴；与之相反，死亡与疾病、天灾人祸、战争和破坏、痛苦和焦虑、饥饿和失败等，则属于恶的范畴。一旦把这种较为宽泛的善恶理论应用于人，就会得出非同凡响的人性观。

对于人的本性，希腊的哲学家已经有过许多讨论。赫拉克利特基于对自身周边环境的理解，对人的本性作出了比较消极的断言。与之相反，苏格拉底则对人的本性有着较为乐观的看法。在他看来，每个人都是依据他对善的理解来作出自己的选择的，因而没有人有意选择恶；在现实生活中，如果有人选择了恶，那么他所做的选择并非是他的真实意愿；换句话说，人之所以作出恶的选择，是因为他的无知；要克服恶，就要消除无知，即给人以智慧。苏格拉底从而得出了"知德合一"的结论，亦即为，人们只要得到合适的教育，就能够提高德行，过上向善的幸福生活。

基督教崛起以后，彻底改变了古典式的人性观。当然，我们不能贸然断言基督教的人性观是积极的或是消极的，在这当中实际上有一个复杂的发展变化过程。根据圣经的思想，人既然是上帝的造物，他最初就应当是十全十美的，因为万能和至善的上帝不可能造就任何有缺陷的受造物，何况人还是上帝依据自己的形象创造出来的，他的身上甚至还存留着上帝的气息。总之，按基督教的理解，最初的人性是善（包括人格上的和生理上的）。可是，随着始祖对上帝的背叛，人性开始败坏；人类因滥用上帝给予的自由意志而做出了错误的选择，从此作恶便成为人的天性，疾病与死亡也随之而来。这是完全可以理解的，假设没有人的作恶和堕落，何来上帝的拯救和赐恩？基督教的出发点，就是要借助上帝的救赎，使戴罪的人类洗清自身的罪责，最终达到与上帝重归于好的目的。人性既然已经堕落，人就无法实现自救，只能等待至善的上帝的救赎；虽然在这个过程中，人类自身仍然保留着有限的自主性，以回应上帝的救赎，不过从根本上来说，与上帝的积极救赎行为相比，人类的回应行为始终处于消极被动的状态。总而言之，作为罪人的人类，同时也是上帝的拯救对象，决不可能实现自我解放。

中国宗教则有着完全不同的人性观。早期中国的人性观比较多元化，既有孟子的"性善论"，也有荀子的"性恶论"，甚至还有告子的"性不善不恶论"和王充的"个体差异论"。随着时间的推移，性善论最终占据了优势，成为儒家学说中的正统人性观。性善论的逻辑前提是，每个人都先天地具有某种同情心（或叫"恻隐之心"），这种同情心是激发人们行善避恶的主要心理根源。性善论的逻辑结果，是相信人不需要借助任何外来的力量就可以达到成贤成圣的目的；也就是说，性善论促使人们相信，人完全可以通过自己的努力，最终实现自我完善。

传统儒家的性善论因为佛教的输入而得到了强化。中国大乘佛教的某些主流派别坚持人人皆有佛性的思想，这种佛性借助轮回学说而超出了人类范围，最终惠及动物界。连动物都可以具有佛性，人的佛性自然不在话下；既然每个人都可以有佛性，最恶劣的人（如断绝一切善根的"一阐提"）当然也具有佛性。虽然有佛性者未必都能成佛，但他至少具备了成佛的先天性基础。由此看来，大乘佛教的"人人皆有佛性"说，其立论前提及实践结果与儒家的性善论是相一致的，两者都对人的主观能动性给予基本肯定，因而对人的未来道德前景持有乐观态度。

不同的人性观所折射出来的社会政治伦理意义是大不相同的。在基督教的背景下，由于强调人的堕落和人性的败坏，上帝的主权和律法便不可避免地获得了彰显。人性已经证明是不可靠了，人甚至堕落到失去自我管理能力的地步，此时，唯一可靠的就是上帝的话语。上帝的话语自然是无法直接传递到人的耳里的，它只能借助法律的形式启示给世人。于是，服从法律就等于是服从上帝，法律制度的重要性便被上升到至高无上的位置。可见，近代西方社会的法治传统，与基督教的人性观是密切相关的。中国传统中的性善论虽然没有从根本上阻碍中国社会的法制化过程，但中国古代的法制并没能上升到神圣的高度；总体而言，古代中国的统治者实行德刑并用、威恩兼施的手法，在稳定和把控社会方面的确很是奏效。此外，既然人性观涉及人的自我评价和自我定位，把人定性为"罪人"的基督徒，便有可能比一名多神教徒更具有内省和反思自我的能力，早期拉丁教父奥古斯丁可以被看作这方面的一个典型。

四、先有恩典，还是先有善功？

这涉及神、人之间的互动，这种互动对于人们的崇拜动机造成直接影响。

根据正统的基督教思想，由于人类始祖的原罪，人的本性彻底败坏，人便无法依靠自身的力量获救升天；此时，至善的上帝便赐予人一种超自然的恩典，靠着这种恩典，人才可能行善避恶，从而获救升天。在这里，有三个要点必须记住：其一，神的恩典是无偿赐予的，即上帝把恩典"白白地"（without paying for it）赐予罪人。这意味着上帝在赐予恩典时不会从人那里收取任何酬劳和回报，亦即人在获取恩典时无须付出任何代价，这体现了上帝的至仁至善。其二，恩典的赐予是不可抗拒的。基督教的早期信仰认为，上帝不是把恩典赐予所有人，而是把它赐予一部分被当作"选民"的人；哪些人是"选民"和哪些人是"弃民"，这是由上帝早就预定好的；当上帝把恩典赐予他的选民时，选民们是不可以加以拒绝的，因此恩典的赐予便带有绝对的强制性。其三，先有上帝的恩典，后有人的善功。上帝把恩典赐予自己的选民，好让选民们能够带着上帝的恩典去行善。换言之，人若没有恩典，便不能行善，故不能说人因行善而获恩典，相反，人的行善是恩典作用的结果，而不是获取恩典的理由或原因。总而言之，在正统基督教那里，人的善行不能被用来作为交换神的恩典的一个筹码，因为即使是善本身，也是至善的上帝所掌控的资源之一，它归根结底也是归上帝所有，因此人就无权把它当作一种商品来买卖。

先有恩典后有善功的理论，是深度理解西方思想特质的关键所在。这种理论源自于上帝主权的观念：既然万物为上帝所造，也便为上帝所有；善作为上帝的造物，必然也归于上帝。如果人想获得属于上帝的善，就必须首先确认自身已经被赐予了上帝的恩典，才能带着这种恩典去行善。

当然，由于新约圣经中不可协调的内在矛盾，也由于体制化教会对权势的过度贪恋，西方历史并没有始终一贯地沿着这条正统思想的进路顺利发展。例如在中世纪时期，教会当局借助对《雅各书》中善功理论的片面解读和肆意发挥，实际上颠覆了奥古斯丁所创立的正统救赎论思想，把善功当作灵魂获救的唯一手段和工具。不过这只是反映了腐败时期的教会生活状况，它并不体现基督教主流思想发展的常态。

先有恩典后有善功的理论，对于一般的中国人来说是完全行不通的。明清之际的来华耶稣会士曾经不遗余力地向中国人宣讲这一理论，结果收效甚微。因为在中国，无论是儒教，还是佛教或道教，都没有独一神创世以及随之而来的神圣主权的传统，因此善就不是一种神的专利品，它是一种人皆有之的起码秉性，人们可以用它来换取神的恩典。故在中国的传统思想中，先有人的善功，后有神的恩典，即人必须先积德行善，才有望最终获得神的回报。在这里，善功纯然是获取恩典的一种手段和工具，甚至可以看作购买恩典的一种通用货币。

在一名具有传统思想倾向的中国人看来，先有恩典后有善功，与赊贷消费一样，对于入不敷出的穷困人士而言虽则未尝不是一个救困之举，但它毕竟只是权宜之计，它的最大弊端就是造成穷人债务的不断累积，因而会使信誉记录不良的消费者的数目剧增。在诚信缺乏有力保障的社会里，人们宁愿以一手交钱一手交货的传统贸易方式来处理与神之间的互利关系。根据无功不受禄的传统思路，人在没有做出任何善行的情况下自然是不敢贸然期待获取神的恩典的。

五、来世之乐，还是现世之福？

这涉及报应观的问题，而报应问题则是一切宗教的最后落脚点。

基督教信仰的最后落脚点，或叫"称义""得救"，或叫"上天堂""坐在上帝右边"，等等，其实只有一个意思，就是"与上帝处于一种合宜的关系中"（to be put right with God）。根据犹太—基督教传统，人不能过分接近神，太近则狎琐，狎琐就是亵渎，例如制作出神的偶像来顶礼膜拜，或用巫术的方式来向神提出诉求等行为，都是狎神不恭的体现；当然，人也不能过分远离神，太远则是疏离，疏离神就等于背叛神，如违背神律，转而崇拜和祈求他神等行为，都是叛离神道的表现。总之，人与神之间应当维持一种不远不近的合宜关系。这种协调的及合宜的人神关系，本来就存在于上帝的伊甸园里；只是由于人类的堕落，这种和谐关系才被打破，人神之间出现了紧张和对立。基督教的目的是，通过上帝的救赎，重建及恢复和谐的人神关系。

对于每个个人而言，与上帝的和谐关系的恢复和重建，虽然过程是在今生今世，但结果却总是出现于来世。在基督徒看来，与永恒的来世相比，今世不过是弹指一挥间；从今世向来世的转换，虽然要经过死亡这一关隘，但自从耶稣基督为人受难之后，死亡已经不再可怕，死后的那种永恒的幸福生活，才是值得追求的生活目标。简言之，基督教把报应的场景主要设定在来世而不是今世。

我们再来看看中国宗教的情形。中国传统思想把报应的场景主要设置在今生今世。《周易·坤》曰："积善之家，必有余庆；积不善之家，必有余殃。"在这里，作为善报的"庆"，与作为恶报的"殃"，都是发生在现实社会当中的，与来世基本无关。更为有趣的是，这句话两次使用了"积"字，意在表明，无论是善还是恶，都是可以积少成多的。这不禁使我们联想起明清时期在民间社会中颇为流行的"功过格"修养方法。"功过格"实际上是一种道德日记，即人们每天都把自己一天中所做的善事（功）和恶事（过）记录下来，到了一定时候进行定期总结清算，看是功大于过还是过大于功，以此获得道德上的自我激励。近日有报道说某个内地省份兴起一种"道德银行"，人们把自己所做的善事存入这种银行，可以零存整取，银行会定期结账，以作为储存者升职评级的参考依据。至于善事的种类，据说人们做得最多的是放生动物，这是完全可以理解的，因为市场上的动物是明码标价的，这对于急于确定善事的量化标准的善男善女来说，记起账来就相当方便。

上述《周易》中的那句话还两次使用了"家"字。这表明在中国传统上，行为人的行为后果和责任未必一定要由行为人亲自来承担，它们常常要由行为人的家人及后代来承担，其中所体现的是一种家庭本位主义，而不是西方式的个人本位主义。既然是以家庭为中心，每一个家庭成员的所作所为，就不仅仅要为自己负责，而且要为整个家族的利益负责。耶稣会士艾儒略当年在福建传教时，有华人基督徒曾向他谈起自己那未曾皈依的家人和儿子。他抱怨说：纵使自己能够蒙恩得救，可是一想到自己的家人和孩子将在地狱里受永恒之苦，自己如何安心独享天堂之乐呢？这一质问,的确让聪明善变的艾儒略一时语塞。

　　汉化佛教的报应观则与轮回学说有关。其实,佛教的轮回学说最初只是一种用来解释世间苦难的理论,即认为无论是人间抑或神界的一切烦恼和灾难都是因"业"而起,业力推动了生命的轮回,致使悲喜或苦乐交替生成,互为因果,无限循环;佛教的最后落脚点,就是要通过一系列正确的修行去排除一切业力,切断生命轮回,从而达到无悲无喜、无苦无乐的涅槃境界。换言之,在最初的佛教那里,轮回是一种不值得追求,但又是客观存在的生命现象。这种理论在进入中国并转向通俗的层面之后,很快就演变成一种独特的报应学说,在该学说之下,今生的荣辱可以从前生的作为中找到原因,今生的所作所为则直接影响着来世的祸福或处境。有趣的是,即使是这样一种旨在获取来世好报的通俗佛教学说,在不久之后也陷入了困境:功利的民众总是觉得来世过于虚无缥缈,故他们只是把对于下一个轮回的美好生活的追求看作"姑且信之"的保留节目或备选方案而已。

　　从总体上看,以基督教为主要形式的西方宗教继承了古希腊文化中的理性和思辨传统,在这种传统框架内,由于神、人殊异,故处处体现出权、责均衡的政治伦理精神,它的主要缺陷是神秘而又玄奥,不够接地气;而以儒家为导向的中国传统宗教,包括儒教、道教及汉化佛教,则继承了先秦思想中的现实主义理念,在这种理念的影响下,由于人、神贯通,故到处充满着利益交换的商业伦理原则,它的最大缺点是比较功利和庸俗。当然,这种区分也不是绝对的,例如西方人在具体的宗教实践中,也有对义工活动进行积分和换算个人劳动量等功利主义的做法,所不同的是,这些通常在西方文化中被当作逼于无奈的东西,在中国文化中却被认为是理所当然。中西这两种迥然相异的思想文化体系,在历史上曾发生过多次交汇和碰撞,不过到目前为止,我们尚无法看到这两种体系有深度交融的迹象。至于它们的未来发展,我们只能拭目以待。

参考文献

[1] 奥古斯丁. 论原罪与恩典 [M]. 周伟驰,译. 北京:商务印书馆,2012.

[2] 王晓朝. 信仰与理性：古代基督教教父思想家评传 [M]. 北京：东方出版社, 2001.

[3] 陈俊伟, 等. 灵魂面面观 [M]. 北京：中国社会科学出版社, 2006.

[4] *Good News Bible* [M]. Today's English Version. [S. l.]：United Bible Societies, 1976.

[5] F L Cross ed. *The Oxford Dictionary of the Christian Church* [M]. Oxford：Oxford University Press, 1997.

第 13 讲　早期犹太人及其圣经

犹太人是世界历史上第一个信仰一神教的民族,其宗教文化给后来的基督教和伊斯兰教均带来巨大的影响,可以说,没有犹太教就没有基督教和伊斯兰教。前者是进入后者殿堂的一道门槛,任何研究基督教或伊斯兰教早期历史的人,都不能绕过犹太人和犹太教这一门槛。那么,犹太人从何而来,他们的早期经历和信仰生活又有哪些特色?这就是本讲所要讨论的问题。

一、犹太人的早期经历

1. 犹太人的起源
学者们根据对圣经和相关考古资料的研究,认为犹太人来自于属于闪族的阿摩利人,即与汉谟拉比王同属一个语族,他们最初定居在两河流域下游的乌尔城附近。公元前 1800 年前后,他们在其族长亚伯拉罕的率领下,先是北迁至两河流域上游的哈兰地区,后在耶和华上帝的指令下,又继续西迁至迦南地。迦南被看作上帝赐予亚伯拉罕及其子孙的"应许之地",作为与上帝立约的交换条件和印记,亚伯拉罕及其子孙必须行割礼。

进入迦南以后,他们被当地土著迦南人称作"希伯来人"(亚兰语为 Ebrai 或 Hebrew),意为"来自河那边的人"。这里的"河"传统上认为是幼发拉底河。不过 20 世纪初考古学家在阿拉伯半岛南部发现了一条被风沙埋没了的干涸河道,于是有人猜测希伯来人可能来自于阿拉伯半岛南部,不过此说并未得到确证。

迦南地被称作"流着奶和蜜"的富饶之地,但从希伯来人后来的实际经历来看,它恐怕也是流着血和泪的地方,因为自从希伯来人进入此地后,生活上的不安宁就伴随而生。

到了亚伯拉罕的孙子雅各的时代,希伯来人开始有了一个新的名称——以色列人。此名称来自于一个故事。有一夜雅各正准备渡过一条河时,上帝变成人前来与他摔跤,摔了一个通宵不分胜负,于是上帝便赐予他新的名字"以色列",意为"他与神摔跤"。上帝还捏了一下他的胯部,他顿时变成瘸子,这成了犹太人不吃动物腿筋的由来。

以色列娶了两妻两妾,生了12个儿子,他们各自繁殖后代,成为著名的以色列12支派。这十二支派的名称是:亚设、便雅悯、但、迦得、犹大、以萨迦、利未、拿弗他利、西缅、流便、西布伦、约瑟(约瑟的儿子是以法莲和玛拿西)。

公元前14—公元前13世纪,埃及征服和统治迦南,以色列人沦为埃及的奴隶。圣经中有关先知摩西率领以色列人逃出埃及的故事,反映的就是以色列人摆脱埃及奴役的斗争。

2. 士师时代

士师时代从公元前12世纪初以色列人最终摆脱埃及控制、重新回到迦南开始,至公元前11世纪末以色列人正式建立国家为止。

这是以色列人的军事民主制时期。当时的12支派实则为12个部落,它们组成为部落联盟,部落联盟的首领称作"士师"(Judges),他们的主要任务是裁决部落成员当中的纠纷和冲突。底波拉、基甸和参孙等,都是著名的士师。因此这个时期被称作"士师时代"。

据《士师记》的记载,士师时代是一个风气不良的时代,以色列人总是冒犯上帝:一是塑造和崇拜偶像,另一是行邪淫。此二者总是联系在一起,在进行偶像崇拜时进行淫荡活动。当时以色列人的性生活及婚姻关系的确相当紊乱:同性恋、轮奸妇女、性乱伦经常发生,近亲通婚和一夫多妻制则被认为理所当然。《创世纪》中有关所多玛和蛾摩拉毁灭的故事,实际上就与此一时期的性紊乱有关。

不久以后，以色列人与居住于迦南沿海一带的腓利斯丁人（Philistines）发生了摩擦。腓利斯丁人最初可能来自于克里特岛，公元前13世纪时陆续迁居迦南靠海的边沿地带。公元前11世纪初，以色列人和腓利斯丁人由于争夺土地而开始发生正面冲突。在腓利斯丁人的影响下，迦南始称为"巴勒斯坦"（Palestine）。在与腓利斯丁人的战争中，以色列人逐渐建立起一个国家。第一任国王据说是扫罗。

3. 扫罗、大卫和所罗门时代

扫罗即位为王、以色列国家最初形成，大约是在公元前11世纪末。

扫罗出身于便雅悯支派，由士师撒母耳膏立为王。他在一场与腓利斯丁人的恶战中连同自己的三个儿子一道阵亡。扫罗死后，经过一番斗争，扫罗的女婿、出身于犹大支派的大卫获得王位。

据圣经的记载，扫罗是一名妒贤嫉能的国王，他嫉妒大卫的才能，多次对其进行迫害；大卫则不计前嫌，并总是化险为夷，成功逃过劫难。大卫多才多艺，擅长弹琴和作诗，据说《诗篇》中有七十三首诗为他所写。大卫的主要弱点是好色，他为了娶美女拔示巴为妾，设计害死了她的丈夫。大卫最大的特长是武艺高强，善于用兵，他先后降服了腓利斯丁人、摩押人和亚兰人等周边民族，使以色列国变成一个独立的强国。

大卫死后，他与拔示巴的儿子所罗门继承了王位。所罗门时代（公元前970—公元前930年）是以色列国历史上的黄金时代，国势鼎盛空前绝后。所罗门主持建造了耶路撒冷圣殿；他还在红海岸边制造船只，鼓励海外贸易；他与周边及远方国家广为结交，来访王侯络绎不绝。圣经中的所罗门以智慧、财富和众多妻子而闻名，据说他撰写了《箴言》《雅歌》《传道书》等名篇，但也有许多学者并不认为这些篇章是他所写。学界对所罗门的评价偏于两个极端：有人认为他是一名少有的贤君，有人则认为他是一名根本缺乏智慧的昏君。

4. 南北分裂及以色列王国的灭亡

所罗门死后，其子罗波安继位为王。此时，北方十个支派不服罗波安的统治，遂另立国王，建立属于自己的政权；南方仍忠于罗波安政权的只有犹大和便雅悯两个支派。于是，整个以色列国便分裂成南方的犹大王国和北方的以色列王国，犹大王国以耶路撒冷为首都，以色列王国以撒玛利亚为首都。

如此一来,"以色列"一词就有了广义和狭义之分:广义上,它是指有别于外族的所有希伯来人,即不仅指北方以色列王国的居民,而且也包括南方犹大王国的居民;狭义上,它指的仅仅是与犹大王国并存的北方以色列王国的居民。而"犹大"一词,本为以色列十二支派中的一支,可是作为早期国家,它又与"以色列"相并存。

这种南北分裂和互相对抗的局面,给外族的攻击提供了机会和条件。公元前722年,原定居于两河流域上游地区的亚述人,攻占撒玛利亚,灭掉以色列王国,从此以色列王国不复存在,以色列人第一次以较大的规模流散到域外地区。不过此时南方的犹大王国仍保持着表面上的独立地位,实际上成为亚述帝国的附属国。

5. 巴比伦之囚与犹太人复国

公元前6世纪初,两河流域一带新崛起的迦勒底人(即新巴比伦王国的建立者)攻陷耶路撒冷,犹大王国灭亡。巴勒斯坦的犹太人分别于公元前597年和公元前586年被两次掳掠到巴比伦,这在历史上被称作"巴比伦之囚"。直到公元前539年,波斯人攻占巴比伦,波斯人首领居鲁士出于战略上的考虑,下诏允许客居的犹太人返回自己的祖国巴勒斯坦,于是犹太人结束了长达半个世纪左右的巴比伦客居生活。不过有人认为犹太人只是在居鲁士的诏令下达一百年之后才真正走上复国的道路。

据相关文献的披露,客居两河流域的犹太人一般生活在犹太社团中,附近有可供灌溉的江河或水渠,他们被允许有一定程度的自主权,过着正常的婚姻和家庭生活,其中有些人还获准拥有房产,在可能的范围内,还能进行本民族的宗教活动。因此,当居鲁士诏令下达之后,并不是所有客居的犹太人都愿意回归自己的祖国,不少人情愿留在巴比伦过安逸的生活。这一部分留下来的犹太人据说也为当地良好的学术环境所吸引,后来在他们当中产生了不少最权威的学者和律法书的诠释者。

走上复国之路的那部分犹太人,在先知尼希米和以斯拉的带领下重建了耶路撒冷城及圣殿。不过,重建的犹太人国家已经失去了昔日的光彩,它实际上是波斯帝国的一个傀儡政权。

6. 独立的丧失与人口的流散

公元前333年,由于马其顿国王亚历山大的东征,巴勒斯坦沦为亚历山大帝国的属地。

亚历山大死后，其帝国一分为三：欧洲部分为马其顿—希腊王国，西亚与中亚部分为塞琉古王国，埃及部分为托勒密王国。巴勒斯坦开始成为塞琉古王国与托勒密王国互相火拼的牺牲品，它有时从属于塞琉古王国，有时从属于托勒密王国，这两个王国在每一次攻入巴勒斯坦时，总要把它的一部分人口掠走。正是通过这一途径，以色列人逐渐流散到地中海沿岸各地，于是便形成与仍居留于巴勒斯坦的犹太人相对而言的"流散犹太人"（the Dispersion，源自于古希腊语 Diaspora）。

公元前 63 年，罗马人在征服了塞琉古王国的西部地区之后，在巴勒斯坦原犹大王国的旧址上建立了一个"犹太省"（Province of Judea，或译为"犹地亚省"），从此以后，以色列人就有了一个新的名称——犹太人。尽管从总体上看罗马的犹太人政策较为宽容，但是在罗马时代，犹太人向海外流散的速度非但没有减缓，反倒是进一步加快了。因此，到了罗马帝国的后期，巴勒斯坦的犹太人已经所剩无几。

公元 7 世纪初，随着阿拉伯帝国在近东的崛起，巴勒斯坦开始为阿拉伯人所占据。此后虽屡经政治变动和战乱，巴勒斯坦作为阿拉伯人的家园已成为既定事实，这种情况一直维持到第二次世界大战后才出现了本质性的改变。

二、犹太教诸要素

把犹太人的生活方式简单地理解为一种类似于基督教那样的宗教，这是后来的基督徒的一种偏见。其实，Judaism 一词不仅仅指犹太人的宗教，它还包括犹太人的历史传统以及生活习俗的方方面面，即整个犹太人的生活方式。不过由于历史的原因，这个单词已经被约定俗成地翻译成了"犹太教"。

犹太人独特的历史遭遇造就了他们独特的生活方式。作为一种特定生活方式的犹太教，主要由如下几大要素所构成。

1. 律法与单一的崇拜对象

律法（the Law）是神与人签订的协定，实际上就是宗教法律，它规定神要赐福于人，人则要崇拜神，因此它是一种神与人有关权利和义务的双边约定，这就解释了基督教后来为何有"旧约"和"新约"之说。

据说在亚伯拉罕第一次遇到上帝耶和华时，两者便立了约：亚伯拉罕及其子孙只崇拜耶和华，耶和华则把迦南赐予亚伯拉罕，并应许后者的子孙"多如海边的沙"。这可以看作希伯来人最早的律法。后来希伯来人屡屡违背律法，在受到惩罚之后，又与耶和华重新立约，几经反复。最后到了摩西时代，耶和华终于在西奈山上通过摩西与希伯来人进行一次详尽和系统的立约活动，经过此次活动，原先的口头约定变成了书面律法，并被刻在石板上和藏在约柜里。从此以后，"依约行事"就成了希伯来人最重要的行为规范。

在所有律法中，最大的一条律法就是为希伯来人规定了单一的崇拜对象。其实，希伯来人最初也与其他民族一样是多神崇拜者和偶像崇拜者。耶和华（Yahweh）作为一名雨神，最初不过是希伯来人所崇拜的众神之一。随着希伯来人由游牧生活转向定居的农业生活，耶和华神的地位日渐提升。可是有研究者指出，虽然亚伯拉罕有独尊耶和华的倾向，但并不排除他的族人同时也尊崇其他神祇；即使在摩西时代，也只有极少数的支派崇信耶和华。出埃及期间的"西奈立约"可能是一个重大契机，也许正是通过这一事件，摩西把原先只有个别支派崇信的耶和华崇拜，强制推行至所有希伯来人，并使其成为独尊的对象。但是即便如此，在此后相当长的时段内，一神教与多神教的斗争也一直没有停息过，希伯来人并没有因"西奈立约"而一夜之间全部变成一神教信徒。

真正的一神教可能要等到巴比伦之囚时才基本确立起来。由于颠沛流离的生活环境，迫使希伯来人逐渐把崇拜对象集中到耶和华一个神的身上，其他无关紧要的神祇连同其偶像都被统统抛弃。此时的希伯来人开始感觉到自身的民族灾难似乎与多神教及偶像崇拜有关联，他们从自身的苦难中看到了耶和华上帝对本民族恶行的惩戒及对他们毅力的考验。于是，一神教的理念便开始与"特选民族"的思想相伴而生，在进入一神教阶段的希伯来人看来，耶和华选择了他们作为实现神的既定目标的工具，因此他们注定要比其他民族承担更多的神圣义务，同时自然要承受更加严峻的磨砺和考验。

2. 弥赛亚的观念

"弥赛亚"一词源于希伯来文 meshiah，原意为"受膏者"。古代近东地区的君王在即位仪式上，主礼祭司要代表神用膏油涂抹其额头，从此以后受膏者即拥有了神授的权力。这种习惯在古代犹太人当中也普遍存在。犹大王国覆灭后，犹太人相信耶和华将从古老的大卫王室的后裔中选定一位"受膏者"来拯救犹太人，复兴大卫的国家。于是，"弥赛亚"遂成为这位预言之中的复国救主的专称。

虽然《但以理书》（第9章第25～26节）把"弥赛亚"局限于犹大王族范围内，可是其他圣经文献却常常把"受膏者"的范围扩展到其他人群。如《马加比传上》把非犹大王族的哈斯蒙尼家族的起义领袖也当作上帝的受膏者；《利未记》（第4章第3、5节）认为祭司也可以受膏；《历代志上》（第16章第22节）则认为以色列的先祖亚伯拉罕、以撒和雅各均是耶和华的受膏者；《以赛亚书》（第45章第1节）甚至把居鲁士这样的异教徒也称作上帝的受膏者。这表明随着历史的发展，"弥赛亚"越来越具有宽广的内涵，凡是能够代表神意把犹太人从苦难中拯救出来的英雄人物，都被看作具有弥赛亚的功能。

在希伯来人历史上，弥赛亚曾出现过多次。后起的基督教认为耶稣基督是最伟大的弥赛亚，也是最后一位弥赛亚，不过他要拯救的是一切罪人，而不仅是以色列人。

3. 单一的崇拜中心

在多神教时代，希伯来人随地筑坛献祭，没有统一的崇拜中心。公元前970年所罗门即位后不久，在耶路撒冷东北角的摩利亚山上（即亚伯拉罕要把以撒当人祭的地方）建造圣殿，历时7年才竣工。圣殿建成之后，所罗门下令取缔全国各地的崇拜场所，确立耶路撒冷圣殿为全以色列唯一的崇拜场所和中心。于是，圣殿便开始成为犹太信仰的象征。

公元前621年，犹大王国的国王约西亚进行宗教改革。他修葺和净化圣殿，清除掉圣殿中的偶像和用来祭拜偶像的器具，并派人在全国范围内拆邱坛，毁偶像，废掉异教神的祭司，恢复了耶路撒冷圣殿在全国宗教生活中的中心地位，最终确立起耶和华上帝的独尊地位。

公元前586年，新巴比伦王国的国王尼布甲尼撒二世在第二次攻占耶路撒冷时摧毁了圣殿。公元前539年以后，结束了巴比伦囚居生活回到耶路撒冷的犹太人，在先知哈该、撒迦利亚的带领下重修圣殿，但规模比原先的要小。重建的圣殿被称作"第二圣殿"。

公元前168年，第二圣殿遭叙利亚国王安条克四世的破坏，后虽经马加比兄弟局部重新修葺，但已残破不堪。公元前19—公元9年，罗马人统治下的巴勒斯坦国王希律对圣殿进行全面翻修和扩建，史称"第三圣殿"，不过犹太人因嫉恨这位国王而拒绝承认其所修建的圣殿。公元70年，罗马将军提图斯在镇压犹太人起义的同时焚毁圣殿，目前仅存一段西墙，被犹太人称作"哭墙"（Wailing Wall）。

随着圣殿的最后被毁，犹太人失去了法定的献祭场所，流行近两千年之久的献祭习俗就此告终。但耶路撒冷作为犹太人唯一崇拜场所的地位，并没有改变，它仍然是全世界犹太人心目中不可替代的"圣城"（the Holy City）和"圣地"（the Holy Land）。

4. 犹太会堂

犹太会堂（Synagogues）是犹太人公共集会和祈祷的场所。犹太会堂究竟起源于何时，在学界存在着不同看法。传统见解认为，在巴比伦之囚时期，由于客居巴比伦的犹太人再也无法参与耶路撒冷圣殿的崇拜活动，因此他们便采用会堂集会的方式来完成他们的崇拜事宜。可是考古学的证据却表明，最早的一批犹太会堂被发现于希腊化时期的埃及。无论如何，犹太会堂最初出现于流散犹太人当中，而不是在巴勒斯坦地区的犹太人当中。

会堂活动与圣殿活动的根本差异是，后者有献祭，而前者则没有。会堂活动的主要内容包括读圣经、祷告、唱圣歌，间或进行布道演讲。会堂里最重要的设施是一组存放圣经卷轴的橱柜。按犹太人的习俗，会堂进行公共崇拜时，必须有十个以上的成年人参加才算有效。

从新约的记载看，犹太会堂未必是排他性的犹太人集会场所。至少在新约时代，会堂也对异教徒开放。耶稣常常在会堂里宣讲救赎之道；使徒保罗把会堂当作他的传教场所，他在那里经常接触到各式各样的异教听众。实际上，基督教的教堂模式，完全出自于对犹太会堂的模仿。

5. 犹太先知

先知就是预言家。犹太教认为，先知在犹太人的历史上，是作为神意的代言人而不断出现的，他们有时引用过去的历史，有时预言未来的事件，借以劝告人们遵守与耶和华的盟约和律法，并代表耶和华神提醒人们，违逆神意者将遭到审判。旧约中的摩西、撒母耳、以利亚、以利沙、以赛亚等均是以色列人重要的先知。旧约中超过一半的内容，被认为是由先知们所撰写，由此可见先知在犹太教历史上所占据的重要地位。

新约中著名的先知是施洗约翰，不过最大的先知则非耶稣基督莫属。耶稣的先知身份连后起的伊斯兰教也加以承认。然而，有真本事者总是不被同乡人所看重。据新约记载，耶稣从外地回到家乡拿撒勒布道，乡亲们听了都很钦佩，惊奇他何以竟有如此非凡的智慧。但很快有人认出他是本地人，于是听众便厌弃他，纷纷离他而去。耶稣慨叹说："大凡先知，除了在本地本家之外，没有不被人尊敬的。"（《马太福音》第 13 章第 53～57 节）后人从中引出了"先知回乡无人敬"的典故。

先知在犹太人社会生活中之所以重要，还在于他们的言论虽尖酸刻薄，却能击中时弊，催人反省。因此，在他们的作品的基础上逐渐发展出了一种以批评时政为内容的先知文学，它成为犹太民间最受欢迎的文学形式之一。

犹太教认为只有犹太人才是耶和华上帝的"选民"（the Chosen People），一切外邦人（gentiles）都是上帝的"弃民"（the Rejected Peoples）。因此它具有明显的民族排他性，它虽然是最早的一神教，但也只能算作犹太人的民族宗教，而不是世界宗教。

同时，圣经时代的犹太人盼望复国救主弥赛亚的降临，希望恢复所罗门时期的独立与繁荣，故仍然带有一定的现实性和战斗精神。

三、希伯来圣经

犹太人的经典叫希伯来圣经或"塔纳赫"。"塔纳赫"（Tanakh）一词由妥拉（Torah，律法书）、奈维伊姆（Nevim，先知书）、凯图维姆（Kethuvim，圣文集）三个词的首字母拼合而成，表明希伯来圣经是由律法书、先知书及圣文集三个部分所组成。

"圣经"一词源于希腊文 biblia，意为"一组书卷"，原系复数词，在拉丁文中衍变为单数专有名词。此词在基督教崛起以后才被广泛使用，犹太人则多用"经卷"（Scripture）一词来指称他们的经典。

犹太人认为，希伯来圣经各卷所记，是耶和华上帝向以色列历代先知启示的神谕。所用文字主要是希伯来文，个别章节偶尔用亚兰文（Aramaic）。

据研究，希伯来圣经的编撰工作最早始于公元前10世纪即所罗门时代，最后结束于公元1世纪末。公元90年前后在雅姆尼亚（Jamnia）召开的犹太教议会会议，确定了圣经正典各卷，这被看作希伯来圣经编撰工作最终完成的标志。被确认为正典的圣经一共有24卷（基督教的旧约则为39卷）。

公元前3世纪以后，随着希腊化步速的加快，希腊语成了当时的世界性语言。只懂希腊语的流散犹太人的后裔，迫切需要一部用希腊文写成的圣经。于是，相传有72名犹太学者应埃及国王托勒密二世之邀，用72天时间在亚历山大里亚城把希伯来圣经译成希腊文，该译本被称作"七十子希腊文译本"（Septuagint，通常用LXX作为代号）。据考证，七十子译本实际上是于公元前3世纪至公元1世纪期间陆续译出的。该译本不仅包括已列入正典的经卷，而且还包括一些当时广泛流行但尚未被正式采用的书卷（即"后典"或"次经"），它成为后来基督教旧约译本的底本。

下面让我们就希伯来圣经的三大部分进行具体叙述。

1. 律法书（Books of Law）

律法书因最初被认为是摩西所写，故也称作"摩西律法"，它包括《创世记》《出埃及记》《利未记》《民数记》《申命记》共5卷，即所谓"摩西五经"（Pentateuch），希伯来文叫"妥拉"（Torah，意为"教诲"或"法度"）。这是希伯来圣经中写作最早也是最重要的部分，它的一些内容早在公元前10世纪的所罗门时代已经以口头形式在以色列人当中流传；巴比伦之囚时期，它的编撰工作正式展开；公元前5世纪后期，它最终被编成。摩西五经主要叙述世界和人类的起源、以色列人的先祖以及摩西律法，重心在摩西律法。律法书是构成犹太教教义和教规的最为重要的依据和基础。

从公元10世纪开始，一些犹太拉比和基督教学者根据经文作深入考证，认定所谓"摩西五经"并非真正出自摩西之手；16世纪宗教改革以后的学者更是对摩西撰五经的传统说法予以断然否定。不过，耶和华与以色列人立约，的确是通过摩西发挥作用的，因此，"摩西律法"的说法还是靠得住的。

从19世纪起，学者们开始认为摩西五经实系J、E、D、P四种主要文献组合而成。J是Jahweh的首字母，因文中以Jahweh（耶和华）称呼上帝，故名。学者认为它于公元前9—公元前8世纪写于犹大王国，是一本纪事史，描写从上帝创世到摩西去世的历史以及攻占迦南的战斗。E是Elohim的首字母，因文中以Elohim（厄罗因）称呼上帝，故名。学者认为它比J典迟一百年，写于以色列王国，它是一种以色列民族史的简要本，从亚伯拉罕受召开始至占领迦南为止。D即Deuteronomist（《申命记》原本作者）的首字母，它是公元前621年祭司们为迎合约西亚的改革而写成的，为使人民易于服从改革，遂假托摩西之名颁布。P是德文Priestercodex的首字母，意为"祭司经卷"或"祭典"，一般认为是在巴比伦之囚期间由先知以西结的门徒编辑而成，是关于祭司律法与祭礼规定的记录，大体可见于今本《利未记》。

摩西律法中，最核心的律法是十诫（Decalogue）。十诫第一次出现于《出埃及记》第20章第1～17节，第二次出现于《申命记》第5章第6～21节。这两个场合出现的十诫，文字表达上稍有差异，但内容基本一样，均以上帝第一人称的形式展开：

  第一诫：除我以外不可有别的神。
  第二诫：不可制作和崇拜偶像。
  第三诫：不可滥用我的名字。
  第四诫：当守安息日为圣日。
  第五诫：当尊敬父母。
  第六诫：不可杀人。
  第七诫：不可奸淫。
  第八诫：不可偷盗。
  第九诫：不可作假证加害邻人。

第十诫：不可贪图邻人的房屋，也不可贪图邻人的妻子、仆婢、牛驴及其他财物。

与律法书中的其他"约书"条文相比，十诫使用的是一种毫不置疑的训诫口吻。在其他约书中，我们常常可以看到一种决疑式表达的存在，其基本套路是："如果……（某人犯了某罪），就应……（相应地施以某种处罚）"；而十诫所使用的则是一种命令式的用语："不可……（做某事）"或"应当……（做某事）"。这种差异也许是由两种立法的不同性质造成的。近来的研究成果告诉我们，古代近东地区实际上存在着两种立约形式：一种是平等人之间的立约，在这种约中，立约双方的权利和义务是对等的；另一种是宗主与其臣属之间的立约，这种约则以宗主赐予恩惠和仁慈、臣属服从宗主为特征。律法书中的一般约书条文也许暗示着上帝与其人民之间各自拥有对等的权利与义务的一面，因而基本上属于前者，故得以用决疑式的条件句来规范平等人之间的法律关系；而十诫则属于后者，即耶和华将以色列人从埃及的奴役状态中解救出来，并承诺对其实施保护，来换取被拯救者和被保护者的忠诚及服从，这显然是一种主属关系，宗主只能用一种不容置疑的命令来实现对于臣属的支配权。上帝与以色列人的关系，犹如仁慈而又严厉的父亲面对着顽劣的小孩，前者只有施以各种管制手段，才能保证后者的安全成长，因此也便不难理解，为何十诫中的多数条款是用否定句（"不可……"）的方式提出的。

十诫中的第一诫当然是至关重要的，因为它宣示了一神论原则，其他诸诫均与此条存在着内在关联。例如第二诫"不可制作与崇拜偶像"，其禁戒的对象不仅指其他诸神、人及动物的偶像，而且也指上帝的偶像。之所以不能制作和崇拜上帝的偶像，是因为古代近东人有一种普遍的观念，即认为制造偶像者必然比他所制造的偶像及其所代表的神高明，这意味着能制造神的偶像的人必能控制神，这种控制神的把戏就是巫术，巫术的原则是与上帝的主权直接相悖的。这就解释了为何一神论者必然同时也是偶像崇拜的反对者和巫术的敌人。第五至第十诫所反映的似乎不过是家庭及社会伦理关系，但在细察之后我们将会发现，这些诫律也与上帝信仰有关。例如第五诫的尊敬父母，据说就是崇拜上帝的前提，因为亲子关系历来被以色列人看作神人关系的一个缩影。又如第六诫禁止杀人，在以色列人看来就等于禁止侵夺上帝的特殊造物。人是上帝按自己的模样造就的，而且被赋予了上帝的气息，这样一种造物为上帝所珍惜，故在没有上帝允许（借助正义战争及死刑判决）的情况下随意杀人（包括自杀），便被视作对上帝主权的肆意挑衅。值得注意的是，根据以色列人的理念，上帝既然把其他物类的管辖权交付给人类，人类就有对之进行随意处置的自由，哪怕是将其作为食物来猎杀，这就解释了为何该条诫律所及的对象，不像佛教戒律那样把其他动物包括在内。

十诫是希伯来圣经中最核心的诫律。除此之外，摩西律法还为以色列人的信仰生活、家庭生活及社会生活规定了一系列十分详尽繁琐的禁忌和诫条，这些禁忌和诫条称为"约书"（The Covenant Code），总共加起来有613条。由此可见诫律对于以色列人的日常生活有多么重要。

2. 先知书（Books of Prophets）

先知书据说出于犹太先知们之手，公元前3世纪编撰完成，一共有8卷，分为"前先知书"和"后先知书"两大部分。其中"前先知书"有《约书亚记》《士师记》《撒母耳记》《列王记》，主要叙述从以色列人征服迦南到被掳于巴比伦的古犹太历史；"后先知书"有《以赛亚书》《耶利米书》《以西结书》《十二小先知书》，主要是古犹太先知的言论汇集，表达了公元前8—公元前5世纪先知们的宗教观念和政治、社会及伦理主张。

基督教的旧约根据"七十子希腊文译本"，将《撒母耳记》和《列王记》各自分拆成上、下两卷，将《十二小先知书》拆成12卷，于是，整部先知书就变成了21卷。

先知书中有一些极其著名的卷次，以下对其中的两卷作简单介绍。

《士师记》记载的是以色列人从埃及重新返回迦南以后在士师们领导下开疆拓土的历史。其中讲到一位著名的士师叫参孙，此人力大无比，曾赤手空拳杀死一头狮子，并用一块驴腮骨击杀了一千名腓利斯丁人。后来，参孙迷恋上了腓利斯丁妇女达丽拉，后者用诡计哄骗参孙说出其力气大的由来。参孙向她供出他的力气来自于他的头发，达丽拉趁他熟睡之际让人剃掉他的头发，腓利斯丁人因而抓住了他并挖去了他的双眼。被囚禁的参孙请求神赐给他最后一次力量，然后他推倒了厅堂的支柱，与大量的腓利斯丁人同归于尽。据说他死时所杀的腓利斯丁人比他活着时所杀的还多。此故事所歌颂的是典型的以色列民族英雄，他们虽有好色的毛病，但为民族的崛起做出了巨大贡献。

《以赛亚书》则记载了北方以色列王国陷落之后大先知以赛亚对南方犹大王国未来处境的预言。在第 7 章第 14 节中，以赛亚做出了这样一个预言："主自己将会给你们一个征兆——必有一位少女怀孕生子，并给他取名为'以马内利'。"值得注意的是，在希伯来古本中，将要怀孕生子者是"一位少女"（a young woman），这既可以指已婚的少妇，也可以指未婚的姑娘。可是在七十子希腊文译本中，却被翻译成了"一位童贞女"（a virgin），即将要怀孕生子者被限定为一名未婚姑娘。基督教以七十子译本为据，并在《马太福音》第 1 章第 23 节中应用了这句预言，借以证明耶稣的出生使以赛亚的预言得以成真。后来的圣母马利亚的"童贞女"身份，正是源自于七十子译本的这一处的异译，以及新约对于该异译的接受和发挥。由此可见，马利亚的童贞女身份，在希伯来古本圣经中，找不到合法的依据，这就整个颠覆了后来兴起的圣母崇拜。

3. 圣文集（the Writings，或 Hagiographa）

圣文集是最晚编辑的部分，它于公元 1 世纪末完成，实际上是历代犹太人文学创作的汇编，体裁较为宽泛，因此也被称作"杂集"。

希伯来古本的圣文集，一共有 11 卷，包括：诗歌类《诗篇》《箴言》《约伯记》《雅歌》《耶利米哀歌》《传道书》；故事类《路得记》《以斯帖记》；历史纪事类《历代志》《以斯拉－尼希米记》；启示文学类《但以理书》。七十子希腊文译本则把《历代志》分为上下两卷，把《以斯拉－尼希米记》分为《以斯拉记》和《尼希米记》。

圣文集中较为著名的卷次是《约伯记》《诗篇》《雅歌》及《但以理书》。

《约伯记》是犹太人智慧文学的典型代表。神称赞约伯是敬畏神的人，撒旦回答说，若夺去约伯的健康，他就会诅咒神。神允许撒旦去考验约伯。撒旦先后毁掉约伯的财产，杀死他的十个儿女，但约伯仍然对神坚信不疑。于是，撒旦让约伯本人浑身长满疗疮，他的妻子也逼迫他背弃和诅咒神，但他仍然不为所动。他的三位朋友说他的不幸是源于他的罪。然而当约伯经历了这种种考验仍然忠于神时，神还给了他健康，并另赐给他十个儿女，还有以前财富的两倍。这个故事没有设定特定的时间和地点，它试图要回答的是一个由来已久的神义论问题：好人为何会受苦难？

《诗篇》是圣经中篇幅最大的诗歌集，共收录诗歌 150 篇，全部用希伯来文写成。按部分编目的题记，其中约 100 篇出自大卫和所罗门等著名人物。不过一些学者认为，多数篇章实际上写作于大卫和所罗门之后。据考证，全卷至公元前 2 世纪形成定本，公元前后被列入正典。可分为训诲诗、赞美诗、祈愿诗、咏史诗、诅咒诗、祷告诗、朝圣诗、律法诗、忏悔诗、弥赛亚诗等类型，基本主题是赞美上帝，表达诗人在各种际遇中对上帝的呼求和崇拜，多数篇章主要是用于圣殿的崇拜仪式，可合乐咏唱，一些诗的题记中甚至注有所用曲调或乐器。

《雅歌》是著名的爱情歌集，因卷首有"所罗门之歌"字样，故犹太—基督教传统认为该歌集是所罗门王所撰。近现代一些学者则主张其为长期口头传唱的民间文学作品，公元前 2 世纪形成定本，公元 1 世纪末被列入正典。原著为希伯来文，以情侣对话的形式表达婚恋生活的各种感受，赞美纯洁、坚贞、热烈、欢快的爱情。解经家一直把其视作为寓言，认为诗中男女之爱喻示上帝和以色列人之间互爱，后来的基督徒则认为其喻示的是基督与教会（信徒）之间的互爱。

《但以理书》描述的是被掳往巴比伦的以色列先知但以理在异国宫廷中维护民族信仰的事迹，以及他所见到的历史进程和世界最终结局的异象。该书于公元前 2 世纪中叶成书，于公元 1 世纪被列入正典。全书分为上、下两个部分，上半部分记叙但以理因多次为国王尼布甲尼撒解梦而受到重用、预言巴比伦将要灭亡以及被投入狮子坑却安然无恙等故事；下半部分属于启示文学，主要是通过一系列未来和末日的异象，论断犹太人的上帝正支配着历史进程、犹太民族终将赢得胜利和成功。该书最为可贵的地方是它开启了一种新的文学形式——启示文学，为以后的基督教"启示录"作品提供了先例和参考模式。

公元 70 年以后，随着社会的发展，圣经内容需要不断重新解释，精通律法的法利赛人逐渐取得了巴勒斯坦和巴比伦地区犹太人社会的领导权,这些法利赛人被称作拉比(希伯来语 rabbi,意为"师傅"),于是,犹太教进入拉比时代。在这个时期里,圣经文献的编撰有了巨大进展。公元 2 世纪下半叶,巴勒斯坦和巴比伦的律法师编成了《口传律法典》(Mishnah,"密西拿");公元 5—6 世纪,律法师们编成了《口传律法注释》(Gemara,"革玛拉");公元 6 世纪,律法师们编成了《圣经经文注释》(Midrash,"米德拉西")。这三个文献统称为《塔木德》(Talmudh),它成为在重要性方面仅次于《圣经》的犹太经籍。

公元 630 年阿拉伯帝国的兴起,成为犹太教进入中世纪阶段的标志。中世纪犹太教受到当时地中海世界主流思想的影响,带上了神秘主义的色彩。从 17 世纪中叶开始,犹太教进入近现代阶段,从此它日益呈现出多元化的趋势。19 世纪以后,犹太教遂分裂成为正统派、改革派及保守派等派别。

参考文献

[1] 周燮藩. 犹太教小辞典 [M]. 上海:上海辞书出版社,2004.

[2] 约翰·德雷恩. 旧约概论 [M]. 许一新,译. 北京:北京大学出版社,2004.

[3] 弗雷泽. 旧约中的民俗 [M]. 童炜钢,译. 上海:复旦大学出版社,2011.

[4] *Good News Bible* [M]. Today's English Version. [S. l.]: United Bible Societies,1976.

[5] James King West. *Introduction to the Old Testament* [M]. second edition. [S. l.]: Macmillan Publishing Co., Inc. and Collier Macmillan Publishers,1981.

第 14 讲　基督教的崛起及新约圣经

基督教崛起于公元 1 世纪初的巴勒斯坦地区，它最初只不过是犹太教的一个微不足道的派别，可是后来却跨越了民族、文化及地理的界限，发展成为一个独立的世界性宗教，其势头远远超过了作为母体的犹太教。它究竟是如何发展起来的，其生命活力之源何在？为了回答这些问题，我们有必要先了解一下基督教崛起的历史背景。

一、基督教崛起的社会历史条件

基督教崛起的最重要社会历史条件如下。

1. 犹太教的分裂

既然基督教是从犹太教的一个派别中发展出来的，我们就不得不从犹太教的派别入手。

由于犹太教是犹太民族的生活方式，这种生活方式必然随着犹太民族的发展而发展，当然也就随着犹太民族的内部分化而发生分裂。

根据犹太历史学家约瑟夫（Flavius Josephus，公元 37—100 年）的记载，从公元前 2 世纪起，犹太人社会就陆续分裂成为四个较大的党派：

（1）撒都该党（Sadducees）。据说此名来自于大卫时期的祭司撒督。该党成员主要包括大祭司、祭司集团中的贵族和其他贵族，他们满足于与罗马征服者合作而获得犹太人的相对自治权。撒都该人生活比较富裕，热衷于政治活动，对宗教的态度却比较冷淡。他们只承认希伯来圣经的前五卷(即"摩西律法"),不相信灵魂不朽和肉身复活,不相信天使和精灵的存在,藐视犹太教的口传传统对于律法的解释。他们受希腊文化影响较深,常常勾结罗马统治者,压制平民起义。据说撒都该人是耶稣被捕、受审和受难的主使者。

(2)法利赛党(Pharisees)。法利赛人是出身于非祭司家族的学者和文士,他们在指导宗教生活和世俗生活中逐渐发挥作用,并崛起为犹太社会中祭司贵族以外的上层人物。由于自身独特的神学观点,这批人从犹太公会中分离出来,被称为"法利赛人"(意为"隔离者")。法利赛人在神学上重视和拘泥于律法,轻视先知和启示。他们比较世俗,倾向于与罗马统治者合作。他们认为传统律法应当包括文字律法、口传律法及先知的教训和祖先关于律法传统的说明;对当前问题的解决,应当以律法的解释者对律法的理解为根据;应依照律法的精神和实质对律法作出解释。他们认为神是一种精神实体,无所不在,无所不知,无所不能,公义、怜悯、仁爱;相信人永恒不朽和死后复活;认为在任何地方,人都能够而且应当崇拜神;并热诚地期盼弥赛亚的到来。法利赛人虽属于社会的上等阶级,但他们中的多数人生活水平接近大众,思想较民主,信仰较虔诚。然而,他们对律法的刻板遵守曾受到耶稣的多次批评。

(3)艾赛尼派(Essenes)。意为"虔诚者",其成员主要是男子,以农作、手工艺和其他体力劳动为生,在死海的西北地区设立营地,以避免和外界接触,寻求理想中的和平。他们极其谨慎地遵循律法,在日常生活中竭力避免不纯洁的思想和行为,特别注重仪式的准确。他们还以年龄和学识确定等级,由专人安排一切活动,一起研读律法。他们重视体力劳动,很少从事商业,不使用奴隶,实行财产公有,轻视奢侈和快乐,倡导过简单生活;不参加圣殿的动物献祭,只以面粉和油作为祭品;对任何不敬神的言行都处以极刑;相信命运,相信灵魂永恒不朽,但不相信身体永恒。艾赛尼派的生活方式,对以后基督教的修道制度产生过影响。1947年"死海古卷"的发现,为艾赛尼派研究提供了更加可靠的证据。

(4)奋锐党(Zealots)。是犹太人当中的极端民族主义者,他们不断掀起反抗罗马的起义,强烈反对异族对犹太人的统治,认为接受罗马统治就是对神的背叛。奋锐党人常常以律法和犹太民族的保卫者自居,他们恫吓反对派，废黜大祭司，用抽签的方式选举领导人，并拒绝向罗马的税吏纳税。由于他们的过激行为，最终导致公元 70 年耶路撒冷圣殿的毁灭。对于奋锐党人的历史作用，学界存在着不同的看法。耶稣的十二门徒之一西门，可能出自这一派别。

由耶稣所创立的犹太教新派别，到底属于上述四大派别中的哪一派？这是一个暂时无法解决的难题。一般认为，除了撒都该党以外，耶稣的派别与其他三个党派存在着不同程度的关联。不过，与之关联最大的，也许是艾赛尼派和奋锐党。

2. 世界主义观念的产生

世界主义（Cosmopolitanism）是相对于城邦主义或民族主义而言的。在希腊化时代以前，由于希腊世界小邦林立，各邦之间以及东西方之间的隔绝状态比较严重，人们的眼界常常局限于一邦一国，这种小国寡民的时代只能造就一种狭隘的城邦主义或民族主义观念。例如无论是柏拉图还是亚里士多德，他们心目中的理想国家总是以版图狭小、人口有限的城邦为原型，在这种理想城邦中，公民、奴隶和外国人的差别是永远也无法消除的。

进入希腊化时代以后，由于国家形态发生了变化，人们的思想观念也跟着出现了缓慢的改变。首先，亚历山大的东征彻底打破了城邦时代小国寡民的局限，作为历史上第一个糅合东西方文化的世界性帝国，开始将其版图从原先的"希腊世界"延伸至东端的印度河和葱岭一带。其次，随后崛起的罗马人，通过一系列武力扩张和征战，更是把其帝国的西部边界拓展至大西洋东岸。在这些世界性的帝国里，人们开始打破了原先国界的限制，展开了更为频密的交往，这些交往使人们的眼界大为开阔。于是，人们逐渐发现，在各种不同族群或等级的人当中，其实存在着某种共同的本质。某些思想较为活跃和超前的人士，甚至主张人们必须互相爱戴。例如在希腊化和罗马时代颇为流行的斯多亚主义，就提倡一种广泛的爱，即不仅要爱自己，爱邻人，也要爱自己的奴隶，爱异族人和爱自己的敌人，因为即使是我们的敌人，也与我们存在着人类所共有的利益。

由此可见，世界主义不仅意味着对民族、国家和地域的超越，而且也意味着对族群、阶级和等级集团的超越。世界主义必然造就"世界公民"

的观念，我们知道，第一个自称为世界公民的人，是斯多亚主义的创始人芝诺，在他之后，人们常以自称世界公民为时尚。

世界主义的观念在犹太人当中也有所反映。如果说，过去许多周边的异族曾经欺凌过犹太人而成为受嫉恨的敌人，那么如今，随着这些过去的敌人陆续屈服于罗马人，他们便与犹太人一道成了罗马统治者的"平等"臣民了。既然大家都臣服于同一个统治者，犹太人原先那种把"上帝选民"只局限于犹太人的民族排他性，对于某些具有先知先觉的人来说，就显得有点不合时宜了。实际上，基督教崛起的第一个重要契机，就是突破犹太教民族排他性的局限。

3. 东、西方文化的交流及融合

在庞大的世界性帝国崛起的环境下，东、西方文化交流得到了迅速的扩展。"希腊化"不仅仅意味着希腊思想文化传播到东方，而且也意味着东方的思想文化影响到西方世界。亚历山大帝国和罗马帝国有一个重大共性，就是它们的统治者在对待被征服地区的文化方面一样宽容。他们在征服了一个地区之后，总会把该地区的文化习俗加以保护和吸收利用，并允许当地人民保持自己的宗教信仰和生活习惯。在这方面罗马人走得更远，他们每攻占一个城市时，都会把该城市的庇护神祇接受进罗马的万神殿中，结果是罗马的神灵越来越多，信仰越来越复杂。例如，希腊罗马人原来流行鸟卜和梦卜两种占卜形式，后来又引入了中东地区的脏卜和巴比伦的星卜；希腊罗马人原先相信神谕，后来又接受了东方式的预言；希腊罗马人原先崇尚柏拉图的灵肉二元论，后来又引进了希伯来人的灵肉整体论；等等。

东、西方思想文化的汇合和交流，为基督教思想的产生提供了素材和内容，同时也解释了早期基督教的思想何以包罗万象甚至自相矛盾。

4. 斗争方式的改变

我们知道，犹太教本来带有强烈的战斗性和现实精神。犹太人当中除了作为祭司贵族的撒都该党人之外，其他各种派别的人民都热切盼望复国救主前来拯救犹太人，帮助犹太人回复到所罗门王时代的太平盛世。尽管在如何迎接弥赛亚的手段上各派有分歧，可是对于弥赛亚的信念却没有本质差异。

实际上，在选择实现弥赛亚理想的手段方面，犹太人在不同的历史时期采取了两个截然不同的极端做法。起初，在奋锐党人的激励下，部分犹太人采取了武装斗争的方式，他们先后于公元前51年、公元前4年及公元66—68年发动起义，但都在残酷镇压之下归于失败。其结果是耶路撒冷城受到严重摧残，圣殿最终被毁，大批耶路撒冷居民遇害，近7万犹太人被卖为奴。复国救主的降临以及在现实世界当中重建所罗门时代繁荣盛世的希望一次又一次地破灭。

既然用暴力方式无法实现复国梦想，于是便有人采取另一种极端做法，即企图用消极等待的方式迎接弥赛亚的到来。例如艾赛尼派就拒绝与异族统治者及本族权贵合作，希望通过自我隔离来维持自身文化的纯洁性。

无论是采用暴力的手段，还是采取消极等待的方式，本质上都是建立在对外来文化影响不信任甚至拒斥的基础上，这当然是违背历史潮流的。这些做法及其严重后果必然为后起的基督教提供了足够的教训。基督教在充分总结吸取既往与外族文化相处的经验教训之后，最终选择了一种全新的斗争方式：主动融入占主流地位的文化潮流，用积极信仰及和平祈祷取代暴力和自我隔离。

二、基督教的产生

有关基督教的最初崛起，世俗文献没有给我们提供多少有价值的证据。目前我们只能根据基督教新约圣经所提供的线索，对基督教的诞生作一个大概的描述。

1. 耶稣教派的出现

(1) 施洗约翰的事迹。据福音书的记载，公元1世纪初，在犹太地区出现了一名叫约翰的先知，他劝人悔罪，为人洗礼，故被称作"施洗约翰"（John the Baptist）。他宣称弥赛亚临近了，到时上帝将审判一切活着的人和死去的人，善人将获宽恕，恶人将遭永劫；他敦促活着的人忏悔自己的罪过，以获得上帝的宽宥；他还预言说，将有一位能力比他更大的人用圣灵和火来为人施洗。这些话语被认为是传递了上帝的"福音"

(good news)。约翰的说教吸引了大批的听众，其中一位听者就是耶稣。

（2）耶稣的出生与传道。关于耶稣的身世，福音书说他是大卫王的后裔、木匠约瑟的儿子，其母亲马利亚与约瑟定了亲但未圆房便受圣灵感应而怀孕，生下了耶稣。耶稣的出生地是耶路撒冷南部的伯利恒。后来因逃避希律王的迫害，举家逃往埃及；希律王死后，又迁往巴勒斯坦北部的加利利省拿撒勒村。耶稣30岁时，在约旦河接受施洗约翰的洗礼。此后不久，约翰被捕下狱，并被斩首。耶稣便开始了其传道生涯。

耶稣的活动范围主要在今巴勒斯坦北部的加利利湖以北人口稠密的乡镇，其传道对象主要是渔夫、税吏及匠人等普通人。耶稣用比喻的方式宣讲信心、仁爱、谦让及服从等思想；他通过行神迹来为穷人治病，常使盲人复明、聋哑人开口、瘫痪者行走、死者复活；他还挑选了彼得、多玛、雅各、约翰等人作为自己的近身门徒，即为著名的十二使徒。

（3）耶稣的死难、复活及升天。耶稣一方面谴责撒都该人的势利和法利赛人的刻板，另一方面又常常违反犹太戒律，在安息日时为人驱魔治病。他的这些出格言行难免招致犹太贵族的嫉恨。在逾越节前夕，由于门徒之一加略人犹大的出卖，耶稣被大祭司的手下拘捕，经公审认定有罪后，被罗马驻犹太总督彼拉多判处极刑，在逾越节期间的星期五那一天，被钉死于十字架上。

第二天，耶稣的尸体被其仰慕者用细麻布、没药和沉香包裹后安葬于各各他山的墓穴里。据说第三天清晨耶稣复活，此后多次向门徒显现。受难后第四十天，耶稣在耶路撒冷东郊的伯大尼村对面向门徒祝福后乘云升天。受难后第五十天，耶稣差遣圣灵降临在众门徒身上。

耶稣死后，其门徒遵其遗嘱，四处传道，于是，耶稣的派别影响不断扩大。

关于耶稣其人其事，记载最为详细的是福音书。其他同时代的世俗历史文献如约瑟夫的《犹太古代史》及《犹太战争史》、塔西佗的《编年史》、苏维托尼乌斯的《十二帝王传》和普林尼的书信等都对耶稣有所提及，但语焉不详。因此有人对耶稣的历史真实性表示怀疑，例如考茨基（参见《基督教的本质》）和幸德秋水（参见《基督何许人也》）等。

（4）耶稣教派的基本主张和倾向性。在没有找到确切证据之前，随意地怀疑耶稣的历史真实性并不是一种科学的态度。可以肯定的是，在公元 1 世纪 30 年代的巴勒斯坦地区，无疑崛起了一个以耶稣为名义的犹太教新教派。该教派以普通的下层人民为主体，具有反祭司贵族特权和反法利赛人宗教保守主义的明显倾向。耶稣教派与以罗马人为代表的外族统治势力的关系相对含糊，就福音书所披露出来的耶稣言行而论，此派对于异族统治者，很可能是抱着一种消极的不合作态度，这种态度与艾赛尼派非常相似，这在一定程度上说明了后者对它的影响。

耶稣教派宣称救主耶稣即将再次降临人间；因基督之名而受害的死难者必将复活，与基督同掌王权，享受永生；魔鬼与恶人也将复活受审，并被投入火湖遭受永劫；世间一切均由上帝所定，人们无须自己动手抵抗恶人，而只需信仰救主基督即可。由于希伯来文的"救主"读为 Messiah，而 Messiah 一词在希腊文中又译为"基督"（Christ），故信仰耶稣基督的人士，被称作"基督徒"（Christians）。据新约中的《使徒行传》第 11 章第 26 节记载，耶稣的信仰者自称为"基督徒"，是从安条克开始的。

不过，耶稣的传道活动并没有超出巴勒斯坦犹太人的范围，因此耶稣的教派仍然属于犹太教的范畴，换言之，耶稣的教派尚未独立发展成为一个系统的宗教。使耶稣的教派彻底脱离犹太教而成为一个独立宗教的，是另外一位重要人物保罗。

2. 使徒保罗的传教活动

保罗（St Paul, ？—约公元 62 年），天主教传统译为"保禄"，有关他的事迹主要记载于《使徒行传》中。

保罗原名"扫罗"，出身于小亚细亚东南部的塔苏斯城，是一名具有罗马公民身份的犹太法利赛人，主要从事搭建帐篷的职业，年轻时曾是迫害耶稣门徒及信仰者的狂热分子。有一次他执行任务前往大马士革追捕耶稣的信仰者，途中遇耶稣向他显现，导致其双目失明。静坐苦思三天后，在一名基督徒的启发下重见光明，遂受洗礼，从此转信耶稣，成为基督教最得力的传播者。

保罗为基督教的立足和发展做出了两个不可磨灭的贡献：

其一，在传教对象方面，突破了地域和阶级的局限，把基督教传给了一切愿意接受的人。根据《使徒行传》的记载，保罗曾进行过三次旅行传道，他从安条克出发，横穿小亚细亚，并跨过海峡进入希腊半岛和意大利半岛，把基督教传播到叙利亚、小亚细亚、马其顿、希腊和罗马等地，先后在这些地方建立了教会。我们知道，耶稣的传道对象主要是犹太地区中具有自由身份的穷人，而保罗则把基督教传给了外邦人当中包括富人、穷人和奴隶在内的所有人群，在突破民族和地域局限的同时，也突破了社会阶级和等级局限。保罗自称是上帝指定的"外邦人的导师"。一些犹太人出身的保守基督徒主张加入基督教的非犹太人也要像犹太人那样行割礼，保罗对此加以断然否定，他坚持认为，只要相信耶稣是救主就能做一名基督徒，因此割礼完全可以用洗礼来取代。

其二，在思想观念方面，解决了基督教理想与政治现实之间的矛盾，为基督教神学理论的形成奠定了基础。当时基督教所面临的最大难题是：传道者们教导说世界末日即将来临，千年王国很快就要降临人间；可是在公元1世纪的罗马社会中，现实统治秩序没有任何动摇的迹象，相反，进入繁荣阶段的罗马帝国，统治基础仍固若金汤，"审判"及"千年王国"的承诺似乎一再落空，许多最初的狂热信徒逐渐感到失望和沮丧。在这种情况下，如果不对这些概念做出新的解释，信徒的信仰基础就会动摇，基督教就会面临夭折的危险。保罗正是在这一关键时刻挺身而出，为挽救基督教的危机作出了关键性的贡献。他借助与各地教会进行通信的方式，为基督教建立起一整套独立的神学教义。新约中的书信，多数为保罗所写，这些书信就是最初的系统基督教教义，它们对于理解早期基督教思想极为重要。

根据这些书信，"世界末日"这一概念，由先前基督复临人间审判一切生者和死者，变成了主要是指每个个人死后的结局；"千年王国"也被从整个人间世界移到了每个个人的内心里，由现实的理想变成了对来世的向往和期盼。总之，保罗把属于人类集体命运的基督教变成了属于个人心灵的宗教，把具有某种现实战斗性的运动变成了一种单纯的宗教安慰。

由于有了这些新的解释，活着的人们就再也不必苦苦地等候"末日"和"千年王国"的到来，而应当通过积极的信仰和改善自身的道德状况（"悔改"）去主动地争取它们在个人领域的实现。

既然贯穿着这些思想的书信成为新约的重要组成部分，保罗便对基督教的最终形成和发展作出了至关重要的贡献，因此后来有人甚至断言，早期基督教实际上是保罗的基督教。这种说法未必客观和公正，因为基督教光有思想建设是不够的，它同时必须要有组织和制度方面的建设，而在组织和制度方面为基督教奠定基础的，则主要是耶稣的大门徒彼得（天主教传统称作"伯多禄"）。虽然彼得的实际作为并不太大，但由于他在十二门徒中的显赫地位，加上耶稣的器重，他很快就被人们视作主教制度的开创者和理所当然的第一任主教。后来的所谓"使徒统绪"即有关主教继承制度的习惯，正是以他为核心的。

根据基督教传统，保罗和彼得均于公元62—64年尼禄迫害基督徒的过程中在罗马殉道。从耶稣教派出现开始，到保罗和彼得遇害为止，即公元1世纪30年代至60年代，是"原始基督教"时期。此时的基督教与后世基督教相比，保留了较多的"原始"特征：其一，组织结构尚不完备，定型化的礼仪和体制化的组织尚未形成；其二，神学教义比较简朴，繁杂而又系统的神学理论尚未出现；其三，与犹太人及犹太教仍保持着密切的联系，普世主义的特征尚未充分显现；其四，信徒和教会领袖仍然是社会中的底层人士，来自上流社会的基督徒尚不多见。

三、新约圣经

1. 新约与旧约的关系

既然基督教最初不过是犹太教的一个派别，它就不可能抛弃犹太教的希伯来圣经。不过基督教在其自身的历史发展过程中，也构成了自己所独有的圣经。于是它便拥有了两部圣经：一部是继承自犹太人的希伯来圣经，因其是上帝与犹太人所立之约，基督徒把其称作旧约（The Old Testament）；另一部是来自其自身的独创，这被认定为是上帝与新选民所立之约，故将其称作新约（The New Testament）。

值得注意的是，早期基督徒所使用的旧约（即希伯来圣经），是七十子希腊文译本，而不是希伯来文古本。这两个版本有些许差异，这些差异长期以来成为基督徒与犹太人进行争论的焦点，双方均指责对方用错了圣经版本，故造成了对某些问题的错判。

一般情况下，基督徒会平衡使用新约和旧约，他们把旧约中的故事看作新约的"预表"，把新约的故事和道理看作旧约的"对范"（即实现）。例如，大卫王就被看作基督的预表，基督则被看作大卫王的对范。又如，摩西预表了基督，旧约中的献祭，预表了基督将为人类受死，等等。这种所谓"预表论"（Typology）解经方式，成为教会解经的标准模式。

2. 新约的结构和基本内容

新约一共有27卷，分为四大部分：

（1）福音书（Gospels）。福音书一共有4卷，分别为《马太福音》《马可福音》《路加福音》《约翰福音》。四卷福音书叙述一个相同的故事——耶稣的诞生、传道、死难及复活升天，亦即耶稣的整个生平事迹。但四卷福音书的侧重点和写作风格各不相同：《马太福音》和《马可福音》主要是从历史的角度描述耶稣；《路加福音》主要是从文学的角度描述耶稣；《约翰福音》则是从哲学的角度描写耶稣。

从出现的时间顺序看，《马可福音》是最早写成的一部福音书，写作于公元60—70年间；然后依次是《路加福音》（公元75年前后）、《马太福音》（公元80—100年）及《约翰福音》（公元85—100年）。就作者而论，马太和约翰均是耶稣十二门徒的成员；马可是耶稣的弟子和使徒保罗的学生，曾先后伴随保罗和彼得从事传道工作；路加则是一名出生于安条克的希腊人，擅长医术，师从保罗，并陪伴保罗进行旅行传道。

《马太福音》和《路加福音》均载有耶稣诞生故事；《马可福音》和《约翰福音》则从施洗约翰传道和耶稣受洗为开端。有关耶稣的事迹，《马太福音》《马可福音》《路加福音》遵循着相同的叙述方式和构架，可以互相参照，故被称作"对观福音"或"符类福音"（Synoptic Gospels）；《约翰福音》则叙述风格大异，它以哲学家的口吻描述耶稣的讲道和教导。

三部对观福音书中，有许多地方的文字十分相似，甚至完全相同；同时又有不少地方互不相同，甚至互相矛盾。针对这一现象，学界有很多种解释，目前占主导地位的解释是承认这三部福音书拥有两个共同参用的资料：一是《马可福音》，或至少是今传本《马可福音》的前身，即"原始马可福音"，它是三部福音书所共有内容的资料来源；二是《马可福音》

所无而《马太福音》和《路加福音》中都有的已佚资料，学者们将其称作"Q字原材料"。Q是德文Quelle（意为"源头"）一词的首字母，据推测，Q字原材料主要是耶稣言论，可能曾被记录整理，但日后失传；也可能从未形成书面文字，只以比较固定的形式在信徒中口头流传。

（2）使徒行传（Acts of the Apostles）。只有1卷。作者为路加，故被看作《路加福音》的续编，写作于公元75—85年间。上承四福音书，叙述耶稣升天后其部分门徒如何在圣灵指引下分散各地去传讲福音，亦即基督教运动如何脱离犹太教传统，从犹太民族扩展到地中海周围的广大地区。全卷共28章，可分为上、下两编，上编（第1～12章）主要记载彼得等人传道事迹及耶路撒冷教会和安条克教会的发展状况；下编（第13～28章）记述保罗的皈依及他三次旅行传教的行程、他在耶路撒冷被捕及被解往罗马的种种事迹。

《使徒行传》特别强调圣灵对传福音的引导作用，说明教会的权威来自基督，耶稣的门徒彼得、约翰、雅各、腓力、巴拿巴及司提反等都是品行超群者，保罗是初期教会最重要的奠基者之一，预示基督教必将发展成普世性的宗教。

（3）书信（Epistles）。总共21卷（篇），因大多为使徒所撰写，故通称"使徒书信"。书信内容主要是阐述基督教的教理和教义，劝告信徒坚定信仰、维护团结及反对异教和异端。其中有13篇被认定为保罗所写，合称"保罗书信"：《罗马人书》《哥林多前书》《哥林多后书》《加拉太书》《以弗所书》《腓立比书》《歌罗西书》《帖撒罗尼迦前书》《帖撒罗尼迦后书》《提摩太前书》《提摩太后书》《提多书》及《腓利门书》。保罗书信撰写于公元1世纪中期前后30年间，亦即为，保罗大多数书信的写作时间比福音书还要早。

除了保罗书信之外，余下的8篇书信为：《希伯来书》（1世纪下半叶）、《雅各书》（公元50—62年）、《彼得前书》（1世纪60年代）、《彼得后书》（公元150年前后）、《约翰一书》（2世纪上半叶）、《约翰二书》（2世纪上半叶）、《约翰三书》（2世纪上半叶）及《犹大书》（1—2世纪之交）。其中《希伯来书》的作者不详，其他7篇书信的作者，都见于书信题名中。不过，《彼得后书》和三部约翰书，其写作年代太晚，它们大概是后人假托使徒名义写出,而不大可能真正由使徒所写。

这些书信中,对后世基督教影响较大的主要有《罗马人书》《雅各书》《彼得前书》及三篇"约翰书"。《罗马人书》对基督教教义作了比较系统的阐发,并突出发挥了"因信称义"（to be put right with God through faith）的理论（第1章第17节）。该理论成为后来奥古斯丁神恩独作说的圣经依据,它虽然在中世纪的天主教那里长期受到教会当局的冷落,可是在16世纪的宗教改革运动中又被马丁·路德等人重新挖掘出来。《雅各书》则强调善功的重要性,作者认为,单靠信仰而没有行为加以印证是无意义的,信仰不能与生活实践相脱节（第2章第14～26节）。这一理论后来成为在中世纪社会中占主导地位的神人合作说的《圣经》依据,不过在实践过程中也被滥用了。《彼得前书》主要论述基督受苦的意义,目的在于鼓励受迫害的小亚细亚信徒坚定信仰。三篇"约翰书"则侧重于阐发道成肉身的学说,意在强调神爱的普遍性和广泛性。

（4）启示录（Revelation）。只有1卷。因传为使徒约翰所写,故也称《约翰启示录》,据说是约翰被放逐于拔摩岛时所作。《启示录》继承了旧约《但以理书》的启示文学风格,主要是用梦幻的形式预示未来即将发生的事件。成书于公元1世纪下半叶。作者为勉励患难中的信徒坚守信仰,以奇异的笔触描绘出宇宙大决战、末日审判及新天新地的景象,表明一切敌基督的势力必定失败,基督教信仰终将传遍全世界。根据该书的描述,天上出现了一只长着七头十角的大红龙,头上戴着七个冠冕,尾巴拖着天上三分之一的星辰,并把其摔到地上；它在窥视着一名即将生产的妇女,企图在婴儿生下时将其一口吞下；但它无法如愿,因为初生的男婴已被天使接到上帝的宝座那里；于是,大红龙与天使长米迦勒发生了一场恶战,结果前者战败,被逐下人间,继续在地上与那名妇女的其他儿女争战；然后,这个以大红龙面目出现的撒旦将被捆绑,并被扔进无底洞长达一千年；一千年以后,撒旦将被释放出来,危害世人,并与圣徒交战,最终战败,被扔进充满硫磺的火湖里,永受折磨。

作者在谈及天上异象时,屡屡用数字和颜色等象征性话语来指称特定的事物和表达作者本人的喜恶。不少学者认为,书中的"七头十角怪兽",暗指当时迫害基督徒的罗马统治当局；书中说各族人民被迫崇拜怪兽的像，实指罗马帝国强制推行对皇帝塑像的拜祭。值得注意的是，早期基督教当中特别流行的"千年太平盛世"（也称"千年王国"）的思想，正是源自于对该书内容的概括。

有学者发现，《启示录》的写作时间其实分为两个阶段：书中的一部分内容是公元68年尼禄皇帝自杀至70年耶路撒冷被攻陷期间所作；另一部分内容则是在图密善统治（公元81—96年）后期写成。至于作者，也有人认为这里的"约翰"未必就是使徒，他很可能是与使徒约翰同名的某一位居住于小亚细亚的犹太人基督徒。

新约原文用希腊文写成。最早的几个新约抄本均已佚失，只在一些修道院里保存了少量残篇。公元397年召开的第三次迦太基公会议确定了旧约和新约的编目和顺序，这些编目和顺序基本上被沿用至今。公元4—5世纪之交，神学家杰罗姆对旧约和新约进行了翻译和校订，结果形成了一部包括旧约、后典和新约在内的"拉丁文通俗译本"（Vulgate edition），这是中世纪期间西部教会通用的圣经版本。

3. 新约中的某些重要思想

从历史的角度看，由于新约各卷的成书时间不同，作者成分较为复杂，同时，它所反映的是基督教从最初萌发到早期发展整整一个世纪的历史，因此，新约的内容难免有前后矛盾之处。这里无法就新约的所有思想作一一叙述，只能列举某些包含着内在矛盾的观念。

（1）报应的思想。报应是一切宗教所共有的伦理目标，基督教当然也不能例外。基督教既是一种入世的宗教，也是一种超越的宗教，因此，它的报应观既建立在地上（现世），也建立在天上（来世）。

基督教的报应观，集中体现于《启示录》对"千年王国"和"世界末日"的展望上。该书作者认为，在世界末日来临之前，基督将复临人间，亲自作王治理世界一千年，在此期间，信仰基督的圣徒们将复活，与基督一起为王；魔鬼被暂时困锁，福音将顺利传遍全世界。千年期满，魔鬼又被释放出来，再次进行迷惑人的活动。最后世界末日到来，恶人复活经审判后下地狱受永罚；善人和圣徒升天堂享永福。

在这里，"千年王国"的场景被设定在现世人间，而"末日审判"后人们的去处，则被设定在超越人世的地狱和天堂。这表明《启示录》的报应观是双重的，即既是入世的，又是超世的。

这种报应的双重性并非《启示录》作者所特有。其实耶稣早就教导其追随者说：凡是抛弃家庭和财产而跟随我的，今世可得百倍酬报，来世必得永生（《马可福音》第 10 章第 29～30 节）。

当然，在不同的场景中，新约作者的报应观常常是有所侧重的。例如亚拿尼亚及其妻子在许诺捐出所有钱财之后却为自己私留了一部分，结果他们在彼得的斥责下双双倒地身亡（《使徒行传》第 5 章第 1～10 节），该故事被看作现时即报的典型例证。又如，耶稣在谈到背弃他的人时说道："弃绝我、不领受我话的人，有审判他的，就是我所讲的道在末日要审判他。"（《约翰福音》第 12 章第 48 节）这里所讲的报应则似乎将发生在来世。

新约报应观的另一个特点是强调"补偿性报应"，即来世生活是对现世的补偿，其结果必然导致来世情景与现世处境的截然对立。耶稣在论祸福时说道：那些贫穷的、哀哭的、受人拒绝和辱骂的人，将得到天上的福分；而那些富足的、餍饱的和喜笑的人，将遭受地狱的殃祸（《路加福音》第 6 章第 20～26 节）。耶稣对他的门徒说："你们中间谁愿为大，谁就必作你们的佣人；谁愿为首，谁就必作你们的仆人。"（《马太福音》第 20 章第 26～27 节）他还说："凡想要保全生命的，必丧失生命；凡丧失生命的，必救活生命。"（《路加福音》第 17 章第 33 节）

（2）对世俗政权及富人的态度。在对世俗政权及富人的态度上，新约充满着矛盾。一方面，耶稣和新约作者具有明显的叛逆性和仇富性。《启示录》把罗马皇帝指斥为七头十角的怪兽、撒旦和"罪恶的大巴比伦"。耶稣本人在某些特定的场景中也显得极不安分，他以十分肯定的口吻告诉自己的追随者："你们不要想，我来是叫地上太平；我来并不是叫地上太平，而是叫地上动刀兵。"（《马太福音》第 10 章第 34 节）这种咄咄逼人的语气不禁使我们联想到奋锐党人的过激行为。在被问及富人能否进天堂时，耶稣予以断然否定："我实在告诉你们，财主进天国很难。我再一次告诉你们，骆驼穿过针眼，比财主进神的国还容易呢！"（《马太福音》第 19 章第 23～24 节）

另一方面，在大多数情况下，耶稣则表现得非常温顺和心平气静。例如有法利赛人问是否向罗马当局缴纳税款，耶稣回答说："恺撒的东西应当归恺撒，上帝的东西应当归上帝。"（《马可福音》第 12 章第 13～17 节）言下之意是：税款属于世俗当局，人民当然应该依法缴纳。这表明耶稣对罗马统治当局并不反感。在福音书里，"叫地上动刀兵"的耶稣形象，常常被与人为善的耶稣形象所覆盖，因此我们可以看到他的一再表白："我来本不是要审判世界，而是要拯救世界。"（《约翰福音》第 12 章第 47 节）不仅如此，耶稣还是一个以德报怨的典型，他告诫自己的门徒说："要爱你们的仇敌，为那些逼迫你们的人祷告。"（《马太福音》第 5 章第 44 节）"有人打你这边的脸，连那边的脸也由他打；有人夺你的外衣，连内衣也由他拿去。"（《路加福音》第 6 章第 29 节）保罗继承了耶稣以德报怨的思想，他一再教导说：不要以恶报恶，不要自己申冤，一切任凭主去发落（《罗马人书》第 12 章第 17～19 节；《帖撒罗尼迦前书》第 5 章第 15 节）。他认为世俗统治者代表上帝统治人民，因此人民必须服从："在上有权柄的，人人当顺服他；因为没有权柄不是出于神的，凡掌权的都是神所命的。所以抗拒掌权的，就是抗拒神的命；抗拒者必自取刑罚。"（《罗马人书》第 13 章第 1～2 节）

（3）对犹太律法的态度。在新约中，尤其是在福音书中，对犹太律法的态度极为复杂。同一个耶稣，对律法存在着两种截然不同的态度：①维护律法。耶稣对其门徒说："莫想我来要废掉律法和先知；我来不是要废掉，而是要成全。我实在告诉你们，就是到天地都废去了，律法的一点一画也不能废去……"（《马太福音》第 5 章第 17～18 节）由此可见耶稣对律法的执着。在另一个场合里，耶稣说法利赛人的行为不可仿效，但他们的话却可以听（《马太福音》第 23 章第 1～3 节）。法利赛人以恪守律法著称，耶稣要其追随者听他们的话，这意味着耶稣是非常看重律法的。②改良律法。在实践过程中，律法又变得极其有弹性。例如耶稣在安息日时携同门徒走过一块麦地，门徒饿了，便掐起麦穗吃了起来。法利赛人控其违反守安息日的规定。耶稣辩称：安息日是为人设置的，何况在大卫王和圣殿祭司那里就已经有了先例（《马太福音》第 12 章第 1～8 节）。耶稣不仅为门徒在安息日劳作进行辩解，他自己在同一个安息日里还为一个病人治病；他对法利赛人的指控不以为然，认为在安息日为人治病，比起在安息日救起一只跌落深沟的羔羊有价值得多（《马太福音》第12章第9～13节）。由此看来，耶稣并没有像多数法利赛人那样刻板地死守律法的文字规定，而是因地制宜地对这些规定进行必要的变通和改良。

不过总体而言，耶稣并不敢真正抛弃律法条文的规定。实际上，第一个真正敢于与律法决裂的是保罗。保罗的传教对象主要是外邦人，而外邦人最难以接受的律法条文就是有关割礼的规定。故保罗深刻地认识到，只有废除割礼，才能赢得大批外邦人入教。不过在实践过程中他还是碰到了很大的阻力。例如在他首次返回安条克时，就有许多犹太人基督徒指控他不向外邦人基督徒行割礼，该指控导致了基督教历史上第一次宗教会议——耶路撒冷会议的召开。在此次会议上，与会者就外邦人是否行割礼的问题进行了激烈的辩论，最终保罗的观点占了上风（《使徒行传》第15章第1～21节）。

（4）耶稣的身份。耶稣究竟是怎么样一个角色？新约中有许多不同的说法。在一般情况下，耶稣自称为"人子"（son of man），而别人则称他为"夫子"（teacher）或"拉比"（rabbi）。耶稣之所以自称为"人子"，很大程度上出于自谦，即表明自己是一个普通人。就历史上的耶稣而言，这一自称是恰如其分的：他虽然有着高贵的血统渊源，却来自于普通的木匠家庭。故"人子"之称，实与"鄙人""在下"等谦辞无异。不过因为旧约中把人子描述为从上帝那里得到权柄、荣耀和国度的君王（《但以理书》第7章第13～14节），后来的圣经解释者认为耶稣所自称的"人子"，隐含着"人类救主"的神学意蕴。

至于"夫子"一词，主要是出自他的追随者、他的听道者以及他的论敌（包括撒都该人和法利赛人）之口，是一个表示尊重的客套之词。就专业性角度而言，"拉比"比"夫子"更为博学和狭义，它一般用来指称精通经典律法的学者和专家。在福音书中，称耶稣为"夫子"的较普遍，称其为"拉比"的则较少见。没有迹象表明耶稣接受过正规的犹太教育，故他的拉比身份自然较少为人们所承认。

耶稣还有一个身份，即"弥赛亚"。据福音书记载，有一次在传教的路上，耶稣问门徒："你们认为我是谁？"彼得回答说："你是弥赛亚。"

耶稣并没有否认，而是告诫门徒们不要往外传（《马可福音》第8章第27～30节）。由此看来，耶稣承认自己是弥赛亚，即一位将要解放全人类的伟大受膏者。这里的奇妙之处就在于，耶稣只对自己的门徒承认自己的弥赛亚身份。他不愿意公开自己真正身份的原因，也许就如他自己经常提到的：时刻尚未到来。此一时刻何时到来呢？答案只能是：他受难的那一天（参看《马可福音》第14章第61～62节）。

耶稣的另一个身份是"神子"（son of God）。虽然他始终没有明确地用这个词语来表白自己的身份，不过他常常用一种间接的说法提及它。幼时的耶稣因滞留耶路撒冷圣殿而引起父母的着急，而耶稣却对为寻他而来的母亲说："为什么找我呢？岂不知我应当待在我父的家里吗？"（《路加福音》第2章第41～49节）在另一个场景中，耶稣对上帝祷告说："父啊，天地的主……父啊，是的，因为你的美意本是如此。一切所有的，都是我父交付我的。除了父，没有人知道子；除了子和子所愿意指示的，没有人知道父……"（《马太福音》第11章第25～27节）耶稣把神当作自己的父，这就等于承认自己是神之子。耶稣死后复活向许多人显现，看见他的人称他是真正的"神子"（《马太福音》第27章第50～54节）。"神子"一词在旧约中也被广泛使用过，但旧约中的"神子"通常被用来指称某些因有特别成就而被神所认可的人。而在福音书中，耶稣作为神子的身份，被非常清楚地用来表示他与神的特殊关系，这种关系意在表明，人们只能通过耶稣，才能认识神的完美形象。

除此之外，耶稣的称号还有"先知""主""元帅""大祭司"及"逻各斯"等。

四、基督教的官方化

基督教的最初崛起交织着多层面的意义和内涵。基督教在从犹太教的分支发展成为一个独立宗教的同时，也从巴勒斯坦地区迅即蔓延至整个地中海世界；与此同时，信徒的基本成分也由犹太人下层扩展到包括奴隶、贫民、知识分子、富人、皇亲国戚及元老贵族等社会阶层在内的罗马帝国广大民众。在最初的扩张过程中，基督教的本质属性也在发生着微妙的变化,即由原先下层民众的宗教,逐渐演变成为官方的宗教。这整个过程历经 300 多年之久。在这期间,新兴的基督教与古老的罗马传统进行着艰难的磨合,基督徒与罗马当局及异教民众的关系由紧张对立逐步走向相互妥协,并最终实现基督教的官方化。

(一) 罗马当局对基督徒的迫害

1. 原因和理由

当时的罗马政府之所以要迫害基督徒,主要原因有三个:

其一,罗马当局出于宗教原因对于基督教进行本能的抵制。罗马的官方宗教是多神教,随着罗马的胜利扩张,罗马国教的神灵数量日益增多。这种多神信仰一开始就与基督教的一神论不相容:多神教徒制造神庙崇拜偶像,基督徒则弃庙毁偶像;多神教徒神化和拜祭皇帝,基督徒则拒绝崇拜皇帝;多神教徒流行献祭,基督徒则反对献祭;等等。总之,两者的宗教习俗是完全对立的。

其二,最初的基督教具有反罗马的倾向。例如《启示录》把罗马比作"罪恶的大巴比伦",把皇帝比作"七头十角怪兽"和撒旦。加上在基督教最初兴起的公元 1 世纪里,犹太人屡屡发起反抗罗马统治的暴力斗争。尽管基督徒力图与犹太人的过激行为划清界线,可是多神教民众仍然喜欢把基督教运动与犹太革命扯上关系,罗马人在镇压犹太革命的同时,对基督教运动也保持高度警戒。

其三,基督教渗入罗马上流社会尤其是统治阶层之后,成为政治派别进行权力斗争的工具。一些反对皇帝的高官,如尼禄统治时期的某些保民官,以及图密善统治时期的某些宫廷权贵,都信奉了基督教。而当他们因政治原因受到清洗之后,同时也就累及基督教,因为在皇帝们看来,这些高官的政治阴谋与基督教有关。

罗马当局迫害基督徒的主要理由和借口包括:①基督徒是无神论者。基督徒不崇拜罗马诸神,不参加献祭活动,这在多神教徒看来是典型的无神论者。②基督徒是无政府主义者。在古代,皇帝是政府的象征和代表,基督徒竟然拒绝向皇帝的塑像献祭,这自然被看成是反政府的行为。③基督徒拒绝服兵役。这也许是事实,因为基督教主张仁慈和博爱,反对以暴易暴,故有不少基督徒拒绝为皇帝去打仗。④基督徒的行为有伤风化。有传闻说基督徒在夜间聚会上吃人肉,并进行性乱伦活动。这些指控当然是道听途说,根本没有确凿的证据。

2. 几次重要的迫害事件

(1) 尼禄的迫害。此次迫害发生于公元62—64年之间。尼禄是臭名昭著的暴君,他曾用不同的手段,先后杀害了自己的母亲、妻子及老师塞涅卡。根据塔西佗的记载(《编年史》第15卷第44章),尼禄为了改建罗马城,暗中唆使手下纵火烧毁旧城,阴谋败露后便把基督徒当作替罪羊,扬言大火是基督徒所纵,随即开始历史上第一次对基督徒的迫害。基督徒被宣布为"社会公敌",一些基督徒被用火烧死。遇害人数不得而知。此时正值犹太人起义,于是这次迫害基督徒便与镇压犹太起义混杂一起。不过此次迫害行动仅限于罗马城。据说使徒保罗和彼得就死于这场迫害。

(2) 图拉真时期的迫害。此次迫害发生于公元110年前后。小亚细亚本都行省(在黑海南岸)的新任总督小普林尼收到一些对基督徒的控告书,于是便开始了对基督徒的搜捕。对于被捕到的人员,给予三次确认自己身份的机会,如果受讯问者三次均承认自己是基督徒,就要被按法律处死;如果受讯问者否认自己的基督徒身份,即使他们曾经是基督徒,也受到宽恕和释放。结果是,一些信仰坚定的基督徒被处死,一些意志软弱的叛教者则幸免于难。此次迫害仅限于小亚细亚局部地区,与尼禄出于个人目的的迫害不同,它是依罗马法律对基督徒进行系统迫害的开始。

(3) 戴修斯的迫害。此次迫害发生于公元250年前后。戴修斯把罗马的社会危机归咎于基督教运动,他企图重振罗马帝国,恢复罗马国教原有的统治地位,遂下令要求所有居民都要向太阳神献祭,并向献过祭的人发放良民证。基督徒拒绝向罗马神献祭,他们的教会又是当时唯一强有力的社团组织,在政治上被认为对帝国起瓦解作用,于是戴修斯开始对基督徒进行镇压,持续一年左右,所有基督徒被勒令必须向罗马神献祭,违者被逮捕处死。此次迫害既造就了大批基督徒"殉道者",又产生了不少脱离教会的叛教者。

(4) 戴克里先及其同僚的迫害。此次迫害开始于公元303年,结束于公元311年，前后延续了8年，是规模最大的一次迫害，史称"大迫害"。当时政府和宫廷中充斥着基督徒，连皇帝戴克里先的妻子、女儿及宫廷人员都与基督教会有来往。公元303年，宫廷两次失火，对基督教不满的人士声称是基督徒纵火，于是引起对基督徒的迫害。宫廷中的基督徒官员及其家属被大量处死，各行省神职人员也被迫献祭，拒绝献祭者被以叛国罪打入牢狱，大量教会财产被没收，大量《圣经》被销毁。公元305年戴克里先退位，他的同僚伽勒里乌继续了戴克里先的迫害政策。此次迫害致使不少教会领袖屈服，连罗马主教和迦太基主教都被迫向罗马神献祭。

不过，一系列的迫害并没能遏制住基督教运动的迅猛发展，事态的发展与迫害者的意愿相反，教会在迫害中日益强大起来。

(二) 辩护士对基督教信仰的辩护

其实，并非所有罗马皇帝都对基督教采取敌视的态度，在统治者中抱有同情态度并采取怀柔政策的也不乏其人，如哈德良、康茂德和卡拉卡拉等，这说明迫害常常是较短暂的过激行为。有人认为迫害者对基督徒特别残酷，因为他们采用了包括钉十字架、火烧、扔进斗兽场喂野兽等酷刑来处置被判死刑的基督徒。而实际上，这些刑罚在当时的罗马是符合法律规定的处死方式，它们不仅被用来对待基督徒，而且被用来对待其他的死囚犯。

奇怪的是，面对迫害，基督徒似乎从未使用武力进行反抗，这也许与他们反对以暴易暴的教义有关。基督徒通常把迫害看作上帝对选民的考验，他们做得最多的就是为自己的信仰作辩护，企图通过理性的解释，最终获得统治当局和异教民众的理解。在这个过程中，基督教辩护士们常常主动地将基督教信仰与希腊哲学及异教习俗相连接，千方百计地拉近二者的距离。经过他们的一系列努力，基督教信仰的确逐渐变得适合罗马统治者和广大异教民众的口味。

早期较著名的基督教辩护士有亚里士提德斯、查士丁、塔提安、狄奥菲鲁斯、菲利克斯和德尔图良等。这些辩护士主要从如下三个方面为基督教信仰作辩护：

1. 斥责多神教的不合理性

辩护士们反对多神教徒建造神庙、雕塑神像和向诸神献祭，他们提出的主要理由包括：①神是无处不在的，其伟大也是人所无法想象的，任何神庙都容纳不下他，故给神建造神庙是没有意义的。②人是按神的形象创造的，故人不过是神的副本；作为神的副本的人所制造的偶像，不可能反映神的真实面目，因为神是人所无法看到的，故制造神的偶像是错误的。③世间万物由神所造，也归神所有，神并不缺乏任何东西，故人无须向神献祭物品。

2. 申明基督徒活动的正当性

基督徒的指控者指责基督徒吃人肉、喝人血，并在夜间进行淫乱活动。辩护士们指出了事实真相，对这些指责进行一一反驳。他们说：所谓吃人肉、喝人血，是对基督教圣礼的误解，基督徒在圣礼上，要吃经过祝祷后的面饼，也要喝经过祝祷后的葡萄酒，因为面饼代表基督的圣体，葡萄酒代表基督的圣血，吃这些东西的目的是为了坚定信念；而男女基督徒聚集在一个地方，是为了从事圣洁的崇拜活动，他们并没有做乱伦和违纪的事情，他们之所以用晚上时间来崇拜神，是因为白天要工作；至于基督徒崇拜动物生殖器的指控，更是无中生有，或是张冠李戴。

3. 与希腊哲学及罗马习俗相妥协

基督教辩护士们在与希腊罗马文化相接触的过程中，逐渐意识到对手是一座可以加以充分利用的宝库，于是他们一反使徒保罗较为保守的传统，开始主动从古典文化中寻找有利于基督教信仰的证据。他们说：基督教的上帝与希腊哲学上的"理念"和"逻各斯"差不多，耶稣基督其实就是成了肉身的逻各斯；基督徒与苏格拉底及柏拉图等希腊先贤同信一位上帝；只要信仰上帝，非基督徒也能够进天国。他们甚至从古典文献中，寻找到有关耶稣基督将从一名童贞女的子宫里成孕并诞生的预言。这种一味讨好古典哲学的做法，在很大程度上缓解了知识分子阶层对基督教的抵触情绪。

在解释圣经中的某些敏感段落时，基督徒也显得颇能与时俱进。例如《启示录》中的"七头十角怪兽"和"巴比伦大淫妇"，已经不再被用来影射罗马帝国及其统治者，而是被重新解释为罗马皇帝的敌人。这对于减轻来自于世俗政权方面的压力甚为重要。

与此相应,教会也开始对异教习俗采取宽容甚至是妥协的态度。例如星期日原来是太阳神阿波罗的圣日,罗马帝国一直将其列为公共假日;公元 4 世纪上半叶,为了方便广大异教民众参与基督徒的圣事活动,同时也为了显示与犹太教的区别,教会主动将基督教的安息日由原先的星期六改为星期日。

庆祝生日本来是一种异教习俗,发源于犹太教的基督教,原先并没有庆祝耶稣基督生日的节日和习惯。可是为了迎合广大异教民众的时尚,教会不得不做出重大妥协,于公元 4 世纪中叶开始设定每年 12 月 25 日作为耶稣的生日日期。这一天恰恰是阳历的冬至,它在伊朗和西亚地区一直被当作太阳神密特拉宰牛日和该神的生日来庆祝。该习惯在公元 1 世纪时随着密特拉崇拜大肆流入罗马帝国而为人们所广泛接纳。教会把这一异教节日变成基督教节日,显然有利于基督教信仰在异教民众中的广泛传播。

(三) 罗马当局对基督教的承认

罗马当局之所以最终承认基督教,一方面是它逐步弄清了基督教的真面目,发现这个新宗教不仅无损于帝国政权,而且还可以为帝国政权所利用;另一方面是旧的罗马国教似乎已经过时,其多神教的多元化特征助长了地方分裂势力,不利于帝国权力的集中和统一。

罗马当局对基督教的承认历经一百多年,其间有过多次反复,围绕着是接纳还是拒斥的问题出现过激烈的斗争。下面只对政府当局承认基督教的标志性事件,分三个阶段进行简要概括和归纳。

1. 君士坦丁以前

公元 3 世纪 20 年代,皇帝卡拉卡拉统治时期,有自由身份的基督徒开始享有与其他罗马公民同样的政治权利;公元 3 世纪 30—40 年代,皇帝亚历山大·塞维鲁统治时期,基督教作为合法宗教的权利获得承认,包括基督教上帝在内的各种宗教的神灵,被与罗马诸神并列供奉;公元 260年,皇帝伽里恩努再次承认基督教的合法地位,并发还此前没收的教会财产,准许教会及主教自由活动;公元 311 年,皇帝伽勒里乌在迫害政策彻底失败之后,会同副皇李锡尼、君士坦丁一起颁布"宽容法令",允许基督徒进行崇拜活动，但要求基督徒为帝国的安宁和皇帝的健康向上帝祷告。

2. 君士坦丁时期

公元313年，皇帝君士坦丁会同东部统治者李锡尼共同颁布《米兰敕令》，宣布信仰自由，重新承认基督教的合法地位，规定基督教会可以拥有教产和礼拜场所。但仍未抛弃罗马传统的多神教。这是在法律上首次承认基督教会可以拥有财产，从而开始确立起基督教会的经济地位，神职人员不仅可以免税、免徭役，还可以从国库中得到费用和补贴；教堂的建造在国家的资助和鼓励下蔚然成风。

公元325年，在君士坦丁的策划下，召开了全基督教第一届大公会议——尼西亚公会议，会议制订了统一信条（后修订为《尼西亚信纲》），确认上帝圣父、圣子、圣灵三位一体；强调圣子与圣父本体同一，宣布拒不接受此信条的阿里乌派为异端；对神职人员的职能及行为规范作出规定；赋予罗马、亚历山大里亚及耶路撒冷主教以较一般主教更大的权力。通过此次会议，基督教在政治、组织和思想上受到罗马帝国的全面控制。

公元337年，君士坦丁在弥留之际受洗，成为历史上第一位基督教皇帝。

3. 君士坦丁以后

公元375年，皇帝格拉提安下令禁止建造神庙和崇拜偶像。

公元382年，皇帝格拉提安宣布西部教会受罗马宗主教管辖，教皇权由此而生。

公元392年，皇帝狄奥多西一世重新下令禁止异教崇拜，违者以叛逆罪和渎神罪论处；同时宣布皇帝不再兼任最高祭司长。这意味着罗马政权彻底与异教脱钩，基督教最终成为罗马帝国的国教。

参考文献

[1] 罗伯逊. 基督教的起源 [M]. 宋桂煌，等，译. 北京：生活·读书·新知三联书店，1956.

[2] 威利斯顿·沃尔克. 基督教会史 [M]. 孙善玲，等，译，朱代强，校. 北京：中国社会科学出版社，1991.

[3] 约翰·德雷恩. 新约概论[M]. 胡青, 译. 北京: 北京大学出版社, 2005.

[4] *Good News Bible*[M]. Today's English Version[S. l.]: United Bible Societies, 1976.

[5] Flavius Josephus. *Jewish Antiquities*[M]. Translated by William Whiston, with an Introduction by Brian McGing. Wordsworth Editions Limited, 2006.

[6] M Humphries. *Early Christianity*[M]. [S. l.]: Routledge, Taylor & Francis Group, 2006.

第15讲　古代地中海世界的移风易俗

公元3世纪以后，随着罗马帝国社会危机的加深，基督教扩展的步伐也迅猛加快，传统的多神教文明急剧衰落，其留下的真空即将由新兴的一神教文明来填补。基督教在清理古代社会的文化遗产时，面对各式各样的传统习俗，采取了两种不同的应对方式：对于那些被认为包含着某些合理要素的习惯和制度，进行必要的改造，使之在基督教社会当中以新的面目继续发挥作用，例如节庆习俗当中的生日庆典、丧葬习俗当中的临终圣餐及平安之吻等，就是旧传统与新理念相结合的产物；而对于那些被认为是与基督教信仰直接相对立的"恶风劣俗"，则坚决予以杜绝和摒弃。这是古代世界最大规模的移风易俗运动，它对于西方社会的道德转型、对于基督教理想中的"纯风良俗"的最终形成，均具有至关重要的意义。

本讲侧重于谈论被基督教革除的旧礼俗及其替代物，即围绕着割礼、献祭、角斗表演、性俗及丧俗等五个方面的问题，梳理早期基督教对古代地中海世界相关重要习俗的态度及其具体应对方式。

一、割礼

割礼（circumcision）就是用石刀割损男子的阴茎包皮，以表示神与该男子立约。除了犹太人以外，割礼仪式还流行于古代埃及人、埃塞俄比亚人、阿拉伯人以及澳大利亚和美洲的某些部落当中。有些学者甚至认为，割礼习俗普遍存在于野蛮民族当中。这种说法未必站得住脚，因为如果真是那样，犹太人又何以把该仪式认定是确定本民族身份的独特标志。

1. 犹太割礼的起源和制度化

古人在与神进行交流的过程中，通常采用献祭的方式；而割损包皮则显然是一种特殊形式的献祭，即借助祈求者在割礼中所流的血，来见证他与神之间所达成的协议。至于为什么一定要采用割包皮的方式来流血，在学者当中则有多种说法。一种比较流行的观点认为，古人大多把过度的性欲和性生活看作人类各种烦恼和不幸的根源，因此自然也是对神的亵渎；割损包皮象征着对性欲望的有限度的抑制，故长期以来也被看作一种洁净礼，与基督教的洗礼有大致类似的功能，它有利于协调人与神之间的关系。

犹太人的割礼据说起源于亚伯拉罕。据圣经载，当亚伯拉罕99岁时，耶和华上帝向他显现，并与亚伯拉罕立约，其内容主要是：耶和华把迦南地授予亚伯拉罕及其后裔作为永久基业，承诺亚伯拉罕将成为许多国家之祖，并赐予他许多后代；而作为代价，亚伯拉罕必须承认耶和华为自己及其后裔的上帝，更为重要的是，亚伯拉罕自己、他的儿子及家里的一切奴仆要接受割礼，而且自此以后形成一种制度——亚伯拉罕的所有男性后裔及其家里一切男仆，在生下来第八天就要接受割礼，以作为上帝与亚伯拉罕族人立约的一个永久性标记（《创世记》第17章第1~27节）。在以色列人出走埃及前夕，耶和华还谕告摩西：外族人要想入族成为以色列人，同样必须遵守行割礼的规定（《出埃及记》第12章第48~49节）。

2. 割礼的废弃与洗礼的崛起

基督教崛起以后，犹太人出身的基督徒在行割礼的问题上自然没有遇上任何麻烦。但问题是，随着基督教的扩展，基督徒的主要来源由原先的犹太人变成了外邦人。加入基督教的外邦人是否要按犹太习俗行割礼？这一度成为教会人员争论的焦点。道德风尚纯良的犹太教，曾经吸引了不少异教徒，可是他们加入犹太教的愿意却受到该教过分繁琐的清规戒律的阻吓，其中最令人难以接受的就是割礼。如今基督教面临着同样的问题，如果它继续把这种犹太习俗强加给外邦慕道者的话，势必会从根本上影响教会的扩张。使徒保罗也许是第一个意识到问题严重性并试图进行大刀阔斧改革的人，他公开宣称旧约中的割礼规定已经不合时宜，入教仪式完全可以用简单而又庄严的洗礼取代陈旧的割礼。保罗携同自己的伙伴巴纳巴斯最初在安条克教会当中实践自己的主张。不过该实践活动并不顺利，当他行进到加拉提亚的时候，持保守观点的对手对他进行大肆攻击。为了从根本上解决这一迫在眉睫的问题，公元50年前后在耶路撒冷举行了一次宗教会议，会上双方进行了激烈的辩论。保罗的主张获得了彼得和雅各等耶路撒冷教会台柱的有力支持（《使徒行传》第15章第1～11节）。随着巴勒斯坦教会的萎缩和其他地区外邦人教会的迅速扩大，割礼作为入教的一种仪式最后被废止，取而代之的是不那么令人难堪且较为安全的洗礼。

洗礼作为基督教的入教仪式，是有其圣经依据的。例如，耶稣本人曾接受过施洗约翰的洗礼（《马可福音》第1章第9节）；耶稣曾经断言："人若不是生自于水和圣灵，就不能进上帝之国。"（《约翰福音》第3章第5节）这里的"生自于水和圣灵"，被认为是指洗礼，于是，洗礼便被认定是耶稣基督亲自缔造的制度；复活后的耶稣命令门徒们说："去使万民作我的门徒，以父、子、圣灵的名义为他们施洗。"（《马太福音》第28章第18～19节）从此以后，"奉父、子、圣灵之名"成了每一场洗礼必须使用的套话。根据《十二使徒遗训》的记载，早期教会的洗礼有两种形式：一种是将受洗者整个人三次浸入洗礼池里，另一种是三次用水浇在受洗人的头上。最初的主礼者通常是主教。在公元2—4世纪时，洗礼一般局限在复活节和五旬节期间进行，后来逐步扩大到主显节和圣诞节，最后甚至扩大到每年的任何一天，主礼人也不再局限于主教，一般的男性基督徒也可以为人施洗。

值得注意的是，对于保罗等早期传道者而言，对割礼的废弃只不过是一种逼于无奈的策略选择，未必意味着此习俗在保罗等人看来是陋习，这一方面是因为它曾为律法所倡导，另一方面更是由于它也曾被施行于耶稣的身上。为了纪念耶稣受割礼，公元6世纪中叶的西班牙和高卢一带甚至发展出了"割礼节"，该节依照《路加福音》第2章第21节的说法，把日子设定在圣诞节后的第八天。此习俗于公元11世纪时传入罗马，后来更是传至英国和欧洲其他国家，成为对早已被废弃的割礼的一种悼念。

二、献祭

献祭（sacrifice）就是向神奉献礼物，这种礼物通常是牲口、谷物食品、酒和油。献祭是人与神进行联系和沟通的常用方式，借助这一方式，神从献祭者那里获得有关忠诚的承诺，献祭者则从神那里得到受其庇护和祝福的确证。因此，有人认为神、人之约正是通过献祭的习俗来订立的。

1. 异教世界和犹太人的献祭习俗

献祭是人类早期文化中的一种普遍现象，古代地中海区域各族群均流行这一习俗。有迹象表明，早期的希腊罗马人曾流行过人祭。在各式各样的献祭活动中，最为壮观的是火祭（burnt offerings），这种祭祀的主要特征是，把宰杀后的牲口或牲口的一部分（油脂和内脏等）放置在架起柴火的高坛上进行燃烧，直至烧成灰烬为止。希腊罗马人还流行死人崇拜，他们在死人坟墓上安装一条由地面通往死者尸棺的管道，各种祭奠的肉类、谷类食物、酒和油等便是通过这条管道进入到死者那里的。由此看来，至少在古代地中海地区，并非所有经过献祭以后的物品都能够被人们所再生利用，相当大的一部分祭品，不是被烧成灰烬，就是被埋藏于地下任其腐烂变质，这的确是一种暴殄天物的陋习。

据圣经记载，农夫该隐将地里的庄稼作为供物献给神，牧羊人亚伯则将羊群中头生的羔羊供奉给神（《创世记》第 4 章第 3～4 节）。这被看作犹太人献祭习俗的开始。早期的犹太人也盛行过血腥的人祭，例如士师耶弗他就曾依照自己的许诺，在打完胜仗之后将其女儿献给耶和华作火祭（《士师记》第 11 章第 29～39 节）。圣经还说，神为了考验亚伯拉罕的忠诚，命他将其独生子以撒作火祭；正当亚伯拉罕遵神嘱准备宰杀以撒时，神及时止住了他，并用一只公羊取代以撒作了祭品（《创世记》第 22 章第 1～13 节）。这一故事不仅告诉我们必须将最珍贵的东西献给神，而且暗示犹太人历史上的确曾经存在过人祭，只是在某个不太确定的时期里人祭被牲口祭品取代了。

从最早的时期起，献祭就与神、人之间的立约联系在一起。例如在大洪水过后，侥幸生存下来的诺亚为耶和华筑坛献祭，耶和华闻香而至，在享用祭品的同时与诺亚及其后裔立约：耶和华应许不再降洪水灭百姓，并为诺亚及其后裔祝福；后者则承诺遵守耶和华的训诫（《创世记》第 8 章第 20 节~第 9 章第 17 节）。此后，耶和华又与亚伯拉罕立约，并在西奈山麓通过摩西与以色列人立约，这些立约活动无不以献祭作为先导（《创世记》第 15 章，《出埃及记》第 24 章第 4~8 节）。定居迦南以后，献祭变得越来越铺张和形式化，这引起了一些先知的批评（如《阿摩司书》第 5 章第 21~25 节，《何西阿书》第 6 章第 6 节，《耶利米书》第 7 章第 21~23 节）。到了公元前 7 世纪末，国王约西亚规定只允许在耶路撒冷的圣殿里进行献祭，其他各地的献祭场所均被废止。公元前 586 年耶路撒冷被攻占及圣殿被毁之后，定期的官方献祭活动暂时停止了。巴比伦之囚以后，随着圣殿的修复，献祭活动也得到了复兴，并逐渐形成了一种繁缛的献祭体系，其细节见载于《利未记》中。这种体制基本上延续到公元 70 年圣殿的完全毁坏为止。

据《利未记》记载，古代犹太人的献祭种类，从献祭的物品而言有肉祭和素祭，从献祭的目的而言有平安祭、报恩祭、非故意获罪祭和赎罪祭，赎罪祭又可细分为为会众集体所献的祭、为官员所献的祭和为平民百姓所献的祭，等等（《利未记》第 1~4 章）。就献祭的形式来说，古代犹太人最盛行的是火祭。根据圣经的规定，火祭祭坛上的火，必须日夜不停地燃烧（《利未记》第 6 章第 9 节），由此可见因献祭所带来的资源浪费有多么严重。在一年一度的诸多献祭活动中，逾越节的献祭和赎罪日的献祭是最重要的献祭。与多神教徒不同，古代犹太人的献祭是在一神教的框架中展开的，因此它有着非同寻常的特殊意义。维斯特先生认为，对于古代犹太人来说，献祭有三层意义：其一，通过返还部分牲口及粮食来确认耶和华上帝对一切生命和造物的至高所有权；其二，借助献祭来达到与耶和华上帝进行正常交流和沟通的目的；其三，借助献祭来修复被以色列人屡屡打破的神、人之间的契约关系。由此看来，古代犹太人的献祭，比起多神教徒单纯以利益交换为目的的献祭，其内涵要深刻得多。

2. 早期基督徒对献祭的理解及献祭的废止

耶稣似乎容忍献祭习俗的存在（《马太福音》第 5 章第 23 节），不过他也以赞赏的口吻引证先知何西阿有关"我喜爱怜恤，不喜爱献祭"

(《何西阿书》第 6 章第 6 节)的话语。众所周知,摩西曾经用筑坛献祭的方式,尤其是借助献祭牲口的血,来向以色列人民宣布上帝所立之约(《出埃及记》第 24 章第 4～8 节);耶稣在逾越节前夕借用这一著名典故,向他的门徒宣布他即将用自己的血来见证上帝与人民缔结新约,从而表明自己的死将具有为整个人类作最后一次献祭的性质和意义(《马可福音》第 10 章第 45 节)。施洗约翰和福音书的作者都暗示过(《约翰福音》第 1 章第 29 节,第 19 章第 14～36 节),基督作为上帝的羔羊,其本身就是一种献祭的祭物,该学说曾被使徒保罗所一再论证(《哥林多前书》第 5 章第 7 节,《以弗所书》第 5 章第 2 节)。《希伯来书》的作者也特别指出,耶稣基督通过完全自愿的自我牺牲,以一个人作献祭来为所有人永远解了罪(《希伯来书》第 9 章第 26 节,第 10 章第 12 节)。总而言之,在新约的作者们看来,由于耶稣基督作为全人类的替罪羔羊,把自己的身体和鲜血用来作为献给上帝的火祭,一次性地完成了人类所有对上帝的献祭,从此以后,人们就再也无须向上帝献祭了。

基督徒既然因耶稣基督的自我牺牲而一劳永逸地免去了献祭的义务,他们就更不可能向诸神的偶像或皇帝的塑像献祭了。前者虽属正当义务却已被免除,后者则属于偶像崇拜而遭到断然抵制。一旦他们被暴力胁迫去从事违背一神教原则的献祭活动,他们常常会仿效基督的做法,即把自己的血肉之躯直接当作人类赎罪的祭品慷慨地献给上帝。

公元 4 世纪 20—30 年代,皇帝君士坦丁屡屡下诏,限制向诸神偶像献祭;公元 375 年,皇帝格拉提安下令禁止建造神庙和崇拜偶像,献祭从此正式退出历史舞台,取而代之的是祷告。祷告作为一种较为普遍的宗教仪式,它自然也盛行于犹太人当中,而基督徒正是从犹太人那里继承了这一传统,并使之发扬光大。一神教徒之所以更加热衷于祷告,主要是因为他们相信神的万能和无所不在,这种神对信徒的回应更为确切可靠。耶稣曾教其门徒如何正确祷告(《马太福音》第 6 章第 5～15 节),这被认为是基督徒祷告之始。据研究,基督徒祷告的内容可以是祈求、悔过或感恩,祷告的形式可以是个人的默祷或公共的出声祈祷,祷告的姿势可以是站立着向天上伸出双手,可以是下跪,也可以是匍匐地上,等等。总而言之,祷告是一种无须花费任何成本的、人人皆可为之的和最为便捷的与上帝交流的方式，它之取代献祭实属历史的必然。

三、角斗表演

古代的角斗（gladiatorial games）与中世纪时期的决斗（duel）是有本质区别的。中世纪的决斗是自由人尤其是贵族或骑士之间为了个人名誉而进行的对决；而古代角斗的参与者则主要是奴隶、战俘和死刑罪犯，他们的相互肉搏既非为了名誉，也不是自愿的，他们在主人的逼迫下去和别的同等人或猛兽争夺死亡前尽可能多的喘息机会，或争夺痛苦尽可能少的死亡方式，因此对于他们来说，正常人的尊严是不存在的。

1. 罗马角斗表演的起源和本质

角斗表演的最初起源不太清楚。人们在属于青铜时代的克里特岛城市废墟上发现有斗牛的场景，但这未必与后来盛行于罗马的角斗表演有太多的关联。目前较为一致的看法是：该习俗可能是从意大利西北部的伊特鲁里亚人那里引进罗马的。依照罗马作家奥索尼乌的记载，罗马角斗表演最早出现于公元前264年，当时的马修斯和布鲁图斯兄弟在父亲的葬礼上第一次采用了这种表演。以后该习俗便在罗马人当中流行开来。

角斗表演的本质可以从三个方面去理解。其一，它具有宗教祭祀上的意义，也就是说，最初的角斗表演很可能是一种人祭。马修斯兄弟把这种表演献给刚刚去世的父亲，这意味着他们为死者献上了最珍贵的礼物——人，由此体现出人祭在人类早期发展阶段的普遍存在。据老普林尼的说法，罗马人的人祭习俗一直延续到公元前97年，这一年元老院立法正式废止人祭，但血腥的角斗表演却被保留了下来。其二，它具有司法审判和执行的意义。按照罗马人的惯例，那些被判处死刑的罪犯，如果他是非罗马公民，就有两种死刑执行方式：一种是钉死在十字架上，另一种是以角斗奴的身份死在角斗场上。由此可见角斗是执行死刑的方式之一。其三，它具有公众娱乐的性质。正如黑格尔所说，对待娱乐的态度，希腊人与罗马人截然不同。希腊人认为亲自参与进去的娱乐才是真正健康的娱乐；而罗马人却有着暴发户的心态，他们乐意充当娱乐的观看者而不是参与者，他们把娱乐表演的工作交给奴隶去完成，而自己则舒服地安坐在观众席上欣赏着角斗场上的血腥场面。

据考证，在伊特鲁里亚时代，角斗表演作为一种公共献祭形式，最初是献给战神马尔斯和月神狄安娜的，后来才逐渐被某些个人用来祭献自己的先人。这种习俗最先被私人引入罗马，而后则被正式吸收进罗马国家的祀典中，成为罗马人的公共祭仪。最早的角斗表演是人对人的肉搏，它可以是群体性的，也可以是一对一的单打独斗，不过在一般情况下，前者常常是后者的预演和选拔赛。为了增强表演的技巧性和趣味性，角斗士在参与角斗前通常要接受专业培训，于是便兴起了角斗士学校，其中最著名的角斗士学校位于意大利中南部的卡普亚城，它培养出大量技艺娴熟的角斗奴，公元前1世纪后期的起义领袖斯巴达克斯就曾在该学校接受过培训。

公元前1世纪，庞培开始引入人与动物互斗的模式，于是，角斗表演的血腥性质以一种全新的角度得到体现。动物一旦被引入到角斗场，对于角斗场所的安全要求就会随之提高。在提比略统治时期，罗马郊外的一处斗兽场坍塌，当即砸死了2万多名观众。于是，罗马人开始建造较为坚固的石制圆形竞技场，其中规模最大的可以容纳8万名观众。随着角斗场地的扩大，角斗表演的规模也相应地得到提升。例如公元2世纪初，图拉真皇帝曾举行为期4个月的角斗表演来庆祝他对达西亚的征服，有一万名角斗奴和一万头野兽参与，其中当场毙命的人、兽均超过了一半。

2. 角斗表演的废止

角斗表演是被基督徒所深恶痛绝的陋习。基督徒对角斗表演的反感，一方面是因为它无视人的生命价值，违反了"不可杀人"的上帝诫律；另一方面是它培养了观众的残忍和血腥好斗的嗜好，不利于人心向善。更为重要的是，早期基督徒殉道者的殉道场所常常就是角斗场和斗兽场，深受角斗表演之害的基督徒必然把这种习俗当成是天敌。有一名罗马异教徒曾经指责基督徒不愿意观看角斗表演，这从一个侧面反映了一般基督徒对该习俗的拒斥心态。早期拉丁教父德尔图良在《论表演》一文中，用了一整章的篇幅号召基督徒抵制角斗表演；他在另一篇作品中揭露了角斗表演的血腥、残忍和不合理性。

据教会历史学家优西比乌的记载，公元4世纪30年代后期，君士坦丁大帝在一个反对偶像崇拜的法令中，首次禁止角斗表演。此后，在基督徒的声讨与皇帝立法的双重压力下，角斗表演逐渐淡出历史，取而代之的是教会的公共活动。与角斗表演的血腥场面形成鲜明的对照，教堂活动主要由读圣经、唱圣歌、公共祷告、吃圣餐、主日教学及信徒交流信仰体验等平和及文明的内容所构成；教堂活动的另一个重要成就是打破了古代社会中男女隔绝和主奴对立的恶劣状态，由于它强调上帝主权之下的平等，女人和奴隶便有权利与丈夫和主人坐在同一座教堂里分享圣事，这是古代多神教价值观所无法包容的。

四、性俗

在古代，性习俗与崇拜活动有着极其密切的关联。某些民族（如古代迦南人）常常把人的繁衍与自然万物的繁殖联系起来，他们对丰产女神的崇拜，主要是通过公共节日期间的交媾仪式体现出来。而已经走出这种原始崇拜状态的犹太人在坚持一神崇拜的同时，不得不与这种传统陋习作斗争，这就是他们的诫律中为何要特别突出"不可奸淫"的重要性所在。作为犹太遗产继承者自居的基督徒，在反对罗马人的性陋习方面，与犹太人一样坚定不移。

1. 罗马后期的性紊乱

在罗马共和国的大部分时期里，贵族集团盛行严格的父权制，女人在未婚时受父母的约束，婚后则受丈夫的约束，婚姻常常是岳父与女婿间的一场利益交换；平民社会中的家长制则不太严格，男女关系相对平等和宽松。无论是在贵族社会还是在平民社会中，一种相对稳定的一夫一妻制被人们所普遍接受。后来，随着平民对贵族的斗争不断取得胜利以及共和国版图的不断扩大，平民的和域外地区的价值观相继渗入罗马社会，罗马的性道德观开始呈现出多元化的特征，两性关系逐渐趋于紊乱，具体表现如下。

（1）性活动的暴力化和公开化。罗马人最初也是一个羞于谈论性的民族，可是在布匿战争之后，他们日益变得不顾廉耻，把具有暴力性质的和奇形怪状的性活动公之于众。活跃于公元1世纪之交的拉丁诗人奥维德在《爱的艺术》一书中指出：在罗马，两性关系已经成为施虐和受虐的关系。公元 2 世纪的拉丁作家尤维纳利斯也曾断言：他所处的罗马社会由于普遍沉溺于混乱和淫秽的性活动中，已经丧失了原有的贞洁。据传记作家苏维托尼乌斯的记载，皇帝提比略在用餐时经常让一群全裸的女人围在桌旁侍候；他还让男女娼妓公开群交供他取乐；他的继承人卡里古拉则喜欢与他所有的姐妹乱伦。近来有人发现，公元前 100 年至公元 250 年间的不少陶器、镶嵌工艺品、绘画及其他工艺品上均有反映性活动的浮雕画，其中有口交、群交、二男一女或二男二女的乱交。这些不堪入目的淫荡场面一旦成为大众艺术的主题，就必然对传统的性伦理标准造成颠覆性的冲击。

（2）婚外性关系的普遍化。从共和末年开始，罗马人的婚外性活动相当活跃和频繁。对于当时的罗马男人来说，婚外性关系主要有五种形式：其一是嫖妓。罗马娼妓不一定都来自于社会最底层，例如在屋大维时期就有不少贵族妇女跑到营造官那里去申请卖淫执照。帝国时期的罗马妓院尤为繁荣，据说在"贤明君主"图拉真统治时期，仅罗马城就有娼妓 32000 名。其二是姘居。姘居主要是指未婚异性之间维持一种较长时期的非婚性关系。这种关系不仅可以逃避以家庭为征收单位的赋税，而且还常常可以逃避抚养后一代的责任，因此长期以来受到人们尤其是男子的青睐。其三是私通（fornication）。"私通"是指一名已婚或未婚男子与一名未婚女子发生的短暂性关系，或一名已婚或未婚女子与一名未婚男子发生的短暂性关系。这种关系因尚未构成对现有家庭关系的直接破坏而受到舆论和法律的容忍，从而成为一种非常普遍的社会现象。其四是通奸（adultery）。"通奸"是指一名已婚男子与自己的妻子以外的已婚女子发生的性关系，由于它直接构成了对既有家庭财产关系的威胁和破坏，故既不为舆论所袒护，也不为法律所允许。其五是同性恋。同性恋习俗在希腊时代就颇为盛行，罗马人继承了这一传统，并将之发扬光大。据史书记载，包括提比略、尼禄、哈德良及康茂德在内的许多罗马皇帝均有恋童癖。在这些皇帝的带动下，同性恋在罗马社会蔚然成风。

婚外性关系的普遍化，在罗马后期已成为时尚，由此引起人工避孕、堕胎和溺婴等陋习的广泛流行，从而导致公元 3 世纪以后人口增长率和人口质量的急剧下降，最终从根本上削弱了军队的战斗力，这通常被认为是西罗马帝国灭亡的一个重要因素。

（3）婚姻关系的脆弱化。婚外性活动的多样化必然使正常的婚姻关系变得脆弱不堪。帝国时代的罗马社会在婚姻问题上存在着两个奇特的现象：一是人们视婚姻为个人自由的羁绊，故刻意逃避婚姻；另一是即使结了婚，婚姻生命也常常很短暂，离婚似乎成为人们的家常便饭。当然，离婚的主动权总是掌握在男人手里，丈夫可以以妻子说话太大声、睡觉打鼾或身上有异味等琐屑不堪的理由提出离婚；而如果一名妻子想要离婚，则须有苛严得多的理由。不管因哪一方的过错而引起的离婚，在男权盛行的古代社会里，离婚的受害者往往是女方。轻而易举的离婚也使得结婚礼仪毫无庄重可言，因为结婚双方无须向对方做出庄严承诺，即使有过承诺，在生活实践上也大多一文不值。

2. 基督教为两性关系所确立的新标准

在罗马帝国的臣民中，只有犹太人保持了相对严谨和贞洁的两性关系。犹太教诫律中有"不可奸淫"的教诲，犹太传统还借助所多玛和蛾摩拉毁灭的故事，告诫人们杜绝性犯罪，做一名纯洁无邪的正人君子。孕育于犹太教母体的基督教，在性俗方面继承了犹太教的优良传统；随着这一新兴宗教在罗马帝国范围内的扩张，它在其母体遗传给它的既有基因的基础上，为整个罗马社会确立起了两性关系的新标准。

（1）性行为只能存在于夫妻之间。基督徒带着全新的生活方式走进了这个堕落和淫荡的社会环境，他们的性道德观的基本前提，就是坚持认为夫妻以外的性行为违背了上帝的诫律，因而是犯罪。保罗在致哥林多教会的信函中说得非常清楚：一个人如果有志于信守独身，就应当做到真正独身；倘若他无法信守真正的独身，为了避免淫乱之事发生，就当以嫁娶为妙（《哥林多前书》第7章第1～3节、第8～11节）。此话斩钉截铁，毫不含糊，表明他坚决反对一切婚外性行为。《希伯来书》的作者也明确指出："苟合行淫之人，上帝必要审判。"（《希伯来书》第13章第4节）在这里，婚外性关系已经被上升到宗教犯罪的高度，它所要接受的，不是一般世俗当权者的审判，而是上帝的审判。在各式各样的婚外性活动当中，同性恋是最受鄙夷的一种。保罗直接谴责同性恋行为是"可耻的"（《罗马人书》第1章第27节）；使徒犹大也指出，同性恋者将像所多玛和蛾摩拉的居民一样，受到上帝的惩罚（《犹大书》第7节）。

（2）夫妻间的义务和权利是对等的。对于基督徒来说，夫妻之间的性行为和其他私生活，是相爱和互相尊重的一种表达，而不是自私欲望的满足。保罗在这方面说得非常具体："男人应当履行作为丈夫的义务，女人应当履行作为妻子的义务，彼此间应当满足对方的需求。妻子已不再是自己身体的主人，丈夫才是其主人；丈夫也已不再是自己身体的主人，妻子才是其主人。夫妻不可彼此拒绝，除非出于专心祷告的目的而双方两厢情愿暂时分房；不过以后还是要同房，免得撒旦趁着你们情不自禁引诱你们。"（《哥林多前书》第7章第3~5节）保罗此话有两个要点：一是在性生活方面夫妻的权利和义务平等，无主次和先后之分；二是夫妻过正常的性生活，有利于杜绝婚外的淫荡。这些主张出现于骄奢淫逸的公元1世纪的确是非同凡响。在此之前，我们恐怕无法找到有关夫妻性生活平等的任何系统的谈论。而没有性生活的平等，又何来两性的社会和政治平等呢？在圣经思想的影响和推动下，公元449年，教会当局宣布，丈夫与妻子无论哪一方犯了奸淫罪，无辜的一方都有提出离婚的权利。这在古代世界是从未有过的事情。

（3）婚姻具有神圣性。与罗马人对待婚姻的随意和漫不经心的态度截然不同，基督徒用一种十分严肃的态度来对待婚姻。早期的教父们大多把人类婚姻说成是上帝在伊甸园里亲自为人类始祖亚当和夏娃缔结的一种制度，于是婚姻便带上了神圣性和严肃性。使徒保罗把合法的夫妻关系比拟为基督与教会的关系，这意味着夫妻双方是不能相互背弃的。经过教父们的努力和教会当局的一系列立法活动，在基督教世界中逐渐出现了一种神圣不可解除的一夫一妻婚姻制度，婚姻事务的管理也被最终纳入教会日常管理体系之中。教会借助婚姻神圣化的途径去限制离婚权，这在当时具有维护妇女基本权益的作用。因为一旦婚姻为教会所承认，男方就无法随意遗弃妻子。在妇女存在着特殊的生理结构、在经济上无法自立及在政治社会中毫无地位的情况下，教会法对离婚权的限制，实际上就是对男人权利的限制，这对于女性而言自然是有利的。根据教会的规定，结婚者婚前要向社会作公示，以表明该婚姻是合法的；结婚双方须在正式的婚礼上向上帝发誓承担婚姻义务，向对方保证不离不弃。

（4）夫妻私生活被视作是受保护的个人隐私。与罗马人大肆张扬性活动的做派相反，基督徒十分重视圣经的教导，即夫妻之间的性亲密关系是上帝赐予的神圣礼物，它只能在夫妻之间隐秘地进行，不能暴露于夫妻的婚床之外。根据教会的规定，上帝所赐的性亲密关系不能被描绘在公之于众的器皿或艺术品上，也不能像动物那样暴露于公共场合。显然，教会对性隐私权的保护，一方面是出自于对个人人格尊严的基本维护，另一方面则是出自于对后代进行道德教育和对培养社会纯风良俗的深思熟虑。在中世纪时期的文献和工艺品中，我们基本无法找到有关色情与性的直接描述，这与基督教会的努力是分不开的。

五、丧俗

特定的丧俗是由特定的死亡观造就的。为了理解早期异教徒与基督徒的不同丧俗，首先必须对他们各自不同的死亡观有所了解。

1. 早期异教徒与基督徒对死亡的不同认识

除了伊壁鸠鲁主义者把死亡理解为灵魂和肉体一起湮灭以外，早期大多数异教徒都与基督徒一样，把死亡理解为灵魂与肉体的分离。其中的主要差别在于：异教徒大多认为人死后灵魂的去处即阴间（希腊罗马人称为"哈得斯"）是一个难受甚至可怕的场所，连神都不愿意待在那里。而基督徒则认为，人死后虽然灵魂和肉体要暂时分离，但两者很快就会重新结合，这被称作"复活"；人复活后要接受上帝的审判，好人上天堂与上帝及众天使在一起享受无限的荣耀，恶人下地狱受魔鬼永久的折磨。在这里有一个重要的问题节点——死去的人是否对活人世界产生影响？异教徒对该问题的回答是肯定的，在他们看来，死人世界与活人世界息息相关，死去的先人对于活着的人们所产生的影响的程度和性质，完全取决于活人对死人的态度和行为；于是，在异教世界当中就普遍产生了死人崇拜，活人借助献祭和其他崇拜活动来与死者进行交流和沟通。死人对活人的影响可以是积极的，也可以是消极的，人们向死人献祭的目的，就是趋利避害，以求增进死人的积极作用，减少或避免其消极影响。

基督徒的理解截然相反。在他们看来，死去的人对活人世界没有任何影响，无论是上天堂还是下地狱，死人所获取的死后报偿只不过是他的个人行为和上帝意志相互作用的结果。人们之所以要按礼节埋葬自己死去的亲人，一方面是为了履行"来自于尘土的必回归尘土"的诫令和义务；另一方面是为了寄托对亲人的哀思，缅怀亲人的世间良行，祷求亲人在来世天堂的幸福。既然死人对活人不构成影响，活人就无求于死人，因此就无须崇拜死人。这种观念上的变化，是古代世界文化转型当中最根本性的变革，它直接推动了整个丧俗的改革。

2. 繁缛的异教丧俗

在异教世界里，人们对死去的先人既有所忌讳，又有所索求，他们总是认为，先人会视人们所提供的祭礼分量来决定对活人的回馈和荫庇。于是，人们自然会尽最大的努力来取宠于死人，结果导致了丧俗的日趋繁缛。

（1）大肆张扬的哭丧。我们从出土的古罗马墓葬石雕中了解到，一场完整的罗马丧礼大致由以下八个环节所构成：临终告别—尸体整理—凭吊及瞻仰遗容—出殡游行—下葬—餐宴—祓除—周期献祭。其中的"凭吊及瞻仰遗容"和"出殡游行"最能反映出死者生前的地位和声望。一般而言，死者亲友间所营造的悲哀气氛越浓厚，就越显示出活人的虔诚，因此，带有韵律的哀号声总是接连不断；为了突出死者的哀荣，亲人哭丧时常作捶胸击首和痛苦欲绝状；专业哭丧队伍的加入和哀乐的伴奏，把整个哭丧表演推向了高潮。这种刻意凸显悲情的丧礼，其意义不难理解：既然认定死者将要抵达的是一个令人难受的未知世界，人们就有理由为即将启程的亲人感到悲哀和绝望。

（2）铺张浪费的丧宴。在葬仪之后为死者举行丧宴是古代地中海世界流行的做法。通常在丧葬之后立即就在坟墓前举行首次宴饮，然后又在第九天和在死者周年纪念日及其他一些固定日子里重复举行。丧宴越是铺张，越表明亲属的虔敬，当然也就越能取宠于死者，它实际上是亲友们以死者的名义所进行的山吃海喝。在这种场合里，人们暂时抛开了丧亲的悲哀，专心致志地对付餐桌上的美味佳肴。据说为了迎候这一天，人们习惯于用玫瑰装饰坟墓，有些墓地在墓穴的外边还建有专用餐室，甚至附有厨房；一些死者在生前订立的遗嘱中，指定一笔基金专用于举办丧宴。据信，在丧宴时，死者的灵魂会坐在亲友当中，与大家一起分享丰盛的酒席。古人认为忽略这一习俗是危险的和不虔诚的，因为死者的灵魂具有强烈的报复性。

（3）丰富多彩的陪葬品。据研究，早期的罗马人盛行土葬；从公元前4世纪起逐渐转向火葬，至公元1—2世纪时火葬成为主要葬式；公元3世纪以后则重新流行土葬。罗马人葬式的改变，与社会历史条件的变动息息相关，例如公元1—2世纪是罗马历史上的黄金时期，因此此时盛行耗资更大的火葬。不管流行哪种葬式，陪葬品的多寡总是反映死者身份及其家族背景的重要标志之一。作为罗马文明先驱的伊特鲁里亚文明曾经以陪葬品的丰富多彩闻名于世，被称作"有关来世的文明"；罗马人继承了伊特鲁里亚人的传统，十分重视死者的陪葬问题。考古学家发现，即使在许多火葬墓中，大量的陪葬品也并没有与尸体一起被焚烧，而是被有序地摆放在骨灰瓮的四周，其中最寻常的是饮食用的陶制器皿，如碗、酒壶和酒杯等，不过灯座、饰针和小香水瓶等日常用品也很常见。陪葬品的多样化既表达了人们对死者的现世生活在来世中得以继续的一种愿望，同时也暗示着人们对来世生活物质匮乏的一种担忧和焦虑。

3. 基督教的拨乱反正

一方面是由于对来世抱有乐观的期待，另一方面是因为最初的信徒来自于社会底层，这些因素共同促使基督教发展出一种廉简和朴实的丧俗。

（1）以唱圣歌取代哭丧。既然基督徒坚信死者的灵魂将要到达的，是一个没有任何烦恼和痛苦、比现实世界美好得多的世界，他们就没有任何理由为死去的亲人感到过度的悲伤，而是应当感到欣慰。基督徒对死者的悼念，就相当于为即将远足旅行的亲人送行，其中虽有依依惜别之常情，却无生离死别之气氛。正如3世纪初期的迦太基主教西普里安所说："蒙主召唤而摆脱了此世烦恼的弟兄……应当被向往，而不应当被悲悼。"早期基督徒完全拒绝了悲剧式的异教丧礼，他们极力使丧事带上某种喜剧色彩。在他们看来，丧礼应当是一场颂扬上帝万能和缅怀死者善行的告别演唱会，故送葬的人们应当唱而不是哭。据教会史学家优西比乌的记载，公元155年，士麦那主教波里卡普殉道，他的同伴们收集和安葬了他的骨灰，并"在欢乐的气氛中庆祝该殉道者的生日"。这一故事具有双层意义：其一，基督徒以唱代哭的"欢乐的"丧礼习俗早在 2 世纪中叶就已经出现了；其二，早期基督徒认定死的那一天才是真正的生日，可见他们对于来世持有相当乐观的态度。

（2）以土葬取代火葬。公元 3 世纪中叶是基督教向罗马腹地全面渗透的关键时刻，正是从该时期起，土葬由意大利扩展至罗马帝国各行省，逐渐成为占据主导地位的葬式。可见，土葬的流行与基督教的崛起是相伴随的。基督教的土葬很可能与犹太人的葬俗及耶稣的葬式有关。耶稣作为一名犹太人被以土葬的方式埋葬，基督徒必然以他为范例。此外，在当时的历史条件下，土葬是一种比火葬更为节俭的葬式，而最初的基督徒主要来自于社会底层，他们宁愿使用比较省钱的土葬。更为重要的是，基督徒坚信在基督复临人间时所有死者都将复活，这种复活将是肉体复活，如果尸体被以火葬的方式烧掉的话，就会影响到复活。这就难怪早期基督徒要极力谴责罗马当局用火刑和喂野兽的方式处死基督徒。他们认为，保持尸体的完整性，是为了迎候复活日子的到来。为了安抚那些尸体被残酷毁灭掉的殉道者，著名教父奥古斯丁充分发挥保罗的思想，刻意在死去的尸体与复活的躯体之间找出本质区别来。

（3）对陪葬品的拒绝。如上所述，在陪葬品方面争奇斗艳和互相攀比，是异教葬俗的一大特色。基督教的崛起为全面拒绝陪葬品提供了一个契机。首先，作为早期基督教基本成员的底层民众，本来就无力为死去的亲人提供像样的陪葬品。其次，根据基督教的思想，既然来世是一个无限美好的场所，它理当一切物品应有尽有，从不匮乏，故给死去的亲人提供任何陪葬品都是毫无意义的。后来，随着基督教向上流阶级的渗透，大量富人成为基督徒，但他们在丧俗上已经无法逆转基督教的素葬方式，他们只好把本来可以用于购置昂贵陪葬品的金钱，开始用于俗世崇拜的需要，如捐建礼拜场所、施舍穷困信徒及支持教会活动等。虽然例外时有发生，不过纯粹用于死人事宜的花费，的确因受制于原始基督教廉简葬俗的影响而大为缩减。据说，早期的许多基督徒死者在被埋葬时除了身穿一件表示纯洁和不朽信念的白色亚麻布长袍之外，别无他物。

从本质上讲，早期基督教移风易俗的过程，就是用一种较为理性的、相对节俭的和便于操作的新习俗和新制度去取代过时的、繁缛的和较为野蛮的旧习俗和旧制度，因此这也是一个文明化的过程。不过，从异教习俗向基督教习俗转变的过程，并不是一蹴而就的，贯穿其间的一系列复杂的冲突和斗争，是可以想象得到的。基督教习俗的最终胜利，与其说是来自于早期基督徒的坚持不懈，不如说是得益于当时社会经济条件的变化。例如，耗费庞大的角斗表演、铺张浪费的献祭以及奢靡的葬礼，在公元3世纪社会经济危机的强劲冲击下，即使没有基督教的因素，也会自动地趋于土崩瓦解。基督教的作用就是顺应历史条件的变化，适时地构建出某种全新的习俗去取代走向衰落的传统，由此可见基督教在古代地中海世界的移风易俗中所扮演的重要角色。此外，并非所有不适应基督教运动的习俗，都是必然要被全部淘汰的"恶风劣俗"，像割礼这样的洁净仪式，虽然与基督教的普世化过程格格不入，却为犹太人及其他一些民族所坚持和恪守。

参考文献

[1] 阿尔文·施密特. 基督教对文明的影响 [M]. 汪晓丹, 等, 译. 上海：上海人民出版社, 2013.

[2] 弗雷泽. 旧约中的民俗 [M]. 童炜钢, 译. 上海：复旦大学出版社, 2011.

[3] 苏维托尼乌斯. 罗马十二帝王传 [M]. 张竹明, 等, 译. 北京：商务印书馆, 1996.

[4] Good News Bible [M]. Today's English Version. [S. l.]：United Bible Societies, 1976.

[5] Rodney Stark. The Triumph of Christianity：How the Jesus Movement Became the World's Largest Religion [M]. New York：Harper Colline Publishers, 2011.

[6] F L Cross. The Oxford Dictionary of the Christian Church, Vol. I [M]. third edition edited by E. A. Livingstone. Oxford：Oxford University Press, 1997.

[7] J M C Toynbee. Death and Burial in the Roman World [M]. Baltimore：the John Hopkins University Press, 1996.

[8] William Edward Hartpole Lecky M A. *History of European Morals from Augustus to Charlemagne*, Vol. I [M]. New York: D. Appleton and Company, 1872.

[9] Franz Cumont. *After Life in Roman Paganism: Lectures Delivered at Yale University on the Silliman Foundation* [M]. New York: Dover Publications, Inc., 1959.

[10] J. Wacher. *The Roman World*, Vol. II [M]. New York: Routledge & Kegan Paul, 1987.

[11] A H M Jones. *The Decline of The Ancient World* [M]. [S. l.]: Longman, 1966.

第16讲 早期地中海文明视域中的犹太人

　　就人数和国际地位而言，犹太人是一个弱小的民族；而就对人类文明的贡献而言，犹太人则是一个伟大的民族。以如此一个弱小的民族，竟然作出了如此伟大的贡献，其奥秘就在于它拥有一个伟大的宗教。作为世界历史上第一个一神教民族，其信仰的力量一直推动着它的成员把发明创造当作是履行上帝之约的神圣义务。早期犹太文明虽然是地中海文明的不可或缺的组成部分，可是作为上帝的唯一"选民"，犹太人在与其他文明民族发生关系时，却以独特的个性显示出自身的与众不同。本讲集中讨论犹太人在早期地中海文明中所扮演的角色。

一、犹太人与希腊罗马世界的关系

　　18世纪的著名历史学家爱德华·吉本虽然对基督教并无好感，但他在犹太人问题上却继承了基督徒的传统偏见。他在谈及犹太人的民族特性时特别指出：世界历史上只有犹太民族"拒绝参与全人类的交往……他们赖以保持他们的特殊宗教仪式的沉静、顽劣的脾气及其不友好态度似乎表明他们是一个特殊的种族，不惜公开承认，或毫不掩饰，他们对人类其余部分的不可调和的憎恨。不论是安条克的暴力，还是希罗德的计谋，还是邻近民族的榜样，都未能说服犹太人把希腊人的典雅的神话和摩西的教义结合起来"。(《罗马帝国衰亡史》上册，商务印书馆，第235～236页)

历史事实终将证明，吉本的这一说法是有失公允的。犹太人的确曾千方百计地保持自身的文化个性，力图避免希腊文化的渗透。例如它在对待其周边的希腊化民族时，就常常采取固步自封的态度，它甚至不惜使用暴力去反抗叙利亚人迫使其改变民族习性的企图。然而这只是问题的一个方面。另一方面，在希腊文化已经成为整个地中海世界的主流文化的情况下，犹太人也无法独善其身，他们受希腊文化的影响和渗透也是迟早的事情。众所周知，希伯来圣经是犹太人文化的根基，犹太人文化的独特性正是从该经典发源和发展而来的。可是从公元前3世纪后期开始，该经典却出现了第一个希腊文版本，即著名的"七十子希腊文译本"。希腊文圣经的主要阅读者自然是把希腊文作为第一语言的犹太人，这表明相当大的一部分犹太人尤其是"流散犹太人"是以希腊语作为第一语言的。语言的接受是文化接受的第一步，有了这样的开头，其他方面的文化渗透自然会随之而来。例如我们看到，在圣经的一些卷次和章节中，开始出现了天使、末日审判和死后复活等许多非希伯来因素，这些因素的出现，无疑与外族文化的影响有着密切的关系。

到了公元1世纪前后，犹太人的丧葬习俗也开始受到了希腊文化的影响。相关的考古资料披露，在公元1世纪前后耶路撒冷附近的194块墓碑中，用希腊文撰写墓碑铭文者占了64%，只有36%的碑文使用希伯来文。按常理，碑文总是使用死者及其亲友的母语来撰写。这表明，调查范围内近三分之一的犹太人是以希腊语而不是希伯来语作为自己的母语。同一时期的耶路撒冷墓葬情况更进一步揭示：同一个坟地上竟然发现犹太人的葬坑与外邦人的葬坑交叉夹杂在一起。由此可见，至少在公元1世纪前后，犹太文化的封闭性有被打破的趋势。

犹太人与罗马政府之间的政治关系也不像人们所想象的那么恶劣。公元前63年，巴勒斯坦被罗马征服，罗马人在犹太人原统治区域设立了"犹地亚省"（Judea，"犹太"一词即来自于此）。罗马的统治政策，素以宽容和开放著称，它对被征服地区的宗教信仰和传统习俗，一概持放任自流的态度，前提是这些信仰和习俗必须是从祖先那里继承而来的，而不是新创立的，同时必须以不用武力威胁罗马的统治权为限度。犹太教符合这一前提，故除非是犹太人蓄意用暴力挑衅罗马的统治权，否则他们就可能与罗马政权和平相处。其实,犹太人与其周边那些希腊化的异族之间的不断摩擦,反倒是罗马当局所乐意看到的现象。因为对于大多数罗马统治者而言,经常闹事的东方地区的希腊化民族更像是麻烦的制造者,如今有了犹太人这张牌,罗马当局便得以在东方地区实现真正的政策平衡了。据古典作品披露,从恺撒时代开始,当犹太人与其周边的民族发生冲突时,多数皇帝均偏袒犹太人;而犹太人则常常出兵帮助罗马当局镇压叛乱的东方人。基督教兴起以后,遭到了不少皇帝的弹压和迫害,可是对于犹太教,却极少有皇帝采取主动迫害的政策。尼禄是第一个对基督徒怀有敌意的皇帝,可是同情犹太教的皇后波培娅(Poppaea),却曾经受到他的百般宠爱。应当说,犹太人在罗马统治下的政治安全,是以它自身的弱小为基础的,正是由于罗马当局看透了犹太人不可能在根本上构成对其统治的威胁,才有可能对之采取怀柔和同情的态度。

二、犹太人与基督徒关系的恶化

基督教崛起以后不久,便与犹太人发生了矛盾和冲突,两者关系逐渐恶化。

首先,基督徒把犹太人的自我批判精神变成了攻击犹太人的有力武器。

基督教最初是作为犹太教的一个分支发展而来的。因此,基督教继承了犹太教的许多要素,如一神论思想、弥赛亚观念、先知的理论等。基督教的经书、祷告形式、教堂圣事等,也与犹太教有着密切的关联。最为可贵的是,基督教还继承了犹太教的自我批判精神。例如,在希伯来圣经(即旧约)中,利未人的代表向耶和华倾诉:"我们的祖先行事狂傲,硬着颈项不服从你的诫命……也不纪念你在他们中间所行的奇迹,竟硬着颈项,居心悖逆,自立首领,要回到他们为奴之地。"(《尼希米记》第9章第16~17节)马加比起义时期,犹太人在总结自身民族灾难的原因时也指出:"我们的遭遇是罪有应得,因为我们得罪了我们的上帝。"(《马加比传下》第7章第18节)这种风格在基督教的新约当中得到了延续。例如耶稣曾诅咒说:"科拉辛啊,你有祸了,伯赛达啊,你有祸了,因为在你们中间所行的神迹,若在推罗和西顿施行,他们必早已披麻蒙灰地悔改了。我告诉你们,到了审判那一天,比起你们来,上帝会更加怜悯推罗和西顿的人民!"(《马太福音》第 11 章第 20～22 节)科拉辛(Chorazin)和伯赛达(Bethsaida)是犹太人的城市,推罗(Tyre)和西顿(Sidon)则是外邦人的城市,耶稣在这里说外邦人比犹太人更容易得救,不过是想通过一种极端化的说法向犹太人敲警钟,而并非真的有此想法。使徒彼得在向犹太人布道时也责怪说:"以色列同胞们……我们祖先的上帝,已经荣耀了他的仆人耶稣,你们却把他交给彼拉多。在彼拉多决定释放他时,你们竟在彼拉多面前弃绝了他。你们弃绝了那神圣的善者,反而要求彼拉多为你们释放一名凶手。你们杀害了生命的主……"(《使徒行传》第 3 章第 12～15 节)耶稣和彼得对犹太人的指责,与利未人及其他犹太人的自我检讨一样,完全是一种善意的批评,目的在于促使执迷不悟的犹太人弃恶从善,皈依上帝的正道。

可是从公元 2 世纪开始,随着第一、第二代基督徒的纷纷离世以及基督教本身的扩张,犹太人基督徒的地位最终被外邦人基督徒所取代。这些外邦人开始全面叛离犹太教传统,因为他们无论是在民族血统上还是在文化血统上均已经丧失了与犹太人的休戚相关感。新一代的基督徒在处理与犹太人的关系时坚持三个基本观点:其一,旧约中有关耶和华将派遣弥赛亚拯救上帝选民的预言,已经得到了应验,新约中的耶稣基督便是这个最后的弥赛亚,他的出生、传道、受难及复活,真切地体现了上帝的救世计划;可是由于犹太人的愚顽,他们不仅认不出自己的弥赛亚,而且残酷地把他杀害,故犹太人是弑主者。其二,耶和华特选的选民以色列人,已经被基督徒所取代,如今"以色列"再也不是指犹太人,而是指基督徒。其三,圣经中并没有自我批判的精神,有的只是上帝和众先知对犹太人一次又一次的谴责,原因是犹太人既顽劣又心硬,一次又一次地叛离上帝,转向多神教及偶像崇拜。由此可见,圣经中原有的自我批判的话语,被基督徒利用来当作攻击犹太人的有力武器。

其次,基督徒利用不同的圣经版本作为攻击犹太人的重要依据。

正统犹太人主要利用希伯来语(含亚兰语)古本圣经去捍卫自身的古老传统和正统性,因此他们利用对圣经资源的垄断树立起知识上的权威。而基督教既然起源于社会底层,其信徒主体的教育水平就不可能太高。随着教会最终被外邦人基督徒所控制,懂希伯来语的基督徒迅即减少,故教会只能选用七十子希腊文译本作为教会的通用圣经版本。在这种情况下,基督徒在掌握圣经资源和权威知识方面本当处于下风和劣势。可事实上基督徒却将这种劣势转化为值得自豪的本钱,他们坚持认为,与犹太人所使用的圣经版本相比,他们所使用的七十子译本圣经才是最权威的。众所周知,希伯来文圣经与七十子希腊文圣经在某些经文的表述上有差异,早期的基督徒便充分利用这样的差异来攻击犹太人。例如,希伯来文的《以赛亚书》第7章第14节有这样一句预言:"因此,主将亲自给你们一个预兆,必有一名少妇(a young woman)怀孕生子,取名叫以马内利。"而七十子希腊文本则翻译为"因此,主将亲自给你们一个预兆,必有一名童贞女(a virgin)怀孕生子,取名叫以马内利"。到底为何有这一字之差,我们不得而知。早期基督徒认为,"童贞女"的说法才是正确的,而"少妇"的说法不仅不正确,而且说明了犹太人对耶稣基督的神秘起源的无知甚至故意隐瞒。在他们看来,只有七十子译本的《以赛亚书》中"童贞女"怀孕生子的表述,才能与后来福音书中耶稣的神奇出生相吻合;而犹太人不承认这样的表述,不过是为了达到全面否定耶稣基督的险恶目的。

最后,基督徒在传教竞争中最终击败了犹太人。

有关文献告诉我们,古代犹太教也是一个充满竞争活力的宗教,犹太人的先祖在迦南攻城略地的同时,也力图把犹太教传播给外邦人。即使到了公元1世纪时,犹太人的扩张势头也并未减弱。例如在新约中,我们见到犹太会堂里常常有外邦人的身影,这些前来参加犹太人圣事活动的外邦人,被称作"上帝的敬畏者"(God-fearers),他们虽然还不是正式的犹太教徒,但肯定是犹太教的慕道者。

基督教产生以后,它与犹太教在争夺信徒方面便开始出现了激烈竞争的局面。《使徒行传》中常提到使徒保罗在犹太会堂里宣教,这说明犹太会堂可能是两个宗教争夺信徒的重要场所。面对竞争,犹太教的劣势很快就暴露无遗。犹太教是一个以律法为核心的宗教,这意味着一名犹太教徒必须遵守几乎数不清的清规戒律,即使别的许多生活禁忌可以容忍,可是光割礼一项就足以让一般外人视如畏途。而基督教则不同，它以信仰为核心，人们只要信仰上帝和耶稣基督，借助简单的洗礼便可以成为一名基督徒。因此我们便看到，公元1世纪后期至2世纪上半叶，基督教以秋风扫落叶般的阵势，迅速占领犹太教的宣教地盘，后者在基督教的强大攻势之下最终落败。可是由此结成的历史仇怨，却已再也无法消弭。

三、犹太人受歧视的开始

在古代末期和中世纪早期，尽管基督徒和犹太人之间的纷争接连不断，但二者的关系仍是难舍难分。这主要是因为对于基督徒而言，犹太人尚存在着许多可资利用的价值。在基督教受迫害年间，基督徒为了证明基督教不是一种新的宗教，他们明确指出他们的宗教直接来源于犹太教，而犹太教比希腊罗马人的任何宗教信仰都要古老得多。于是，犹太教便成了基督徒用来抵挡异教徒攻击的挡箭牌。进入中世纪以后，由于蛮族的征服和古典文化的衰亡，西欧民众的教育水平普遍低下，基督徒中只有中高级教士具有准知识分子的身份；与此相反，犹太人则是地道的知识分子，他们对于基督徒构成了绝对的知识优势。这就解释了像虔诚者路易那样的世俗君王，为何要倚重犹太人的知识影响力，去与桀骜不驯的主教们展开权力斗争。此外，犹太人对基督徒还构成了经济和商业上的优势。一贯被基督徒所鄙视的商业活动，在犹太人的眼中却成了他们履行上帝之约的体现和手段，他们把宗教虔诚内化为一种敬业精神。其结果是，他们的手中集中了不少的财富和金钱，这些财富和金钱常常成为穷困潦倒的基督教王侯及主教们的觊觎目标。手头宽绰的犹太人在基督徒当中雇佣家仆、园丁和工人，有些犹太人甚至拥有基督徒奴隶。这些均表明犹太人与基督徒在经济上有着密切的联系。在伊斯兰教兴起以后，犹太人更是成为基督徒与穆斯林之间的唯一沟通者。

对于犹太人，欧洲社会的不同层面有着不同的态度。第一层面是帝国政府当局。帝国政府以罗马法为依据，对犹太人实施保护的政策。罗马法的传统倾向于尊重犹太人的习俗和宗教，即使到了基督教成为帝国的国教之后，皇帝们仍然立法保护犹太人的特权。例如犹太人守安息日的习惯、他们在会堂中的圣事活动、他们的财产、人格和作为帝国公民的尊严，均被归入法律保护之列。第二层面是教会当局。包括一些著名主教在内的基督教上层人物的态度与罗马法不同，他们主张对于犹太人的思想应予以批判，而对于他们的人格则必须予以尊重。例如，尽管奥古斯丁谴责了犹太人的愚顽、固步自封和弑主罪行，但他对犹太人的未来寄予很高的期望，他真诚地等待犹太人的最终悔罪，因此他反对在肉体上虐待犹太人。第三层面是普通信徒。普通的基督徒大众对待犹太人的态度，是随着时代的变迁而不断变化的。总体而言，在罗马法能够产生实际效能的时段和空间范围内，民众是比较善待犹太人的；而在罗马法不起作用的动荡时期里，犹太人便常常成为基督徒民众歧视和虐待的对象。

众所周知，就犹太人的命运而言，十字军运动是一个重要的时间节点，因为伴随此次运动而来的是欧洲基督徒民众对犹太人的迫害。这场迫害的起因是相当复杂的，不过其中最重要的几点不妨列述于下。

首先，早期教父们不利于犹太人的言论，对于民间反犹运动的兴起具有煽动性作用。教父们在反犹太人的论著中，虽然在犹太人的思想与其人身权利之间作了严格区分，可是这种区分对于普遍缺乏基本教养和理性能力的一般基督徒来说是意义不大的，他们只知道可以从教父们的作品中找到迫害犹太人的理论依据。实际上，在迫害过程中，许多走投无路的犹太人常常跑进主教官邸中去躲避灾难，他们也因此而受到有效的保护。这至少说明民众的极端行为与教会当局的明智处置方式之间是有明确界线的，尽管教会所认可的教父言论对于挑起民众的反犹情绪负有不可推卸的责任。

其次，基督徒普遍怀疑犹太人暗中支持穆斯林的反基督教活动。这种怀疑是否为事实，是值得进一步讨论的。伊斯兰教是在犹太教和基督教的双重启发下发展起来的，不过它借助于犹太教的程度，要比其借助于基督教的程度大得多。这便预示着，穆斯林与犹太人之间的相互认同，也许要多于它对基督徒的认同，何况犹太人与基督徒一直存在着历史仇隙。基于这样的理论推测，长期在穆斯林与基督徒之间走平衡的犹太人，有时候把重心移向穆斯林一边，这并非是完全不可能的。

再次，犹太人的生活方式与封建主义原则格格不入。中世纪早期的西欧是典型的封建社会。封建主义的特性是：以土地和农村为中心，依靠地产的占有来决定政治权力，依赖骑士来维持贵族的权威，人与人之间的互相隔绝和存在着等级差别，并以武力和勇敢来决定一个人的政治前景。而犹太人社团就像是封建主义海洋中的孤岛，这种社团的生活方式与封建主义几乎背道而驰：以都市为中心，社团与社团之间保持着密切的沟通和联系，每个社团均构成为整个犹太人社会网络中的一环，在犹太人内部人与人之间的关系是平等的，每个人在公共事务中均有话语权，尊重学术和商业能力以及谈判技巧，反对暴力。最有趣的是，封建主义发展得最为充分的地区即从卢瓦尔河至莱茵河流域一带地区，恰恰是犹太人聚居最为密集的地区。这种生活方式上的格格不入必然加剧了双方关系的紧张和对立。

最后，独特的犹太习俗也容易引起普遍的不安。犹太人拘泥于律法的规定，在生活习惯上造成了与基督徒的隔阂，有时这些隔阂非常严重和致命。例如，犹太人只吃自己的专业屠夫所宰杀的牲口，在宰杀时如果发现牲口的内脏有瑕疵，就会拒绝食用该牲口，在这种情况下，他们会把它卖给基督徒，而基督徒则常常怀疑犹太人向他们出售次品。又如，犹太人所饮用的酒不允许非犹太人接触过，而基督徒则认为犹太人卖给他们的是劣等酒。再如，当犹太人请非犹太人喝酒时，客人用过的酒杯按惯例被整个扔掉；有时非犹太客人喝剩的酒滴碰巧滴进酒桶里，主人甚至要把整桶酒当场倒掉，这被基督徒视作最大的侮辱和不礼貌。

参考文献

[1] 爱德华·吉本. 罗马帝国衰亡史（上册）[M]. 黄宜思, 等, 译. 北京: 商务印书馆, 1997.

[2] 张久宣, 译. 圣经后典 [M]. 北京: 商务印书馆, 1996.

[3] *Good News Bible* [M]. Today's English Version. [S. l.]: United Bible Societies, 1976.

[4] Leonard B Glick. *Abraham's Heirs: Jews and Christians in Medieval Europe* [M]. Syracuse: Syracuse University Press, 1999.

[5] Marcus Braybrooke. *Time to Meet: Towards A Deeper Relationship Between*

Jews and Christians [M]. [S. l.]: Trinity Pr Intl. , 1990.

[6] Malachi Martin. *God's Chosen People: The Relationship Between Christians and Jews* [M]. [S. l.]: Remnant Press, 1988.

[7] R. Stark. *The Triumph of Christianity: How the Jesus Movement Became the World's Largest Religion* [M]. New York: Harper Colline Publishers, 2011.

第17讲 基督教在中世纪的变化

尽管早在4世纪初期,基督教就开始了官方化的进程,可是由于该进程仍然需要较长的时间才能完成,加上教会继承了较多的使徒时代的传统,因此从总体而言,古代时期的基督教相对而言比较淳朴和单纯。进入中世纪以后,由于历史环境的变化,教会在多种压力底下为了自身的生存和发展,逐渐地改变了形态,于是便造成了中世纪所特有的基督教会。与古代教会相比,中世纪的基督教会主要拥有了如下一些新的特征。

一、东、西方教会逐步走向分裂

导致东西方教会分裂的历史因素很复杂,不过其中最直接的原因是罗马教会和教皇权的崛起。由于人们相信罗马教会是彼得直接创立的,它是使徒传统的合法继承者;加之它地处古都,是西部最大和最慷慨的教会;在历次神学争端中,它一直成为正统学说的坚强堡垒;在蛮族征服中,它又负起了保护人民生命财产安全的职责。更重要的是,在历史的紧急关头,罗马教会常常出现一些能够力挽狂澜的强势领袖人物。如公元5世纪初的教皇英诺森一世认为罗马教会既然是西方基督教的奠基者,它就理应拥有普遍的管辖权。公元5世纪中叶的教皇利奥一世设法使西部皇帝瓦伦提尼三世颁布敕令,规定所有人都得服从罗马教皇。

公元451年,卡尔西顿公会议通过的第二十八条教规,宣布君士坦丁堡与罗马地位相当,引起了教皇利奥的抗议,这为东西方教会的分裂埋下了祸根。公元482年，东罗马皇帝芝诺和君士坦丁堡宗主教阿卡修联名颁布旨在修改卡尔西顿会议决议的《团结敕令》，受到了罗马教皇的抵制，结果引起了长达37年的分裂，史称"阿卡修分裂"。

由于历史传统的差异，东、西方教会发展出了各不相同的神学思想。沃尔克先生对此有精彩的对比。他认为，西部教会倾向于从法学的角度看待基督教，而东方教会则倾向于从哲学的角度看待基督教。东方的拯救观念，即把我们有罪的必死的生命变为神性永生的观念，对于西方来说太抽象和太难以把握。西方教会的拯救观侧重于与上帝建立正当的关系，故西方思想中存在着一种比东方更深刻的罪恶感和更清楚的蒙恩观念。西方的宗教与人们日常生活的关系比东方更密切。东方更注重抽象的人性转化，更热衷于逃避尘世和脱离死亡；而西方则更能赦免那些明确承认了的罪恶行为，更多关注克服罪行。这些差异在一定程度上解释了为何西方的原罪论要比东方更有影响。

由于存在着这些差异，东、西方教会注定无法走到一起。公元5世纪末，西部教会将《尼西亚信纲》中"圣灵出自圣父"句改为"圣灵出自圣父和圣子"，借以强调基督的神性，结果引起了东部教会的强烈抗议，这就是著名的"和子句纠纷"。公元858年，拜占庭皇帝米歇尔三世任命佛提乌为君士坦丁堡宗主教，并要求罗马教廷予以承认，遭到拒绝。公元863年，教皇尼古拉一世宣布革除佛提乌的教籍。佛提乌针锋相对，于公元867年宣布革除尼古拉一世的教籍。双方关系接近破裂。不过在公元880年，佛提乌与继任教皇约翰八世又达成和解协议。进入公元11世纪以后，双方重启争端。公元1050年，教皇利奥九世颁发通谕废止已渗入意大利南部拉丁教会的希腊礼仪，君士坦丁堡宗主教色略拉里乌则命令君士坦丁堡的拉丁教会一律使用希腊礼仪。双方最后于公元1054年互相宣布革除对方教籍，东、西方教会完全分道扬镳，东方教会称"东正教"，西方教会称"天主教"。

二、教会的全面体制化

由于蛮族的征服和西罗马帝国的灭亡，西欧进入政治混乱状态。此时以罗马教廷为首领的西部教会，被迫填补了帝国政府所留下的政治真空，承担起无政府状态当中准政府的职责和角色。首先，在普遍的政治骚乱中，教会俨然成为社会秩序的代表，它通过号召"上帝的休战"和"上帝的和平"来尽量减少封建战争，维护人民的生命和财产安全，因此它被人们看成是旧时代罗马传统的直接继承者和政治秩序的象征。其次，随着西欧封建化的深入，教会通过圈地和接受捐赠等方式，逐渐发展成为最大的封建领主。它所占有的土地超过了西欧总土地面积的三分之一，并且通过向信徒收取什一税等方式获取大量经济利益，其积累的财富远远超过了当时西欧任何最富有的世俗领主，这些财富成为教会势力迅速崛起的强有力的经济基础。最后，教会利用自身对圣经和神学知识的垄断权，把各种学科知识纳入到宗教神学的范围之内，其结果便是形成了一个包罗万象的神学体系，哲学、自然科学、社会科学及其他人文科学均成为该体系内的组成部分，使思想和知识领域出现了"万流归宗"的局面。

与此同时，教会借助自身在政治、经济和思想文化领域的优势，模仿世俗的封建等级制，建立起上下有序的教阶制度。教阶制度虽然在罗马时代已经萌芽，但它的最终形成则在公元11世纪中后期。教阶制度的主体由主教、神父（司祭或司铎）、助祭（执事）三个品位组成。天主教随着教皇和教廷制度的出现，主教品位又分为教皇（Pope）、枢机主教（Cardinal Bishop）、宗主教（Patriarch）、都主教（Metropolitan）、大主教（Archbishop）和一般主教（Bishop）。天主教一共有七个神品，由高到低分别为：七品司祭（包括主教和司铎）、六品执事（助祭）、五品助理执事（副助祭）、四品襄礼员（辅祭员）、三品驱魔员、二品诵经员、一品司门员。前三个品级为"大品"，或叫"高级神品"；后四个品级为"小品"，或叫"低级神品"。东正教没有教皇和枢机主教，其管理方式沿用宗主教区分区负责的传统习惯，称为"牧首制"，其余与天主教类似。

与此同时，基督教还发展出了与教阶制度相适应的名目繁多的圣礼。公元1274年的第二届里昂公会议规定正式圣礼有七件：①洗礼。洗礼是基督教的入教仪式，分为注水洗礼和浸礼两种形式，前者为向受洗人额头洒水，后者则是引领受洗人全身浸入水池片刻。从公元12世纪起，天主教以行注水洗礼为主。教会认为，通过洗礼入教，人的原罪和本罪可被赦免,受洗人可获上帝恩宠。②圣餐礼。天主教称"领圣体"或"做弥撒"。圣餐礼是从福音书中有关耶稣与其门徒进最后的晚餐的故事引申出来的一个纪念性仪式,其主要程序是:由主礼人对面饼和葡萄酒进行祝祷,然后分发给正式信徒饮食。天主教认为,经过祝圣的饼和酒,实质上已变成了耶稣基督的真正身体和血,这被称为"实体转化说"(transubstantiation)。按天主教规定,神职人员可领圣饼和圣酒,一般信徒则只领圣饼,不领圣酒。③坚振礼。也称"坚信礼",即入教者在受洗的一定时间后,再接受主教的按手礼。主礼者把手按在受礼者的头上,诵经祝祷,谓可使圣灵降于其身,以坚定其信仰。④告解礼。亦称"办神功"。此礼被认为是基督为赦免信徒在受洗后对上帝所犯诸罪而订立的。由教徒向神父告明对上帝所犯的罪过,并表示忏悔;神父则对教徒所告诸罪严守秘密,并指明补赎和赦罪的方法。⑤婚配礼。这是信徒在教堂里由神父主持的结婚仪式。主礼者首先征询男女双方是否愿意与对方结为夫妇,在得到肯定回答后,主礼者诵经祝祷,宣布这对夫妇是"神所配合的,人不能分开",并向新婚夫妇祝福。⑥终敷礼。这是信徒临终前由神父为其敷搽圣油的仪式。在信徒病情垂危时,由神父用经主教祝圣过的橄榄油敷搽病人的耳、目、口、鼻和手足,并诵念经文,借此帮助病人忍受病痛,赦免罪过,安心而逝。⑦授圣职礼。亦称"派立礼",是教会按规定程式对领受者授予圣职的仪式,一般以授予权杖和指环等物品作为象征。

三、修道运动的兴起与教会独身制的形成

修道运动和独身制度均以禁欲主义为理论基础。有趣的是,在基督教崛起的最初时期里,极端的禁欲主义是被当作异端来加以打压的,因为圣经并没有禁欲主义的教导。耶稣虽然教导人们不要过分依恋此生此世的物质生活享受,但他并没有要求人们过一种禁欲的生活。保罗在许多书信中常常谈及物质生活方面的琐事,他显然是一个非常入世的宣道者。在涉及两性关系时,他的态度十分中庸,他说:如果一个人具有节制的意志,就可以选择独身守节;倘若欲望的确无法抑制,就当以结婚为妙。由此可见,在个人生活操守方面,圣经大体上是持中庸之道的。

可是在基督教崛起之后，在诺斯替教的影响下，基督教内部却出现了主张禁欲主义的派别，这些派别被称作"禁戒派"（Encratites），例如伊便尼派和马西昂派，就是其中的典型代表。由于与圣经精神明显不符，这些派别被贬为异端，也便在情理之中了。

进入公元3世纪以后，随着罗马帝国生存环境的普遍恶化，战争、瘟疫和饥馑接踵而至。绝望的人们被迫以强力抑制自身的物质欲望来适应和应对日渐恶劣的生活条件，于是，禁欲主义思潮以更为强大的威力席卷地中海区域。这是一场自下而上的人民运动，它肇始于埃及、叙利亚等中东地区，然后以逆时针的走向传入小亚细亚，并穿越博斯普鲁斯海峡进入巴尔干地区，进一步渗入西欧的广大腹地。一般把埃及人安东尼看作基督教隐修主义的创始人。此人大约于公元270年开始抛弃财产，在自己的村子里过禁欲生活。15年后，他退居荒野，成为隐士。安东尼的行为得到了许多人的响应和模仿。

公元4世纪初，另一个埃及人帕科米乌（Pachomius）在埃及南部的塔本尼希创建了第一座基督教隐修院。从此以后，两种隐修方式——个人分散独修与修道院集体隐修——便同时并存于地中海世界。个人独修没有规矩可言，每个人均可发明出各种离奇古怪的修道方式。例如有一个叫西门的叙利亚修士，在安条克东郊的一根柱子顶端独居30年之久，被称作"柱头修士"（Stylites）。修道院集体修行则有一定的规矩，不过不同修道院的规矩也是五花八门。

公元4世纪下半叶，亚历山大里亚宗主教阿塔纳修撰写了《安东尼传》。借助这部书，隐修主义被传播到西部世界，受到了杰罗姆、安布罗斯及奥古斯丁等拉丁教父的欢迎。公元6世纪上半叶，意大利修士本尼狄克（Benedict of Nursia）在意大利南部的卡西诺山建立了一座修道院，他亲自任院长，并为其制定了院规。院规规定修士的主要任务是礼拜、工作和读书，院规还对修士的饮食及作息作出了详细的安排。不久，本尼狄克院规传遍整个西欧，成为西方修道院的通行管理规则。与此同时，在北欧地区则兴起了另一种类型的修道院——凯尔特型的修道院，此类修道院的主要特色是具有传教和学术研究的双重热情。这两种类型的修道院互相影响，推动西欧修道运动的发展。

面对世俗社会修道运动的巨大压力，教会当局不得不作出必要的回应。公元306年的艾尔维拉主教会议第一次以书面形式禁止主教、神父及其他需要登上祭坛执行圣餐礼的神职人员拥有合法妻子；公元419年的迦太基主教会议把独身的范围扩大到助祭；公元1123年第一次拉特兰公会议进一步把独身的义务扩大到所有高级教士。与此同时，许多大主教区通过一系列的地方性法规把独身的范围延伸到所有教士。根据这些法令和法规，未结婚的教士在受职之前必须发誓独身，已经结婚的教士必须与妻子分居，这些教士的妻子要么进修道院，要么在教区登记为寡居者，而独身教士则被禁止与非亲属女性单独相处。公元567年的图尔斯主教会议规定：主教和主教以下的高级教士必须由其母亲、姐妹或女儿管理其家务；主教必须住在由教士们环卫的主教寓所里，教士们务必确保主教没有与先前配偶继续来往，因此他们应经常驱赶那些来自主教寓所的"陌生人"。公元653年和655年，西班牙托莱多市的法律规定：教士如果与人姘居或秘密结婚，其姘妇或妻子连同孩子将一起被罚为奴隶，而他本人则要被革除教籍。

禁欲主义和独身制度并非毫无历史建树。就世俗社会而言，独身主义对于缓解因人口压力所造成的更大社会动荡可能有益处。就教会而言，独身制度的实施也有效地阻止了教会高级职务和巨大财富成为个别家族的世袭遗产。

四、圣母崇拜和圣徒崇拜的崛起

基督教在本质上是一种一神教，它只崇拜独一的上帝，这个上帝在圣经里常常被描述为男性。这就产生了一个很大的问题：基督教的神过分地阳刚，缺乏阴柔的一面。众所周知，希腊罗马诸神男女相配，既满足了人们对阳刚性力度的追求，又满足了人们对阴柔性厚度的喜爱。进入基督教时代以后，在独尊一神的氛围下，诸神不是成为天使，就是成为魔鬼，古代的女神崇拜由此失去了立足的理据。可是，古代遗留下来的女神崇拜的感情，并没有因此而自动消失，相反，它在不断地寻求某种自我表达的时机，这种时机很快就到来了，那就是圣母马利亚崇拜的崛起。

实际上，圣经并没有为圣母崇拜提供直接的依据，新约中只有福音书提到马利亚，但也是一笔带过。不过，福音书借用七十子希腊文版的《以赛亚书》第7章第14节中有关"童贞女怀孕生子"的预言，构造了马利亚因圣灵降孕而生耶稣的神奇故事，该故事的确为以后马利亚的神化提供了一个契机和起点。在后来的有关耶稣属性的神学争端中，强调耶稣具有完全神性的派别，应当是马利亚崇拜的始作俑者。既然耶稣就是上帝，那么生耶稣者（马利亚），必是"上帝之母"（Theotokos）。据说"上帝之母"一词早在公元3世纪时就已经流行于信徒的祈祷文中，著名的教父如奥利金、阿塔纳修、恺撒里亚的优西比乌、耶路撒冷的西里尔、纳西安的格雷戈里等，均使用过它。这个词是如此深入人心，以至于当君士坦丁堡宗主教涅斯托利提出对它的质疑时，当即引起了广泛的民众骚乱。

公元5世纪中叶，掌握实权的皇后普尔西里娅为了巩固自己的权势，利用民众的女神崇拜情结，抓住"上帝之母"问题大做文章，在击败涅斯托利的二性二位论的同时，为民间的圣母崇拜提供了官方支持。这可以被看作一个重要的历史转折，因为从此以后，圣母崇拜便被逐渐推向整个帝国。中世纪是圣母崇拜的全盛期，随着上帝与普通信徒的距离越来越遥远，圣母成了神、人之间的重要中介，那时的王侯、贵族、骑士及下层民众，无一不是圣母的崇拜者。中世纪时期建造的教堂，相当大的一部分是献给圣母的。尽管教会的有识之士一再指出圣母只能尊崇，不能崇拜，但教会当局终究无法压制人民的女神情结，圣母崇拜照旧大行其道。

与圣母崇拜相比，圣徒崇拜甚至出现得更早。圣徒便是那种被正式承认为具有非凡品格，并在死后无需经过审判就能直接上天堂的人。"圣徒"一般均是一种死后封号。最初的圣徒是在罗马帝国迫害时期因坚持自己的信仰而被处死的基督徒殉道者。例如公元2世纪中叶的士麦那主教波里卡普（St. Polycarp）殉道后就被追认为圣徒，他也许是最早的真正意义上的圣徒。迫害结束以后，一些重要的隐修士、有名望的修道院院长和主教，以及为教会作出过巨大贡献的世俗名人等，开始取代殉道者而成为圣徒群体中的主要成员。圣徒最初由民众拥戴和推举产生，后来逐渐过渡到在民众推举的基础上由教会官方封授。到了公元12世纪后期，教皇成为西部教会封圣的唯一权威。由于历史的原因，西部教会的圣徒崇拜主要表现为圣物崇拜，而东部教会的圣徒崇拜则主要表现为圣像崇拜。

圣徒崇拜在中世纪的盛行，也许是为了填补多神教时代的英雄崇拜所留下的真空，因为两者存在着不少相似之处。中世纪的基督教圣徒与古代的英雄一样，履行着多种社会功能。圣徒不仅被视作基督教英雄，而且被当作民众的庇护者，他当然也被看成是世人的道德楷模。不过，由于对死亡的理解截然不同，圣徒崇拜使生者与死者的关系变得越来越密切，而古代的英雄崇拜则在活人世界与死人世界之间筑起了一道不可逾越的鸿沟，这一根本性差异导致了两者在其他许多方面也迥然相异。由此可见，与其说圣徒崇拜是古代英雄崇拜的简单翻版，不如说它是因应社会历史条件的巨大变化而出现的一种全新的崇拜形式。

五、教会的军事化

最初的基督教运动无疑是一种和平的抗议运动。人们可以设想，如果基督教的崛起不是采取和平的方式，而是使用暴力手段来争取建立弥赛亚社会，它就有可能像犹太教中的奋锐党人的运动，最终被强势的统治者消灭殆尽。基督教的成功主要依靠两样法宝：一是公开声称自己是和平主义者（"有人打你的左脸，连右脸也要伸出来让他打"），二是公开声明教会活动与世俗权力的争夺无关（"恺撒的当归恺撒，上帝的当归上帝"），于是便巧妙地躲避了政治密谋和反对世俗当局之嫌。

可是随着时局的变化，基督教开始走上了军事化的道路。基督教军事化的历史原因很复杂，其中最重要的原因列述于下：第一，圣经中的只言片语获得了充分的引申和利用。新约中虽然充斥着和平主义的论调，但其间也存在着某些带有暴力性质的只言片语。例如《马太福音》中的耶稣曾说"我来是让地上动刀枪的"，《路加福音》中的耶稣曾说"我来是要叫有权柄者失位的"，《启示录》中更是描述了世界末日到来时天军与魔鬼大会战的血腥场景。在有必要使用武力来推进和保卫基督教事业的时候，人们就会充分挖掘和利用圣经中的这部分内容来为自己的行为提供法理依据。第二，政治权力开始介入教会事务。公元313年，皇帝君士坦丁与副皇李锡尼联名发布《米兰敕令》，基督教信仰因此而由非法变为合法；可是与此同时，世俗政治权力也开始介入教会，皇帝开始成为各种神学争端的仲裁者，而对于不满仲裁者，世俗当局常常使用武力来执行仲裁令，于是，神学争端便带上了某种暴力的性质。历史经验也屡屡证明，在政、教结合的情况下，宗教狂热所引致的暴力行为几乎成为常态。第三，体制化的基督教开始负有了全面反对异端邪说的任务。在体制化之前的基督教各派虽然存在着竞争，但这种竞争基本上仍属于和平竞争；可是一旦完成了体制化，教会当局应对异端的态度就会变得日益强硬，乃至于不惜动用武力，如公元13世纪初教皇英诺森三世便是用十字军去对付阿尔比异端的。第四，蛮族的冲击迫使教会使用武力以求自保。在蛮族的全面进攻下，虽然东部的教会可以在帝国政权的保护下度过生存危机，但西部教会则因帝国政权的灭亡而骤然失去了保护伞，它不得不武装自己以求自保。第五，阿拉伯帝国的扩张为教会的军事化提供了重要理由。从公元7世纪初开始，阿拉伯人借助伊斯兰教向基督教世界发起了严峻的挑战，为了应对该挑战，教会不得不最后完成其军事化的过程。在当时的环境下，教会的军事化也许是它求生存的唯一选择，因此有人甚至认为，是"穆罕默德拯救了基督教"。

教会的军事化，主要是通过对骑士队伍的改造和利用来达成的。骑士最初是封建无政府状态中封建领主们为了自保和对外掠夺而建立的私人武装力量。此类武装人员最初的职责就是替自己的领主打私战，因此他们本身既是无政府状态的产物，又是这种状态的制造者。教会一方面借助"上帝的休战"和"上帝的和平"等措施来限制封建私战，遏制无政府状态；另一方面则借助"圣战"的口号把骑士们引向对穆斯林的战事上，以此来消耗他们的精力。在教会的努力下，到了十字军时代，作为封建混乱的帮凶和制造者的封建骑士，便被改造成为真正的"基督的战士"，即武装修士。这意味着这些旧时代的勇猛匹夫不再是为了个人私利而从事掠夺战争，而是为了高尚的宗教目的而参与上帝的"圣战"。除了分散于西欧各国的数量庞大的骑士队伍之外，西方教会还建立了一些直属于罗马教廷的骑士团，骑士团成员要发守贫、守贞和服从三愿，并享有修士的豁免权。十字军时期最著名的骑士团有：公元1099年创建的医院骑士团、公元 1119 年创建的圣殿骑士团及公元 1190 年建立的条顿骑士团。

六、核心关注点的改变

古代的神学争端主要是围绕着三位一体理论而展开的。三位一体理论实际上是基督教独特的神灵信仰体系与希腊理性精神长期磨合的产物，它在基督教信仰向希腊化世界全面扩展的关键时刻被提出来作为一种核心话题来公开讨论，是理所当然的事情。随着古代历史的落幕和问题的最终解决，这种讨论也就因完成了其历史使命而告结。进入中世纪以后，人们面临的最大问题便再也不是三位一体的理论，而是这种理论的实践。在具体的圣事活动中如何来解释圣事本身的意义，便一跃成为争辩的中心话题。教会当局坚持正统的"变体论"（Transubstantiation），即认为在做弥撒时当主礼神父模仿耶稣在最后的晚餐中的话语对圣饼和酒进行祝圣后，饼和酒的质体便真正地转化为耶稣的肉和血，原来的饼和酒只剩下五官所能感觉到的外形。非正统学说则常常持"象征论"，即认为经祝祷后的饼和酒只不过是象征着耶稣的肉和血而已。此外，教会当局坚持在吃圣餐时平信徒只能领食饼，不能领食酒，而一些异端教派则认为平信徒应与神职人员平等，有权同时领食饼和酒。

在救赎问题上，古人坚持"神恩独作说"，即认为由于人性的堕落而使人无法通过自己的努力来实现自救，故只能依靠上帝白白赐予的恩典而获得救赎。到了中世纪时期，教会当局为了凸显自身在救赎过程中的中介作用，逐渐放弃神恩独作说，采纳一种"神人合作说"，即认为在上帝恩典的光照下，人借助信仰，自愿地通过自己的道德努力来回应上帝，以达到救赎的目的；换言之，在救赎的道路上，上帝的恩典与人的善功密切配合，一同发挥作用。既然人的善功与上帝的恩典一样重要，负责管理和落实善功事宜的教会当局就不得不占据举足轻重的地位。

经过东方信仰主义与希腊理性主义的长期撞击和磨合，中世纪时开始形成基督教经院哲学。经院哲学通常把圣经经文乃至教父的论述作为逻辑推理的前提，因此缺乏科学和经验观察的基础。该哲学起始于公元 9 世纪，结束于公元 15 世纪，历时 600 年之久。可以大致划分为三个阶段：

第一阶段（公元 9—12 世纪）是经院哲学的形成和发展期，主要是围绕唯名论与唯实论展开讨论，代表人物有安瑟伦、阿伯拉尔及罗色林等。第二阶段（公元 13 世纪）是经院哲学的鼎盛期，此时亚里士多德主义被引入经院哲学，人们开始用亚里士多德的"纯形式"和"不动的推动者"的理论去论证上帝的存在，代表人物有托马斯·阿奎那和邓斯·司各脱等。第三阶段（公元 14—15 世纪）是经院哲学的衰落期，其标志是对神秘主义的兴趣逐渐取代了对理性推论的兴趣，代表人物有爱克哈特和库萨的尼古拉等。

参考文献

[1] 威利斯顿·沃尔克. 基督教会史 [M]. 孙善玲，等，译. 朱代强，校. 北京：中国社会科学出版社，1991.

[2] 埃德加·普雷斯蒂奇. 骑士制度 [M]. 林中泽，等，译. 上海：三联书店，2010.

[3] Justo L Gonzalez. *A History of Christian Thought*，*From the Beginnings to the Council of Chalcedon* [M]. [S. l.]：Abingdon Press，1970.

[4] Charles A Frazee. The Origins of Clerical Celibacy in the Western Church，*Church History*，by the American Society of Church History，Volume 57，1988.

[5] Miri Rubin. *Mother of God*：*A History of the Virgin Mary* [M]. [S. l.]：Penguin Books，2010.

[6] Peter Brown. *The Cult of the Saints*：*Its Rise and Function in Latin Christianity* [M]. Chicago：University of Chicago Press，1982.

[7] Richard Barber. *The Knight and Chivalry* [M]. [S. l.]：The Boydell Press，1974.

[8] Brenda Bolton. *The Medieval Reformation* [M]. [S. l.]：Edward Arnold Pty Ltd. ，1983.

第18讲 文艺复兴时期人文主义的基本内涵

"人文主义"（Humanism）一词来自于拉丁文 Humanus，原意为"有教养的"或"受过良好教育的"，它本质上是一种世界观，也许是最初的资产阶级世界观。它最初出现于公元 14 世纪中叶的意大利，彼特拉克即被称作是"人文主义之父"。

在国内，人们对文艺复兴时期的人文主义普遍存在着三个认识误区：其一是认为西方的人文主义与中国传统上的"人文"精神没有什么本质差别，因此中国的人文主义比西方出现得早；其二是认为文艺复兴时期的人文主义具有反基督教的性质；其三是认为文艺复兴时期的人文主义早在希腊罗马时代就已经出现。本讲旨在纠正这些错误认识，还原历史真相。

一、主张把关注和研究的重点由神转向人

人文主义者并不反对基督教信仰，许多人文主义者均是虔诚的基督徒；像瓦拉、伊拉斯谟等人，不仅是著名的人文主义者，而且是著名的圣经研究者。与中世纪的研究者不同的是，他们对圣经作了新的解释和发挥。例如，中世纪的神学家和教会人员强调圣经有关救赎的思想，认为人只有被动地依靠上帝的救赎才能得救，亦即认为，在救主与被救者之间，作为救主的上帝是中心角色，作为被救者的人只不过是配角。因此整个人类历史应当以上帝的救赎为主线，于是，凸显上帝的神力、淡化人的作用，便成了中世纪社会的基本传统。而人文主义者却从圣经中看到上帝救

赎对象是人这一事实，他们充分利用亚里士多德有关"自然不造无用之物"的思想，认定上帝的创造是为了人；虽然人文主义者并不否认原罪的存在，但他们把人类赎罪的过程加以美化，认为即使是人的赎罪过程，也是上帝的一大杰作，值得赞美。换言之，人文主义者把中世纪对于救赎者的关注，转化为对于救赎对象的关注，于是，关注的焦点就由神转到了人身上。

人文主义者的确有弱化上帝干预人事的趋势，他们认为上帝并不过多地参与人的事务，他给人留下了更多自由活动的空间，这一观点为近代"自然神论"的出现铺平了道路。

具体而言，在人文主义者的心目中，怎么样的人才是理想的人呢？

1. 能够运用自身智慧战胜命运的人

古代人因无法挣脱命运的束缚，他们常常沦为宿命论者。希腊的伟大悲剧之所以具有悲剧效果，就是因为先入为主地预断人不可战胜自己的宿命。最典型的莫过于《俄狄浦斯王》，尽管俄狄浦斯及其家人都在为逃避不祥的神谕而苦苦奋斗和挣扎，可是到头来还是非常不幸地应验了神谕——俄狄浦斯终将杀父娶母。

与古代人受困于命运的悲剧主义情怀不同，文艺复兴时期的人文主义者因蔑视命运而对人生抱有较为乐观的态度。在他们看来，命运不应当成为人的主人，而应当成为人争取幸福生活的工具和手段。佛罗伦萨的人文主义者阿尔贝蒂在《论命运和幸运》一书中反复论证了人们完全可以通过自己的主观努力把命运变为幸运，他断言："命运决不像某些蠢人所相信的那样可以战胜不甘心失败的人；命运女神只能给顺从她的人戴上枷锁。"对于坚强的人来说，"命运不过是人的工具，或者是带偶然性的东西。"如果说多数人文主义者只是在理论上相信命运可以被战胜，那么多数政客则在实践上以身作则，例如佛罗伦萨美第奇家族的许多强势人物就是运用智慧把命运踩在脚下的典型代表。

2. 多才多艺的人

古代也有不少多才多艺的人，如泰利士既是自然科学家，也是哲学家；梭伦既是政治家，又是诗人；柏拉图和亚里士多德的博学更不待言。不过古代社会存在着一种趋势，就是鼓励专业化和专门化，例如柏拉图便认为由专门的人来做专门的事情才符合社会正义的原则。文艺复兴则完全不同，当时的社会鼓励人们全面发展，于是便出现了许多时代的"巨人"，即全面发展的人。某些人文主义者在语言学习方面特别有天赋，例如佛罗伦萨人皮科掌握拉丁文、希腊文、意大利文及阿拉伯文，彼特拉克、薄伽丘、萨卢塔蒂和布鲁尼等人均掌握拉丁文及意大利文；据布克哈特说，文艺复兴时代的佛罗伦萨商人和政治家均精通两种古典语言。除了语言以外，许多人文主义者均有多种才能。阿尔贝蒂是一位哲学家和文学家，但他同时也研究物理、数学、绘画及造型艺术；他的音乐造诣曾获得一流大师的赞赏；他甚至也是一名体育家，能够双脚并拢跳过一个人的头顶，并驯服过最顽劣的马。达·芬奇也一样，他不仅会绘画，而且雕塑、进行人体解剖和机械设计，等等。

3. 作为世界公民的人

"世界公民"的概念源自于基督教的"世界主义"，即认为世界上不同国家、种族、肤色、阶级及性别的人类，均具有共同的属性，因此应当互相爱戴。可是由于中世纪的封建割据所造成的战乱及交通的堵塞，这种世界主义被窒息了。随着中世纪后期经济的恢复和商业流通的扩大，东、西方的交流得以在新的历史条件下迅速展开，尤其是从公元 15 世纪开始的大航海时代的到来，使人们的眼界大为扩展，以整个地球为生活舞台的真正的"世界"展现在人们面前，一度被窒息的"世界主义"以新的面貌重新出现。

中世纪后期和文艺复兴时期各国政治斗争的加剧，也对世界主义的流行具有助推作用。在政治斗争中失败的个人，往往被放逐到海外；这些被放逐者在异国他乡为了应对全新的环境，以百倍的努力和拼搏精神来改变自己的生存状况，其结果常常是因祸得福；被放逐者在放逐地比在其母国时获得了更大的成功，这种成功推动了布克哈特所说的"自愿放逐"现象的大量出现。这在一定程度上解释了近代西方的殖民主义何以形成狂潮，也解释了西方的传教士文化何以如此发达。

我们并不否认但丁是一位爱国者，不过同时他也是一名世界公民（他被放逐过），他曾说道："我的国家就是全世界。"由此可见，在文艺复兴这样一个特殊时代里，爱国主义和世界主义是可以并行不悖的。

4. 具有高度个性化的人

古代人总是游走于集体主义和个人主义之间。在古典时期，由于集体主义与个人主义获得了大体平衡，城邦出现了繁荣景象；后来这种平衡被打破了，个人主义占据优势地位，于是城邦体系便随之瓦解了。进入中世纪以后，宗教集体主义占了上风，与它相适应的封建体制成为主要的社会生活模式。到了文艺复兴时代，随着封建制度的衰落，宗教集体主义便开始为新的个人主义所取代。

据布克哈特的说法，个人主义甚至比人文主义出现得更早。早在公元13世纪末，意大利就开始充斥着各类具有个性化的人物，如各城邦的暴君、银行家及商人等；贵妇们常常以自己着装的新奇相标榜，人们最怕听到的他人评价意见是"平庸"。进入文艺复兴时代以后，人文主义者在个性化方面更是屡屡出奇制胜。但丁在《神曲》中所塑造的人物千差万别，即使是地狱里的魔鬼也千姿百态。薄伽丘在《十日谈》中描绘了教士、修士、修女、商人、农民及民妇等多种角色，各类角色的行为举止也绝少雷同。达·芬奇在《最后的晚餐》中所刻画的十三个人物形象，各自体现出了高度个性化特征，与中世纪时期的同类题材画作的千篇一律和呆板形成了鲜明的对照。文艺复兴时期出现的各种圣徒传记，也一反中世纪圣徒传记的传统风格，开始以突出各个圣徒的非凡经历和独特个性为时尚。

5. 心胸开阔、思想宽容的人

由于基督教会在整个中世纪社会中处于"万流归宗"的垄断地位，因此所谓"宽容"就是从宗教控制中打开一个突破口，故这种"宽容"首先必定是宗教宽容。这意味着人们在坚持基督教信仰的前提下，同时允许其他宗教信仰和崇拜形式的存在，亦即是承认有条件的多元文化的合理性。这种宽容精神最初出现于意大利的人文主义者当中。的确，意大利的人文主义者对待非基督教，尤其是对待犹太教和伊斯兰教，要比中世纪的传统学者宽容得多。薄伽丘在《十日谈》中谈到，有一名犹太人因慕名来到罗马朝圣，与他原先心目当中无比圣洁的罗马相反，他所目睹的罗马是一个腐败不堪的都市；可是与人们所预料的结果截然不同：这位犹太朝圣者回到东方后却改宗了天主教。这一故事既表明了作者相信犹太人可以被改造成天主教徒，也表明了作者并没有因为教会的腐败而否定基督徒生活的圣洁，由此可见作者思想的开明。不仅如此，人文主义者对于"异端"也持宽容态度，在他们看来，宗教上的异端类似于政治上的异见，应当同样得到包容。当然，过于宽容的人常常患上迷信的毛病，如皮科是一位学识渊博的柏拉图主义者，他在古典文献和圣经方面有精湛的研究，可是他也相信占星术、炼金术及巫术。

总而言之，人文主义者心目中理想的人是鲜活的、动态的、积极进取和野心勃勃的，这与中世纪的人形成了鲜明的对照。

二、主张劳动致富，反对懒惰贫穷

中世纪的劳动观和金钱观是比较消极的，这与中世纪社会的普遍懒散和贫穷倒是相适应的。中世纪涌现出了各种形形色色的基督教修会，这些修会有一个共性，就是把守贫当作大家共同遵守的主要会规之一，因此，中世纪基督教会的基本格调就是"安贫乐道"。

守贫思想当然有其圣经依据。福音书中的耶稣有时候直接把财富和信仰对立起来，如"不要为你们自己积聚财宝于地上，在地上会被蛀虫咬食，被锈菌腐蚀，被窃贼偷挖。应当积聚财宝于天上，在天上没有蛀虫咬食、锈菌腐蚀和窃贼偷挖。"（《马太福音》第6章第19～20节）"一个人不能服侍两个主人……不能既服侍上帝，又服侍金钱。"（《马太福音》第6章第24节）"我向你们保证，富人要想进入天国非常困难。我再重复一遍，富人进天国比骆驼穿过针眼还要难得多。"（《马太福音》第19章第23～24节）使徒保罗也说："贪财是万恶之源。"（《提摩太前书》第6章第10节）因此他要人们仿效耶稣为了别人的富足而甘愿自己贫穷。（《哥林多后书》第8章第9～10节）使徒雅各也指出：上帝只挑选世上的穷人进天国。（《雅各书》第2章第1～7节）

圣经的这些思想反映了最早时期基督教的阶级属性，即它是下层人民的宗教。可是随着基督教逐渐被上层阶级所控制并最终实现了官方化，这些思想就不再被强调了。到了中世纪，由于禁欲主义运动的崛起，守贫思想又被重新挖掘出来，并且被绝对化了。例如保罗在《提摩太前书》中的著名论断"贪财是万恶之源"（The love of money is root of all kinds of evils）被歪曲成了"钱财是万恶之源"（Money is root of all kinds of evils）。

财富是劳动创造出来的，故对于财富的蔑视，必然伴随着对劳动的蔑视。在这方面也可以找到圣经上的依据。例如创世的故事表明，亚当和夏娃在伊甸园里本来无须劳动，劳动是作为对他们的惩罚而出现的。后来的修道院也把劳动当作修士和修女们的惩罚性苦行方式。在各种劳动方式中，最能直接造就金钱的商业活动最受鄙视。如奥古斯丁就认为："商业本身是一种邪恶，因为它使人不再追求宁静，而宁静就是上帝。"《格列提安教令集》也指出："做买卖者……将被从上帝的天堂里抛出去。"至于直接用金钱孵化出更多金钱的高利贷业，更是被教会当局指控为"非法倒卖上帝所创造的时间"。

然而，无论中世纪的人们如何懒惰，劳动毕竟仍是人的一大本能；而一旦劳动，其自然结果——财富就会被创造出来。根据经济史家汤普逊的研究，从中世纪中叶开始西欧商品经济萌发的内在驱动力，主要存在于各式各样的修道院当中。这是有一定道理的。一般的农民具有懒散的习性，他们常常满足于简单再生产；可是修士和修女则不同，他们的行为要受到修道院院规的约束。流行于西部世界的本尼狄克院规规定修士和修女的日常任务有三项：祷告、读书和工作。其中的工作可分为脑力工作和体力工作。脑力工作以抄写经书和圣徒传记为主，只适合于极少数有文化的修道人员；而对于绝大多数没有文化的修士和修女来说，耕作和牧养牲口等体力活必然成为他们的主要工作内容。当后者的体力劳动所创造的物质财富超过了修道院的需求时，商业活动就会被适时地激发出来。因此，汤普逊便有理由认为最初的中世纪商业城市经济发源于修道院经济。

到了文艺复兴时期，人们的劳动观和财富观均发生了根本性变化。人文主义者开始热情赞颂劳动。阿尔贝蒂曾指出："人的尊严寓于劳动之中，而且仅仅寓于劳动之中。""人生下来不是为了躺着让自己腐烂，而是为了站着做事情。"布鲁诺也断言：宗教的败坏者"教导人们只信教不劳动，而劝人勤劳才是一切宗教的目的"。

与此相应，在人文主义者看来，金钱和财富不再是万恶之源，而是体面生活所必需，因此也值得称颂。波焦指出："金钱是国家的力量所在，赚钱应被视为国家的基础和根本。"阿尔贝蒂也说："不要蔑视财富，而要防止贪婪。物质极大丰富之后，我们就会生活得愉快和自由。""神也和人一样鄙视穷光蛋。"帕尔米耶里更是断言："没有钱花的人既不自由，也不会风度翩翩……我们应当得出一个结论：有道德的人应当追求财富……只要不损害别人，凭熟练技艺增加自己财富的人是值得称颂的。"

值得注意的是，人文主义者也从圣经中寻找劳动光荣的依据。他们认为上帝创世本身就是一种最神圣的劳动，人的劳动不过是对上帝的劳动的模仿而已。新约中也有鼓励劳动的内容，如使徒保罗就提出了"不劳动者不得食"的口号。在中世纪后期的伪经中，曾出现了这样一段插曲：上帝命天使长迈克尔授予亚当生产工具和种子，并教他如何耕地。这一主题到了文艺复兴时期被人文主义者反复用来证明劳动的神圣性。

三、主张过家庭生活，反对独身禁欲

圣经中其实并没有禁欲主义和独身主义的明确主张，因此在早期基督教运动中，强调禁欲和独身的教派常常被教会斥为异端。可是后来随着社会环境的恶化，物质极端匮乏，人民的生命和安全极端缺乏保障，人们只能用禁欲和独身的方式去应对这种严重的生存危机。于是，禁欲和独身主义便成为一种自下而上的运动，推动了教会当局进行一系列独身制度的立法。教会独身制度存在着两套系统：一套是修道院系统，另一套是神职人员系统。以后，每当出现新的社会危机的关键时期，总会从民间酝酿出新的禁欲与修道狂潮，这些发自民间的修道运动，常常被教会当局适时地纳入到官方的修道管理体系之中。许多早期的拉丁教父均是禁欲主义的热情鼓吹者，如奥利金、杰罗姆、安布罗斯及奥古斯丁等，他们对于独身生活的赞美反过来成为中世纪时期屡屡出现的禁欲主义狂潮的重要影响因素。

为了使独身生活神圣化，教父们还是力图从圣经中寻找理据。他们认为，耶稣和保罗均终身未娶，这应当被看成是独身生活的最高榜样。不过问题是，耶稣的教导中从来没有此方面的论述；保罗则说过，如果愿意像他那样信守独身固然好，但如果抑制不住欲火，也可以嫁娶。可见保罗在这方面是持中庸态度的。

到了中世纪末期，独身制度开始变质，它再也不是以禁欲主义为基

础，而是以纵欲主义为基础。独身者（包括神职人员和修道人员）常常借助逛妓院、姘居或通奸等手段达到满足个人肉欲的目的，这种生活方式直接诱发了教会的全面腐败和堕落，因而受到了普遍的诟病。人文主义者正是在这样一种历史场景中登场的，他们旗帜鲜明地主张过婚姻生活，反对独身主义。

当然，人文主义者也是首先从圣经中寻找权威依据的。例如他们认为，在旧约中上帝不仅创造了男人亚当，而且创造了女人夏娃，让二人结合成夫妇生男育女，这应当被看作支持婚姻生活的最有力证据。萨卢塔蒂把以色列人的祖先雅各视为过婚姻和家庭生活的典范："上帝不是喜欢有十二个儿子、两个妻子和很多羊群的雅各更甚于喜欢特奥菲洛和伊拉里奥内吗？……关心和爱护你的家庭、孩子、亲戚、朋友以及包含一切的祖国并为他们效劳吧！这样做，你的心就不可能不升入天堂，并为上帝所喜爱。"

布鲁尼则从世俗人士和古代圣贤当中寻找婚姻生活的榜样：但丁"娶过妻子……妻子为他生了不少孩子……最大的哲学权威苏格拉底不仅有妻子，还有儿女……而学识渊博的亚里士多德也先后有过两个妻子和许多儿女，并且还有万贯家财。像图里奥、加图、塞涅卡和瓦罗等最伟大的拉丁哲学家都有妻子儿女……哲学家们都认为，人是文明的动物，第一个结合——丈夫与妻子的结合——产生了城市。凡是没有这种结合的地方都是不完善的。"

巴巴洛在《论妻妾》中，以及坎帕罗在《论婚姻的神圣性》中，均旗帜鲜明地主张婚姻生活，反对独身主义。菲奇诺对家庭生活的赞美更具有代表性："人也和神一样，需要传宗接代……人是真正天才的雕塑家，他按照自己的形象塑造子女……此外他还建立了一个家庭共和国，他倾注了自己的智慧和品德的力量来管理这个家庭……最后，他还可以从妻子和家庭中得到甜蜜的安慰以减轻日常的劳累之苦。"他大声对教士们呼吁："你们如果愿意做人，做上帝的正当的子女，你们就应该正当地繁殖人类。要像上帝那样，生育和教育你们的孩子。"

人文主义者的这一主张对以后的宗教改革运动影响至深，例如马丁·路德的婚姻家庭观便与人文主义者的倡导有关。

四、主张过文明的社会生活，反对过修道和沉思的生活

"文明生活"（civic life）与"沉思生活"（contemplative life）是两种截然不同的生活方式，前者也称作"积极或活跃的生活"（active life），后者也称作"消极或静态的生活"（static life），二者的关系，实际上就是行动与思想的关系。

在希腊罗马时代，为国家服务是一种高尚行为，连清高的哲学家也迎合这一潮流。例如亚里士多德就称人是"社会的动物"或"政治的动物"，并认为人在考虑城邦集体利益时就是"善"。可是到了中世纪，随着国家的解体，为国家集体服务的热情也消失了，教会开始鼓励过修道和沉思的生活，亦即是遁世和出世的生活，人们据此养成了一种鄙视世俗政治的习惯和偏见。在教会眼里，公共政治充其量不过是一种世俗的行当，实则是一种肮脏的事务，好的基督徒应当力求避免。公元314年阿尔主教会议要求："地方主教应密切留意当地世俗官员的举动，如果他们的行为与教会的规则相抵触，就应当将他们驱逐出圣餐仪式。"公元4世纪时，一名教皇也宣布："获得世俗权力或世俗司法权的人不能得到免罪。"诺拉主教鲍里努斯敦促其朋友放弃世俗官职："你不能够同时为两个主人服务，这两个主人就是上帝和玛门（金钱），亦即基督和恺撒。"中世纪的各种修会均有一条共同的规定，即入会者不得担任世俗官职。在这种氛围下，最有热情的基督徒都趋向于避免参与公共世俗活动，那些担任了世俗公职的人，被认为只是名义上的基督徒，他们也知道自己已经从事了一种有罪的职业生涯，因此只能盼望在退休时通过受洗和忏悔来获救。

其实，对于世俗生活和修道生活何者为优的问题，圣经也只是持一种中庸态度。据《路加福音》第10章记载，马利亚和马大是一对姐妹，有一次耶稣前往她们的家里做客，当马利亚聆听耶稣讲道时，马大则在厨房做饭，准备款待耶稣。该故事的寓意很清楚：听道和做饭，亦即精神和物质一样重要，两样都是服侍基督，只不过分工不同罢了。

可是到了文艺复兴时期，人们的观念出现了根本性的转变：担任世俗官职成为时尚，修道生活则开始受到鄙视。马丁·路德进入修道院，被其

父亲看作有辱门庭；利玛窦进入耶稣会，令其父亲感到不快和遗憾。

许多人文主义者均反对"沉思生活"，主张过"文明的公共生活"。布鲁尼痛斥道：不少蠢人"认为如果不是离群索居，无所事事，便不成为学者……而聪明睿智的人绝不需要这样的折磨"。帕尔米耶里直言："最大的爱就是爱自己的祖国和亲人"。皮科洛米尼则更进一步指出：人是一种"文明的和相互交往的动物"，"隐修者与其说是人，还不如说是禽兽"。

对于公共生活的热爱必然导致对于世俗声望的追求。例如，但丁就曾非常渴望获得桂冠诗人的头衔，他还热切希望自己在共和国的服务当中得到广泛的社会承认；彼特拉克承认自己宁要名传后世，而不愿声闻当时，他得知拜占庭皇帝从其著作中获知他的大名而感到无比高兴；薄伽丘则严厉地敦促佛罗伦萨当局向拉文纳索回但丁的遗骨，认为只有这样才能提升本城邦的名声和人民的自尊；有许多作者迫不及待地将自己的作品呈献给能够帮助其扬名的名人和君主。总而言之，在文艺复兴时代的意大利，追求个人名声的心理达到了近乎病态的程度。

不过，对名声的追求和对公共生活的热爱似乎只是在公元14—15世纪时才较为显著，从公元15世纪末开始，尤其是在公元16世纪期间，由于专制主义的抬头和政治的黑暗，人们又倾向于回归沉思生活，不再喜欢公共生活。彼特拉克后半生的郁郁寡欢就是这种态度转变的生动写照。兰迪诺曾经总结道：最理想的状态应当是既模仿马利亚，又模仿马大，亦即把沉思生活与公共生活有机结合一起。这也许才是圣经中庸精神的真正体现。

由此可见，文艺复兴时期的人文主义与中国传统上的"人文"精神存在着天壤之别：前者的对立面是神的事务，并以个人主义为原则；后者的对立面是自然世界，并以集体主义为宗旨。文艺复兴时期的人文主义在摆脱中世纪宗教集体主义束缚的过程中，尽管常常以教会的弊端和陋习作为攻击的对象，但其自身并不具备否定基督教及其现行体制的性质，因此更谈不上否定整个宗教制度。文艺复兴时期的人文主义在凸显人性方面的确与希腊罗马古典时期的人文思潮具有某种相似性，可是二者在时代精神、理论基础及阶级属性等方面均存在着根本差异。

参考文献

[1] 雅各布·布克哈特. 意大利文艺复兴时期的文化 [M]. 何新, 译. 马香雪, 校. 北京: 商务印书馆, 1983.

[2] 丹尼斯·哈伊. 意大利文艺复兴的历史背景 [M]. 李玉成, 译. 北京: 生活·读书·新知三联书店, 1988.

[3] 加林. 意大利人文主义 [M]. 李玉成, 译. 上海: 生活·读书·新知三联书店, 1998.

[4] 但丁. 神曲（全三卷）[M]. 朱维基, 译. 上海: 上海译文出版社, 1984.

[5] 薄伽丘. 十日谈 [M]. 方平, 等, 译. 上海: 上海译文出版社, 1981.

[6] 汤普逊. 中世纪经济社会史（全二册）[M]. 耿淡如, 译. 北京: 商务印书馆, 1997.

[7] *Good News Bible*. Today's English Version. United Bible Societies, 1976.

[8] Andre Chastel. *The Renaissance: Essays in Interpretation* [M]. [S. l.]: Methuen & Co. Ltd., 1982.

[9] Margo Todd. *Christian Humanism and the Puritan Social Order* [M]. Cambridge: Cambridge University Press, 1987.

[10] G R Elton. *Renaissance and Reformation*, *1300—1648* [M]. [S. l.]: Macmillan Publishing Co. Inc., 1968.

专有名词对译表

阿布德拉 Abdera
堕胎 aborticide
亚伯拉罕 Abraham
学园 Academy
《使徒行传》Acts of the Apostles
亚得里亚海 Adriatic Sea
通奸 adultery
爱琴海 Aegean Sea
美学 Aesthetics
平安祭 a fellowship-offering
来世 afterlife
不可知论 agnosticism
"深奥学问" akroterion
阿尔贝蒂 Alberti
炼金术 alchemy
真理与意见 aletheia and doxa
代数学 algebra
阿尔泰人 Altaic
阿那克萨戈拉 Anaxagoras
阿那克西曼德 Anaximander
阿那克西美尼 Anaximenes
古代文明 ancient civilization
古代辩证法 ancient dialectics

无政府主义者 anarchist
阿派朗 apeiron（infinite）
《申辩篇》 *Apologia*
辩护士 apologist
叛教者 apostate
亚平宁半岛 Appennino Pen.
大主教 archbishop
小亚细亚 Asia Minor
阿里斯托克勒（柏拉图）Aristocles
贵族制 Aristocracy
阿里斯托芬 Aristophanes
亚里士多德 Aristotles
禁欲主义 asceticism
占星术 astrology
阿塔纳修 Athanasius
无神论 atheism
《雅典政制》 *Atheniensium Respublica*
雅典 Athens
阿特拉斯 Atlas
原子与虚空 atom and empty
原子论 atomism
神人和解 Atonement（conciliation of God and man）

外邦人的导师 a tutor of gentiles
奥古斯丁 Augustine of Hippo
阿威罗伊 Averroe
阿维森纳 Avicenna
巴比伦之囚 Babylonian Exile
双峰驼 Bactrian camel
饮宴 banquet
洗礼 Baptism
本尼狄克 Benedict of Nursia
棺架 bier
主教 bishop
黑海 Black Sea
薄伽丘 Boccaccio
博斯普鲁斯海峡 Bosporus
布鲁尼 Bruni
布克哈特 Burckhardt, Jacob
葬式 burial pattern
火祭 burnt offerings
历法 calendar
封圣 canonization
枢机主教 Cardinal Bishop
卡尔尼亚德 Carneades
迦太基 Carthage
《范畴篇》 *Categoriae*
天主教 Catholicism
独身制度 celibacy
移风易俗 change prevailing habits and customs
骑士制度 Chivalry
基督徒 Christian

骨灰瓮 cinerary urn
文明生活 civic life
割礼 circumcision
棺材 coffin
墓室 coffin chamber
喜剧 comedy
历史观 concept of history
姘居 concubinage
告解礼 Confession（Penance）
君士坦丁大帝 Constantine the Great
沉思生活 contemplative life
宇宙论 Cosmology
世界主义 cosmopolitanism
卡尔西顿公会议 Council of Chalcedon
尼西亚公会议 Council of Nicaea
创造论 creationism
火葬 cremation
新月沃土 Crescent Land
克里特岛 Crete
克罗顿 Croton
十字军 crusade
圣徒崇拜 cult of the Saints
圣母崇拜 cult of the Virgin
昔尼克学派（犬儒主义）Cynicism
但丁 Dante
大卫 David
死海古卷 Dead Sea Scrolls
《论灵魂》 *De Anima*
十诫 Decalogue

《解释篇》 De Interpretatione
自然神论 Deism
特尔斐 Delphi
德谟革 Demiurge
民主制 democracy
流散犹太人 Diaspora（the Dispersion）
狄奥根尼·拉尔修 Diogenes Laertius
戴克里先 Diocretianus
挽歌 dirge
神性 divinity（divine nature）
离婚 divorce
世界末日 doomsday
单峰驼 dromedary
灵肉二元论 dualism
东正教 Eastern Orthodoxy
折中主义 Eclecticism
米兰敕令 Edict of Milan
爱德华·吉本 Edward Gibbon
厄罗因 Elohim
恩培多克勒 Empedocles
禁戒派 Encratites
《九章集》 Ennead
环境决定论 environmentalism
艾比克泰德 Epictetus
认识论 epistemology
使徒书信 Epistles
墓志铭 epitaph
以弗所 Ephesus
埃拉托色尼 Eratothenes

厄洛斯 Eros
艾赛尼派 Essenes
永恒存在 Eternal Being
《尼各马科伦理学》 Ethica Nicomachea
伦理学 Ethics
伊特鲁里亚人 Etrurians
语源学 Etymology
优卑亚岛 Euboea
圣餐礼 Eucharist（Communion）
尤赫梅鲁主义 Euhemerism
"通俗学问" exoterikos
农耕民族 farming peoples
权标束棒（"法西斯"）fasces
宿命论 fatalism
"和子句" 纠纷 Filioque Clause Antagonism
私通 fornication
自由意志 free will
友谊 friendship
丧俗 funeral customs
革玛拉 Gemara
外邦人 gentiles
地理学 Geography
几何学 Geometry
日耳曼人 German
角斗表演 gladiatorial games
上帝的敬畏者 God-fearers
善恶 good and evil
福音 good news（Gospels）

高尔吉亚 Gorgias
恩典与善功 grace and good work
墓葬 grave
随葬品 grave-goods
大迫害 Great Persecution
东西方教会大分裂 Great Schism of the East and the West
希腊人 Greek
希腊戏剧 Greek Drama
希腊神话 Greek Mythology
希腊哲学 Greek Philosophy
哈得斯 Hades
圣文集 Hagiographa
含米特人 Hamite
幸福 happiness
希伯来人 Hebrews
希腊化 Hellenism
"团结诏令" Henoticon
赫拉克利特 Heraclitus
希罗多德及其《历史》Herodotus and his History
英雄崇拜 heroworship
《动物志》Historia Animalium
历史学 History
灵肉整体论 holism
同性恋 homosexuality
人文环境 human environment
人文主义 Humanisim

人性 humanity（human nature）
人祭 human sacrifices
王权思想 idea of kingship
偶像 idol
《伊利亚特》Iliad
影像 image
个人主义 individualism
殊相 individuals
印欧人 Indo-European
土葬 inhumation
以色列 Israel
存在与非存在 It is and It is not
雅姆尼亚 Jamnia
犹太人基督徒 Jewish Christians
犹太人与犹太教 Jews and Judaism
施洗约翰 John the Baptist
约瑟夫（历史学家）Josephus, Flavius
正义 justice
查士丁尼一世 Justinian I
查士丁 Justin the Martyr
矛盾律 law of contradiction
排中律 law of excluded middle
同一律 law of identity
凯图维姆 Kethuvim
医院骑士团 Knights Hospitaller
圣殿骑士团 Knights Templar
留基波 Leucippus
利凡特 Levant
文学 Literature

《著名哲学家生平与学说》Lives of Eminent Philosophers
逻辑学 Logic
逻各斯 Logos
弑主者 Lord murderers
虔诚者路易 Louis the Pious
吕克昂学院 Lyceum
利科波里城 Lycopolis
马加比起义 Maccabees' Revolt
宏观世界（大宇宙）macrocosm
高级神品 Major Orders
马丁·路德 Martin Luther
殉道者 martyrs
数学 Mathematics
医学 Medicine
地中海 Mediterranean Sea
弥赛亚 Meshiah
美索不达米亚 Mesopotamia
《形而上学》Metaphysica
都主教 Metropolitan
微观世界（小宇宙）microcosm
米德拉西 Midrash
民族迁徙 migration of nations
千年王国 Millennial Kingdom（Millennium）
心智 mind
低级神品 Minor Orders
神迹 miracles

密西拿 Mishnah
穆斯林 Moslem
秘仪 mysteries
君主制 Monarchy
修道院 monastery
修道主义 monasticism
一元论 monism
一神教 monotheism
自然环境 natural environment
否定神学 negative theology
尼禄 Nero
新柏拉图主义 Neo-Platonism
新毕达哥拉斯主义 Neo-Pythagoreanism
奈维伊姆 Nevim
新约圣经 New Testament
尼西亚信纲 Nicene Creed
游牧民族 nomadic peoples
唯名论 Nominalism
本体 noumenon（thing-in-itself）
纯思（努斯）Nous
俄克阿诺斯 Oceanus
《奥德赛》Odyssey
赎罪祭 offerings for sins
旧约圣经 Old Testament
寡头制 oligarchy
奥林匹斯诸神 Olympian gods
上帝的万能 Omnipotence of God
本体论 Ontology
人神对立 opposition of God and man

本原 origin（source）
原罪 original sin
俄耳甫斯教仪 Orphism
措词技艺 orthoepeia
帕尔米耶里 Palmieri, Matteo
巴奈修 Panatius
巴门尼德 Parmenides
宗主教 Patriarch
上帝的和平 Peace of God
摩西五经 Pentateuch
至善 Perfection
漫步学派 Peripatetic School
拟人化 personification
彼特拉克 Petrarch
《斐多篇》（论灵魂）*Phaedo*
法利赛党 Pharisees
腓尼基 Pheonicia
哲学 Philosophy
物理学 Physics
皮科 Pico, Giovani Francesco
柏拉图 Plato
柏拉图对话 Platonic dialegues
普罗提诺 Plotinus
多元论 pluralism
《政治学》*Politics*
波吕克拉底 Polycrates
多神教 polytheism
波培娅 Poppaea
波菲里 Porphyry
波西多妞 Posidonius

祈祷 prayer
个人隐私 private affairs
犹太先知 Prophets
普罗泰戈拉 Protagoras
公共崇拜 public worship
普尔西里娅 Pulcheria
净化 purification
皮罗 Pyrrho
毕达哥拉斯 Pythagoras
毕达哥拉斯定理 Pythagorean theorem
拉比 rabbi
种族主义 racism
理性主义 rationalism
现实主义 realism
理性 Reason
宗教宽容 religious tolerance
悔改 repentance
共和制 republic
《国家篇》（理想国）*Respublica*
报应 retribution
以德报怨 return good for evil
启示录 Revelation
莱茵河 Rhine
罗马人 Roman
浪漫主义 romanticism
献祭 sacrifice
撒都该党 Sadducees
撒哈拉沙漠 Sahara
萨卢塔蒂 Salutati, Coluccio
萨摩斯岛 Samos

参孙 Samson
撒旦 Satan（Devil）
扫罗 Saul
替罪羊 scapegoat
怀疑论 scepticism
经院哲学 Scholasticism
居勒尼学派 school of Cyrene
爱利亚学派 school of Elea
麦加拉学派 school of Megara
米利都学派 school of Miletus
科学 science
闪米特人 Semite
塞涅卡 Seneca
圣经希腊文七十子译本 Septuagint
群交 sexual intercourse in groups
塞克斯图 Sextus
斯拉夫人 Slav
苏格拉底 Sacrates
智者（诡辩家）sophist
日食 solar eclipse
所罗门 Solomon
神子 son of God
人子 son of man
精灵崇拜 Spirit-worship
斯塔吉拉城 Stagirus
圣安东尼 St. Antonius
英诺森一世（教皇）St. Innocentius I
利奥一世（教皇）St. Leo I
斯多亚学派 Stoic
圣帕科米乌 St. Pachomius

使徒保罗 St. Paul
迷信 superstition
三段论 syllogism
《会饮篇》（论爱情）*Symposium*
犹太会堂 Synagogues
对观福音书 Synoptic Gospels
塔木德 Talmudh
塔纳赫 Tanakh
塔壬同 Tarentum
目的论 Teleology
条顿骑士团 Teutonic Knights
德尔图良 Tertullian
泰利士 Thales
阿尔卑斯山 the Alps
耶稣升天 the Ascension
选民 the Chosen People
多瑙河 the Danube
《最后的晚餐》*the Last Supper*
律法 the Law
美第奇家族 the Medici family
《神谱》*Theogony*
神学 Theology
太一 the One
耶稣受难 the Passion
耶路撒冷圣殿 Temple
耶路撒冷 the Holy City
相论（理念论）Theory of Ideas
三位一体论 Theory of Trinity
上帝之母 Theotokos
耶稣复活 the Resurrection

三十僭主 Thirty Tyrants
托马斯·阿奎那 Thomas Aquinas
托马斯主义 Thomism
《蒂迈欧篇》 Timaeus
荣誉至上政体 Timocracy
蒂蒙 Timon
因信称义 to be put right with God by faith
"作为是的是" to on hei on
《论题篇》 Topica
妥拉 Torah
悲剧 tragedy
灵魂轮回 transmigration of souls
变体说 transubstantiation
上帝的休战 Treuga Dei
回归年 tropical year
预表论 Typology
僭主制 tyranny
第勒尼安海 Tyrrhenian Sea

一与多 unity and multiplicity
知德合一 unity of knowledge and virtue
对立统一 unity of opposites
共相 Universals
世界灵魂 Universal Soul
光速 velocity of light
死亡观 view of death
劳动观 view of labour
财富观 view of wealth
达·芬奇 Vinci, Leonardo da
嫖妓 visit prostitutes
自愿流放 volunteer to exile oneself
圣经拉丁文通俗译本 Vulgate edition
哭墙 Wailing Wall
贤哲 wise men
巫术 witchcraft
耶和华 Yahweh
奋锐党 Zealots
芝诺 Zeno of Citium of Cyprus

后　　记

在本书稿整理和汇集的后期，华盖运接连不断地降临我家：先是母亲猝然中风，继之是岳母两次做心脏支架手术，最后是父亲病重入院，终因救治无效而病故；父亲走后，年老体瘫的母亲终日以泪洗面，久久无法恢复平静。这一连串的事件之所以没有让我的精神彻底崩溃，主要是因为我的妻子蔡红女士主动地承担了本该由我承担的责任。在我心目中，她是一位低调而又能干的伟大女性。近半年来，她几乎是在医院里度过的。在母亲和岳母相继住院期间，我只是偶尔前往医院探望，而大量的陪夜和护理工作，主要落在她身上。及至家父来穗就医，她更是夜以继日地守护在其身边。老父拒绝接受外请的护工，她便担当起护工的角色。父亲在临终前与我耳语："你有这样的媳妇，我就走得放心了。"

所谓"患难见真情"，这次家庭变故让我深切地体会到此话的意义。我的兄弟姐妹及其配偶和子女们均尽其所能地用自己的实际行动表达了对父母的孝顺和挚爱，并且对我性格上的木讷、工作性质上的"特殊性"和身体条件上的局限性表示了高度的宽容和理解。在守父丧期间，我中学时的同学、挚友、邻居和族人，以各种不同的方式抚慰我们的哀伤，他们的所作所为，使我们感受到浓浓的亲情、乡情和爱意。

这些最近发生的事情，与这本书稿的编撰有着太多的关联。在这样一个关键时刻里，如果没有上述人士的鼎力相助，该书稿的命运便是无法预期的。

林中泽
丙申年初夏
谨识于广州华南寓镜园